高等院校公共课教材

大学体育与健康教程

主　编

房冬梅　宋　桦

副主编

魏晓光　茌长征

编　委

（按姓氏笔画排序）

王　虎　王雪婷　刘凌鸿　李　军

李　荣　杨成艳　杨京洲　张　伟

孟昭琴　高一斐　部义峰　韩传江

靳文磊　臧秋华

南京师范大学出版社

图书在版编目(CIP)数据

大学体育与健康教程/房冬梅,宋桦主编. —南京:南京师范大学出版社,2021.10 (2025.8重印)
高等院校公共课教材
ISBN 978 - 7 - 5651 - 4894 - 1

Ⅰ.①大… Ⅱ.①房… ②宋… Ⅲ.①体育—高等学校—教材②健康教育—高等学校—教材 Ⅳ.①G807.4 ②G717.9

中国版本图书馆 CIP 数据核字(2021)第 116124 号

书　　名	大学体育与健康教程
主　　编	房冬梅　宋　桦
策划编辑	张　春
责任编辑	秦　月
出版发行	南京师范大学出版社
地　　址	江苏省南京市玄武区后宰门西村 9 号(邮编:210016)
电　　话	(025)83598919(总编办)　83598412(营销部)　83373872(邮购部)
网　　址	http://press.njnu.edu.cn
电子信箱	nspzbb@njnu.edu.cn
照　　排	南京开卷文化传媒有限公司
印　　刷	江苏中山印务有限公司
开　　本	787 毫米×1092 毫米　1/16
印　　张	20.5
字　　数	500 千
版　　次	2021 年 10 月第 1 版　2025 年 8 月第 6 次印刷
书　　号	ISBN 978 - 7 - 5651 - 4894 - 1
定　　价	49.50 元

出 版 人	张　鹏

前　言

习近平总书记在党的十九大报告中提出实施“健康中国”战略，并强调指出，人民健康是民族昌盛和国家富强的重要标志。中共中央、国务院印发了《“健康中国 2030”规划纲要》，将健康教育纳入国民教育体系，把健康教育作为所有教育阶段素质教育的重要内容。为了贯彻落实《关于全面加强和改进新时代学校体育工作的意见》《关于深化体教融合 促进青少年健康发展的意见》的精神，在“大卫生、大健康、大体育”理念指导下，我们组织编写了《大学体育与健康教程》。

本教材在编写上，坚持“以学生为本、健康第一”的指导思想，并精选内容、优化体系，以提升大学生的健康素养，增强大学生的运动素质，拓展大学生的运动技能，帮助大学生养成健康的生活与锻炼习惯，增强自我保健能力。

本教材在内容体系上，以突出培养学生的体育与健康知识、运动实践能力与体育习惯为主线，遵循现行高等体育教育发展的特点与要求，尊重当代高校学生的爱好、兴趣与需求，注重对大学生进行体育文化素养的培养、运动技能与体育锻炼方法的传授与介绍，以期全面提高大学生体育素养，从而在体育锻炼中享受快乐、增强体质、健全人格、锤炼意志，使大学生能即时受益、终身受益。

本教材详细介绍了体育课程内各运动项目的基本知识、基本技能和基本战术，并重点强化了体育项目的教学实践。同时，在传统课程的基础上，力求满足高校学生的需求，增加了“中华五禽操”“三晃膀大洪拳”“轮滑”等趣味项目。本教材内容丰富翔实，具有科学性、知识性、时代性、针对性、可读性，既可作为大学体育教师专用的体育教材，又可作为大学生自学的体育书籍。

本教材由房冬梅、宋桦任主编，魏晓光、茌长征任副主编。参加编写的人员（按姓氏笔画排序）有：王虎、王雪婷、刘凌鸿、李军、李荣、杨成艳、杨京洲、张伟、孟昭琴、高一斐、部义峰、韩传江、靳文磊、臧秋华。全书由宋桦统稿。

本教材在编写过程中，参阅并引用了有关专家、学者所编写的教材、专著和资料，在此一并致以衷心感谢。由于水平有限，编写中难免有不足之处，敬请广大读者指正。

《大学体育与健康教程》编写组

2021 年 9 月

目 录

理论篇

实践篇

理论篇

第一章　体育与奥林匹克运动

第一节　体育概述

体育作为一种社会现象是随着人类社会的产生和发展而出现和演进的。在人类社会漫长的历史进程中，体育也像其他事物一样，经历了一个由萌生、发展到不断完善的过程，并且始终与整个社会保持着密切联系。因此，研究体育的起源和发展，必须将它置于人类社会进化发展的过程中来审视。

一、体育的概念与组成

（一）体育的概念

据世界体育史料记载，1760 年，法国报刊上开始用“体育”一词来论述儿童的身体教育问题。19 世纪以后，“体育”已作为一个专门术语出现在一些教育和体育著述中。在我国古代，没有直接概括所有体育活动的“体育”概念或术语，表示与体育活动相关的术语是“养生”“导引”“武术”“角力”等。1894 年前后，德国和瑞典的体操传入我国，由此国内开始采用“体操”这一术语表述广义“体育”的含义。1904 年，基督教天津青年会干事饶伯森在京、津各校宣传“西洋体育”时，“体育”一词才开始出现，并开始在我国多数地区使用。1923 年，北洋政府新学制课程标准起草委员会公布的《中小学课程纲要草案》中，把“体操课”改为“体育课”。从此，“体育”在我国逐渐取代了“体操”，并被广泛使用。

随着体育事业的发展，“体育”的概念有了广义与狭义之分。广义的“体育”代表总的名称，狭义的“体育”含义仍然指身体教育。广义的“体育”，亦称体育运动，是指以身体练习为基本手段，以增强体质，促进人的全面发展，丰富社会文化和促进精神文明为目的的一种有意识、有组织的社会活动。它是社会总文化的一部分，其发展受一定社会政治和经济的制约，也为一定社会的政治和经济服务。狭义的“体育”是指通过身体活动，增强体质，传授锻炼身体的知识、技能、技术，培养道德和意志品质的有目的、有计划的教育过程。它是教育的组成部分，是完善人类身体的教育过程，是培养全面发展的人的一个重要方面。但体育的概念并非一成不变，随着社会的不断发展和人类生活水平的不断提高，人们对体育的认识还将会进一步深化。

（二）体育的组成

目前普遍认为广义的“体育”由学校体育、竞技体育和社会体育三个部分组成。

1. 学校体育

学校体育是教育的重要组成部分，是计划性、目的性、组织性较强的体育教育活动过程，是以在校学生为参与主体的体育活动，它通过培养学生的体育兴趣、态度、习惯、知识和能力来增强学生的身体素质，培养学生的道德和意志品质，促进学生的身心健康。学校体育与德育、智育、美育相配合，成为学校教育的重要组成部分，是终身体育的基础，也是国家体育事业发展的战略重点。

2. 竞技体育

竞技体育又称竞技运动，是指在全面发展身体，最大限度地挖掘和发挥人(个人或群体)在体力、心理、智力等方面的潜力的基础上，以攀登运动技术高峰和创造优异运动成绩为主要目的的一种运动过程。国内对竞技体育这一概念的基本共识是竞技体育的属于体育活动的范畴，竞技体育要最大限度地发挥人体能力，不断突破和创造优异成绩，追求运动成绩最优化，其表现形式主要是在运动竞赛中分出胜负。

随着社会经济的繁荣，人民生活水平的不断提高，一些具有竞技体育特点的群众性竞赛日趋频繁，其中一些有规则约束的竞赛，逐渐向以取胜为目的的方向转移，从而不断扩大了竞技体育的领域。竞技运动往往竞争激烈且极易吸引广大观众，对活跃社会文化生活，振奋民族精神，促进各国人民之间的友谊和团结等方面，都起着特殊的作用。

3. 社会体育

社会体育又称群众体育或大众体育，是指普通民众自愿参加的，以强身、健体、娱乐、休闲、社交等为目的的体育活动。国内外经常提到的娱乐体育、休闲体育、余暇体育、养生体育或医疗体育均属于社会体育的范畴。其内容广泛，形式多样，娱乐性、趣味性强。社会体育作为学校体育的延伸，可使人们终身受益。

随着我国经济的繁荣，人民文化素养和生活水平的提高，余暇时间的增多，社会环境的安定，社会体育正在蓬勃兴起，各种“健身俱乐部”和“康复中心”也吸引着大批体育爱好者参与体育活动，这表明我国社会体育已进入了一个崭新的发展时期。

二、体育的功能

随着社会的进步、生产力的发展和人类需求层次的提高，特别是当下体育科学的发展，体育的特征及其与其他各种社会现象之间关系的规律不断被揭示出来，体育的功能也在不断地被认识、被开发，人们的体育价值观也随之逐步改变。

体育功能主要指体育对个体和社会所发挥的作用和效能。它主要取决于两方面：一是体育本身的属性，二是个体或是社会的需要。体育的功能包括个体功能和社会功能两大类。

(一) 体育的个体功能

1. 强身健体功能

体育是通过身体运动的方式进行的，它要求人体直接参与活动，这是体育最本质的特点之一，这个特点决定了体育具有健身功能。体育的健身功能具体表现在以下几个方面：① 体育运动能改善和提高中枢神经系统的工作能力，使人头脑清醒，思维敏捷；② 促进有机体的生长发育，提高运动能力；③ 体育运动能促进人体器官机能的提高；④ 体育运动能调节人的心理，使人朝气蓬勃，充满活力；⑤ 体育运动能提高人体的适应能力；⑥ 体育运动可以防病治病，延年益寿。经常进行身体锻炼，能使青少年生长发育健全，体型健美，姿态端正，动作矫健；能使中年人保持充沛的精力，推迟衰老，促进身心健康；能使老年人延缓衰老过程，健康长寿。当然，在提高全民族健康水平、改善民族体质方面，体育运动并不是万能的，还需与其他各种手段如营养、医药、卫生等相互配合，才能培育更完美、更适应现代社会需要的人。

2. 休闲娱乐功能

随着现代化的长足发展，人们的社会余暇时间增多，如何利用余暇，成了一个社会性问题。丰富多彩、健康文明的余暇生活不仅能使人们在繁忙的学习、劳动、工作之后获得积极性休息，而且可以陶冶情操，愉悦身心，培养高尚的品格。

体育运动是现代社会人们余暇生活的一个重要组成部分，能起到丰富社会文化生活，满足人们精神需要的作用，我们称之为体育运动的休闲娱乐功能。

3. 促进个体社会化功能

个体社会化即人的社会化，它是指由生物的人变成社会的人的过程。人的社会化是社会心理学、社会学和文化人类学研究的重要课题之一。任何一个社会要想延续下去，就必须努力将其文化传递给下一代，并用统一的规范来约束和指导个人的行动。因此，人的社会化对个体、对社会都有着重要而深远的意义。一个群体或社会的成员是否实现了社会化，关系着社会的稳定和巩固，甚至关系着他们自身的存在。社会化在人的一生中是一个持续不断的过程，尤其在科学技术飞速发展、社会发生急剧变革的现代社会更是如此。

人的社会化是一个非常复杂的过程，在人的社会化过程中，体育运动有着非常重要的作用，不论是作为内容还是作为手段，体育运动都不可或缺。下面从几个方面概述体育在促进个体社会化中的作用。

(1) 教导基本生活技能。刚出生的孩子生理上几乎完全不能自理，适应环境的能力很差，连最简单的坐、立、走都不会(许多动物一出生就会走)，因此，人的基本技能都是靠后天学习获得的。体育运动是人类获得基本活动技能的重要途径。

(2) 教导社会规范，发展人际关系。体育运动本身是一项有章可循、有一定约束力的社会活动，又是在一定的执法人——裁判员或教师、教练员的直接教育、监督下有组织地进行的，这体现了对青年一代遵守社会生活准则的培养与强化。

(3) 传授科学文化知识。社会在向青少年传授人类文化遗产中，有关身体健康和体育运动的知识是很重要的内容。具备这些知识是使青少年学会合理健康的生活方式的前提条件，在人的社会化过程中，在童年时期就应使其懂得怎样才是健康的生活，学会有益地休息的本领，并且通过传授这些知识，不断地发展人们的精神需要，培养人们享受人类所创造的文化财富的能力。

4. 社会感情功能

社会感情功能是与人的社会心理稳定性直接相关的。体育运动具有竞赛性，竞赛有对抗性、竞赛结果的不确定性和显示结果的及时性。因此，它能引起极大的社会关注，引发人们心理上的悬念，人们往往对于那些难以预知的事物寄予更大的期望。

体育运动的社会感情功能是其他社会活动所不可比拟的。一些重大的国际比赛，往往有 100 多个国家实况转播，观众可达 20 亿，如第二十八届奥运会有 160 多个国家报名参加，堪称举世瞩目。相比之下，任何世界名著、名曲、名剧，都不可能在同一时间获得如此众多的拥戴者。加上体育运动独具一格的生动性特点——它可以使人们在身体活动的实际体验中，对自己的健康、生活和未来充满信心，从而使整个民族朝气蓬勃，生机盎然。因此，在调节社会心理平衡方面，体育运动是一个卓有成效的重要手段。

(二) 体育的社会功能

1. 教育功能

体育的教育功能突出地表现在它已被广泛地纳入各国的教育体系，从儿童和青少年时代就不断促进人的全面发展。这一点在体育促进个体社会化功能中已经论及，这里着重从宏观的角度论述体育对整个社会的功能。体育运动的竞赛具有群众性、国际性、技艺性和礼仪性(指一定的仪式，如开幕式、闭幕式、发奖式等)等特点，这使它成了传播价值观的一个理想载体，从而能激发人们的爱国热情，振奋民族精神，教育人们与社会保持一致，实现社会一体化功能。体育运动竞赛的国际性，则不仅扩大了它的活动范围，而且加深了它所产生的社会影响，将本来属于运动技艺的比赛，扩大和延伸到国与国之间的竞争，使这种竞赛超越了体育运动本身的价值，产生了不可低估的教育作用。由此可见，体育运动作为一个很有说服力的教育手段，对整个社会的教育作用产生了非常广泛与深刻的影响。

2. 政治功能

体育的政治功能是客观存在的，主要表现在以下几个方面。首先，参加体育运动与竞赛，能够为国争光，提高民族威望，振奋民族精神。其次，促进文化交流与合作。这是因为体育有突破不同国家语言和社会障碍的“国际语言”，通过体育交往可以促进各国人民之间的了解和增进友谊，加强国与国之间的文化交流和团结。再次，体育运动有广泛的群众性，体育活动可以增强人际交往，形成强大的内聚力，从而有效地促进民族团结与协作。

3. 经济功能

体育运动的经济功能已经被越来越多的人理解和接受。在当代社会，体育作为第三产业，在增进人民身心健康的基础上向社会提供了多元服务。体育运动的经济收益主要来源于以下几方面：在大型比赛中获取奖金、出售体育比赛的电视转播权、发行纪念币、发售体育彩票、比赛门票收入、收取广告费等。

4. 文化功能

体育运动是人类文化现象之一。以奥运会为代表的体育运动作为一种实践活动的文化价值，就在于其不仅可以充分发挥文化交流的重要功能，还可以促进人的全面、自由、和谐的发展，使个体人格与社会人格和谐统一。

第二节　奥林匹克运动

奥林匹克运动是在奥林匹克主义指导下，以体育运动和四年一度的奥林匹克庆典为主要活动内容，促进人的生理、心理和社会道德全面发展，在全世界普及奥林匹克主义，维护世界和平的国际社会运动。奥林匹克运动包括以奥林匹克主义为核心的思想体系，以国际奥委会、国际单项体育联合会和各国奥委会为骨干的组织体系和以奥运会为周期的活动体系。

一、奥林匹克运动的由来与发展

奥林匹克运动经过漫长的历史发展到今天，无论是从规模还是从水平上来看，都已举世瞩目。奥林匹克精神也因此得到了广泛传播，对人类的社会活动和人类文明产生了深刻的影响。

（一）古代奥运会

奥林匹克运动的历史可追溯到公元前776年。而在此以前，古代奥运会可能已经存在了几个世纪。从公元前776年到公元394年，古奥运会经历了1 170年。按其起源、盛衰，大致分为三个时期。① 公元前776年至公元前388年，这一时期各城邦之间虽有纷争，但希腊是一个独立国家，政治、经济、文化都较发达，是古代奥运会的黄金时期。特别是公元前490年，希腊雅典在马拉松河谷大败波斯军之后，民情奋发，国威大振，兴建许多运动设施、庙宇等，参赛者遍及希腊各个城邦，古代奥运会盛极一时，成为全希腊最大的节日盛典。② 公元前388年至公元前146年，希腊开始衰落，由于斯巴达和雅典长期的伯罗奔尼撒战争，希腊国力大减，马其顿逐渐吞并了希腊。马其顿征服希腊后，仍保留了奥运会，马其顿君王菲利普还亲自参加了赛马比赛，随后亚历山大大帝虽然自己不喜爱体育活动，但仍积极支持体育竞技活动，并视奥运会为最高体育活动形式，为其增加了很多设施。不过，这一时期古奥运会的精神已大为减色，并开始出现职业运动员。③ 公元前146年至公元394年，古代奥运会开始由衰落走向消亡，罗马帝国统治希腊后，起初虽然举行运动会，但奥林匹亚已不是唯一竞赛地。同时，职业运动员大量出现，奥运会成了职业选手的比赛，希腊人对之失去了兴趣。公元393年，罗马皇帝狄奥多西一世宣布基督教为国教，认为古代奥运会有违基督教教旨，是异教徒活动，翌年宣布废止古代奥运会，从此历时1 000多年的古代奥运会便随着古代奴隶制的衰亡而销声匿迹。

（二）现代奥运会

法国教育家顾拜旦是公认的现代奥林匹克创始人，他为奥林匹克运动的诞生和发展做出了卓越贡献。1891年，顾拜旦创办《体育评论》杂志，并以此为阵地热情宣传他的主张，对创办现代奥运会起了积极的推动作用。1892年，顾拜旦遍访欧洲，宣传奥林匹克理想。同年11月25日，在法国体育联合会成立3周年的纪念大会上，他发表了著名的《复兴奥林匹克》演说，第一次公开且正式地提出创办现代奥运会的倡议。在演说中，顾拜旦阐明：现代奥运会应该像古代奥运会那样，以团结、和平和友谊为宗旨，但应该比古代奥运会有所发展和创新，它应该向一切国家、一切地区和一切民族开放，并在世界各地轮流举办。顾拜旦的倡议，使现代奥运会从一开始便冲破民族和国家的界限，具有鲜明的国际性。

1894年6月18日至24日，根据顾拜旦的建议，来自美国、英国、俄国、瑞士、西班牙、意大利、比利时、荷兰和希腊等12个国家49个体育组织的代表，参加了在巴黎举行的国际体育会议。会议期间，又先后有21个国家致函，向大会表示支持和祝贺。这次会议通过了成立国际奥林匹克委员会（简称国际奥委会）的决议，并从79名正式代表中选出15人担任第1届国际奥委会委员。大会还决定由奥运会举办国的国际奥委会委员担任国际奥委会主席。由于首届奥运会定于1896年在希腊首都雅典举行，因此希腊委员维凯拉斯当选为国际奥委会第一任主席，顾拜旦为秘书长。大会规定每四年举行一次奥运会，通过了遵循“业余运动”的决议。1896 年 4 月 6 日至 15 日，第 1 届现代奥运会终于如期在雅典举行。虽然组织很不完善，但它却是奥林匹克运动正式诞生的重要标志，具有继往开来的意义。从此，奥林匹克运动终于又重新登上历史舞台，揭开了人类文明史上又一新的篇章。

奥林匹克运动的思想体系包括奥林匹克主义、奥林匹克精神、奥林匹克理想及其宗旨和格言等，它们都属于统一的范畴，包含在《奥林匹克宪章》中。1894 年国际奥委会成立时没有制定具体的规章制度，第一个具有宪章性质的文件是 1908 年由顾拜旦起草的《国际奥委会的地位》一文。现行的《奥林匹克宪章》是 2013 年 9 月在阿根廷首都布宜诺斯艾利斯国际奥委会第 125 次全会通过的，2013 年 9 月 9 日开始生效。近百年来，随着人类社会和奥林匹克运动的发展曾多次修改和补充，但其基本原则和精神未变。在《奥林匹克宪章》中，对奥林匹克运动的宗旨、格言、标志等都有明确说明。

奥林匹克运动的目的是通过体育活动，增进身心健康，促进世界相互了解，建设一个更美好和平的世界。这一宗旨具体体现为：使体育运动为人类和谐发展服务，以提高人类尊严；以友谊、团结和公平竞赛的精神，促进青年更好地相互了解，从而有助于建立一个更加美好和平的世界；使世界运动员在每四年一次的盛大节日——奥林匹克运动会中聚在一起。“和平、友谊、进步”是对奥林匹克宗旨的高度概括，也是奥林匹克精神的重要内容。

奥林匹克精神是奥林匹克运动的实质内容，《奥林匹克宪章》指出，奥林匹克精神就是相互了解、友谊、团结和公平竞争的精神。通常它包括参与原则、竞争原则、公正原则、友谊原则和奋斗原则。

奥林匹克格言是“更快、更高、更强”。奥林匹克标志由五个奥林匹克环组成，颜色分别为蓝、黄、黑、绿、红。五环的寓意是象征五大洲的团结和全世界的运动员在奥林匹克运动会上相聚一堂。

奥林匹克运动提倡人的全面发展，提倡人类社会的和谐和公正，提倡建立一个和平的更加美好的世界。这些都是人类中的大多数人所追求的理想和愿望。正是因为现代奥林匹克运动提出了符合人类社会追求的崇高目标，在不到一个世纪的时间里，奥林匹克运动从欧洲走向了全球，形成了包括地区组织和国际单项体育组织在内的大家庭。这一大家庭的所有成员都遵循奥林匹克主义和基本原则，以奥林匹克理想为追求目标，从而使奥林匹克运动成为一个有世界影响的社会文化现象。

三、奥林匹克运动与中国

由于社会背景的差异，现代奥林匹克运动传入中国并取得发展，经历了一个漫长的历程。1979 年，中华人民共和国在国际奥委会的合法席位得到恢复，并确定中国台湾地区以中国台北奥委会的名义参加奥运会，中国又回到了奥林匹克大家庭中。中国体育进入了崭新的时代。1980 年 2 月，中国首次参加了第 13 届冬季奥运会。

随着社会变革的深入和现代体育的逐渐兴起，奥林匹克运动在中国得到了广泛的传播，并在奥林匹克比赛中不断创造佳绩。1984 年在美国洛杉矶举行的第 23 届奥运会上，中国派出 353 人组成代表团，其中运动员 225 人，参加 16 个项目的比赛。许海峰在男子手枪 60 发慢射决赛中获得金牌，成为中国历史上的首位奥运冠军。这一届奥运会上，我国共获金牌 15 枚、银牌 8 枚、铜牌 9 枚，列金牌榜第四位，为中国奥运史写下了辉煌的一页。

随着中国改革开放的深入以及 2008 年中国在北京举办第 29 届夏季奥运会，奥林匹克运动在中国进入了一个新的发展时期。2004 年，在现代奥运会重回故乡之际，中国在雅典奥运会上取得了出色的成绩，获得 32 枚金牌，夺金数量达到历史新高，超越俄罗斯名列金牌榜次席，直逼美国。刘翔实现了中国男子短跑运动员在奥运会上金牌“零”的突破，以 12 秒 91 的成绩追平世界纪录，获得男子 110 米栏冠军。2008 年北京奥运会，是中国人在家门口举办的第 1 届奥运会，全民助奥，全民健身，中国体育代表团荣升金牌榜首位，全面改写奥运历史，中国逐渐实现由体育大国向体育强国的转变。

奥林匹克运动是人类社会的一个罕见杰作，它将体育运动的多种功能发挥得淋漓尽致，其影响力远远超出了体育的范畴，在当代世界的政治、经济、哲学、文化、艺术和新闻媒介等诸多方面产生了一系列不容忽视的影响。奥林匹克运动不仅构成了现代社会所特有的体育文化景观，以其特有的文化魅力愉悦人们的身心，而且以其强烈的人文精神催人奋进，生生不已。

课程资源

体育的起源与发展

运动竞赛的组织与编排

第二章　体育锻炼与运动处方

第一节　体适能与体育锻炼

科技的发达造就了人类的文明，但人们在享受文明成果的同时，却渐渐忽略了人类活动的本能需求。现代化的社会虽然带来了更舒适的生活环境及诸多的便利，但也带来了一些隐患，体育运动的缺乏和膳食结构的“高能化”，不仅使人们的基本身体素质下降，而且引发了许多现代“文明病”（心脏病、高血压、高血脂、糖尿病和肥胖症等）。中共中央、国务院《关于深化教育改革全面推进素质教育的决定》中指出：“健康体魄是青少年为祖国和人民服务的基本前提，是中华民族旺盛生命力的体现。”因此，高校体育以“健康第一”为指导思想，既是社会发展的必然要求，也是改革教育现状的客观需求。

一、体育锻炼与健康

（一）体育锻炼

体育锻炼是运用各种体育手段，结合自然力（空气、阳光、水）和卫生措施，以发展身体、增进健康、增强体质、娱乐身心为目的的身体活动过程。它是群众性体育活动的主要形式，对促进人体生长发育、塑造健美体态、提高机体工作能力、消除疲劳、调节情感、防治疾病、延年益寿乃至提高和改善整个民族体质都有重要作用。其特点一是群众面广，各种年龄、性别、职业和健康状况的人，都可根据个人情况进行适宜的锻炼；特点二是形式与内容灵活多样，可独自锻炼，也可集体进行。

（二）健康概述

人类对健康的认识是随着对自然、社会和自身认识的逐步深入而不断发展变化的。联合国世界卫生组织（WHO）1946 年在纽约制定的《世界卫生组织宪章》中，对健康的定义是：“健康是身体的、心理的及社会的完全良好状态，而不单是没有疾病或虚弱。”这个定义指出了人的身心健康与社会状态的统一性，同时表明了关心人的健康不仅是医务工作者的工作目标，而且也是国家、社会和个人的责任。

二、体适能与健康

（一）体适能的概念及分类

体适能一词来自英文的 physical fitness，是指个人除足以胜任日常工作外，还有享受休闲，以及能够应付压力与突如其来的变化的身体适应能力。体适能是全身适应性的一部分，是人类精神与身体对于现代生活的适应能力。体适能一词最早出现在半个多世纪前，由当时美国健康体育休闲协会（American Association of Health，Physical Education and Recreation，简称 AAHPER）组织和制定的《国家青年适应能力测试》（National Youth Fitness Test）的文件中。美国是倡导体适能发展最为典型的一个国家。美国受南北战争和第一次世界大战的影响，决定把体育目标的重点定为体适能的发展和维持。1879 年，任教于哈佛大学的萨尔金博士为使人类能够达到最完美的身体状态，根据人类的身体结构和功能设计出一套适合个人的运动处方身体训练课程，而当时他对体适能所给出的定义是：身体能适应于工作、游戏以及任何人类可能做得到的事。1957 年，AAHPER 开发了体适能的测试系统，并制定全国常模用于美国的体育课程。随后，美国正式以“体适能总统会议”的形式表明政府对体育活动与国民体质的重视。

根据体适能与身体健康和运动能力的关系，可以将其分为健康体适能和竞技体适能两个部分。健康体适能主要由与人体健康水平密切相关的体适能要素组成，通常包括心肺适能、身体适能、肌肉适能和柔韧适能。竞技体适能主要由灵敏性、协调性、平衡性、速度、爆发力和反应时等与运动竞技能力有关的体适能要素组成。竞技体适能的各项素质要求人体的各种生理条件也应达到一定的程度才可以完成。拥有良好的竞技体适能是参加各项休闲竞技活动、享受运动乐趣的基本条件。而良好的健康体适能为竞技体适能的提高奠定了基础。

（二）体适能与健康的关系

健康反映了身体、精神和社会的完好状态，强调了对社会的适应力。体适能是指身体对生活、运动和环境等因素的应变能力，强调的是一种应变力。由此可见，健康的好坏可以决定体适能水平，而与健康有关的体适能状况反过来也影响机体的健康水平。

良好的体适能有助于降低慢性疾病如冠心病的危险性以及其他慢性病的发生或发展，并提高机体免疫机能，抵御病毒侵害及细菌感染。良好的体适能还可以使人体拥有更多的生活激情，积极地享受生活、感受生命，有利于保持心理健康，促成良性的健康循环。

健康是一种“状态”，体适能是一种“能力”；健康和体适能的关系就是“状态”与“能力”的关系，“状态”决定“能力”。身体处于健康状态时，体适能就好；身体处于非健康状态时，体适能则差。从一定程度上来说，提高与健康相关的体适能水平，是达到整体健康的根本途径。

三、体育锻炼的基本原则

体育锻炼的基本原则是体育锻炼客观规律的反映，是指导人们从事体育锻炼实践，有效地增强体质，达到健身效果所必须遵循的基本准则。它包括自觉性原则、全面性原则、经常性原则、适量性原则、针对性原则和渐进性原则等。

（一）自觉性原则

自觉性原则是指体育锻炼的参加者必须持有明确的健身目标，自觉地从事体育锻炼。

体育锻炼属于人类的一种有目的、有意识的健身活动。它不同于日常生活和劳动工作中的一般躯体活动，只有把生理和心理联系起来，使用科学方法正确进行锻炼，才能达到良好效果。

（二）全面性原则

全面性原则是指体育锻炼追求的是身心的和谐发展。

人体是有机的统一体，身体各器官均按“用进废退”的规律发展。如果不注意身体各器官系统的全面发展，就会导致身体发展的不均衡和不协调。因此，选择体育锻炼内容时，要力求全面多样化，从适应环境、抵抗疾病的能力，改善机体形态、提高机体的功能，陶冶情操、愉悦心情、丰富文化生活等方面着手。

（三）经常性原则

经常性原则是指体育锻炼必须持之以恒，使之成为日常生活中的重要内容。体育锻炼能加快体内物质的合成，从而使机体内部的物质得到补充、增加和积累。产生这个变化的重要条件，在于正确保持锻炼的时间、强度、次数的衔接性和连续性，假如间隔过长、中断过久，已获得的效果就会消退以至消失。经常性并不是一定要天天进行，可根据身体适应运动负荷的能力和锻炼的形式灵活调整，一般以每周不少于2—4次为宜。

（四）适量性原则

适量性原则是指体育锻炼要有恰当的生理负荷。适量是相对的，是在渐进基础上有节奏地进行。锻炼效果的好坏，很大程度上取决于运动刺激的强弱。弱的刺激，不能引起机体功能的变化；过强的刺激，又有害健康。只有适宜的强度，才有利于能量消耗的恢复和超量的补偿。因此，锻炼时要根据年龄特征、环境情况、营养、兴趣等综合因素来安排运动量和运动间歇，把自我感觉和生理测定结合起来，使锻炼更具有针对性。

（五）针对性原则

针对性原则是指体育锻炼必须根据个人的实际情况有针对性地进行。锻炼身体不必强调统一，也不可千篇一律，制订的计划应当严谨，执行要严格，并注意阶段性调整，要防止片面求快，要以在原有基础上不断提高健康水平为宗旨。

（六）渐进性原则

渐进性原则是指体育锻炼必须遵循人体自然发展规律、机体适应性规律和超量恢复规律，既不能急于求成，也不能踏步不前，要逐步积累锻炼的效果。机体所承担的运动负荷是按超量恢复的原理变化的，经过一段时间锻炼后，原来的负荷变得不再适应，就需要做适当的调整。如果循而不进，只能使体质保持在原有的水平；如果循而冒进，将会损害身体健康。就一次锻炼来说，机体从安静状态过渡到活动状态，中间有一个渐进过程，人体各器官系统进入工作状态需要时间。因此，在一次锻炼中，必须做好准备活动，结束时不能忽视放松练习，负荷量要由小到大、从轻到重，以防止运动创伤等问题产生。

在实际运用中，各条原则相互联系，不可顾此失彼，以争取达到最佳锻炼效果。

四、体育锻炼的基本方法

体育锻炼的基本方法是指根据人体发展规律，运用各种身体练习和自然因素来锻炼身体的途径和方式。不同的锻炼方法对身体功能的影响有不同特点，不同的锻炼项目对身体功能也有不同要求。因此，运用锻炼方法应从实际出发，灵活应用，防止形式主义。

体育锻炼常用方法有重复锻炼法、间歇锻炼法、变换锻炼法、循环锻炼法、自然力锻炼法等。按科学的运动处方进行锻炼，可以避免因不合理的运动造成的身体伤害，使体育锻炼科学化、规范化，以更好地达到健身的目的。

(一) 重复锻炼法

重复锻炼法是指按一定的负荷标准,反复多次进行同一动作练习的方法。重复的次数和时间是决定健身效果的关键,确定和调节重复的次数和时间,应考虑项目特点,要注意克服厌倦情绪,防止机械呆板。

(二) 间歇锻炼法

间歇锻炼法是指严格规定每次练习的强度、时间以及各练习间的休息时间。间歇时间长短主要以运动负荷价值阈为准。一般地说,负荷超过上限时,间歇时间应长些,防止体力的过度消耗;在负荷处于下限时,间歇时间应短些。两次锻炼的时间不能间隔过长,宜在前次效果未减退时进行。

(三) 变换锻炼法

变换锻炼法是指在锻炼过程中,采用变换环境、条件、要求、手段等的一种方法。它可以有效地调节生理负荷,强化锻炼意向,克服疲劳和厌倦情绪。一般运用各种辅助性和诱导性练习及游戏等,配合音乐,利用空气、阳光和水来进行锻炼。

(四) 循环锻炼法

循环锻炼法是指把各种类型的动作与具有不同练习效果的手段,组成一组锻炼项目,按一定的顺序循环往复地进行锻炼的方法。由于动作内容、使用器械不同,练习时可激发兴趣、减轻疲劳、增强体质,有显著的健身价值。但在运用时要注意动作质量,防止片面追求运动密度和数量。

(五) 自然力锻炼法

有目的地利用自然力锻炼身体,有助于提高人体对各种不良气象因素(寒冷、炎热、低气压等)的抵抗力,改善血液循环和中枢神经系统的功能,增进健康。自然力锻炼主要包括日光浴、空气浴、水浴,俗称“三浴”。

1. 日光浴

日光浴是按照特定的要求和需要,使皮肤直接在太阳下照晒,达到增强体质的目的。日光中的紫外线、红外线和可见光有助于身体新陈代谢,增强机体免疫力,促进钙磷等营养成分的吸收。因此,日光浴能防治软骨病和佝偻病。

日光浴最好在清洁、平坦、干燥、绿化较好、空气流通的高山、湖滨进行。不宜在沥青地面和水泥地面进行;时间最好在上午 8:00—10:00,每次 15—30 分钟即可。规范的日光浴采用坐姿或卧姿,不可照射头部,尽量裸露身体,戴墨镜。如果出现头痛、心慌、恶心等不适现象,应立即停止。在空腹、饱腹、疲劳等情况下不宜进行日光浴,三个月内的婴儿和在月经期以及分娩后一个月内的妇女,不宜进行日光浴。

2. 空气浴

空气浴是让人体皮肤接触新鲜空气,以提高人体对外界环境的适应能力,改善血液循环。空气浴的效果取决于气温、气压、风速和空气成分等。

空气浴主要采用凉空气浴(15—20 ℃)和冷空气浴(6—14 ℃),从温暖季节开始逐步向寒冷季节过渡。空气浴锻炼最好的时机是天气晴朗的清晨,在树木茂盛的地方进行,并与跑步、做操等活动结合起来。遇大风、大雾天气时最好不做空气浴,大汗或身体过度疲劳时不要进行空气浴，饭前饭后1小时内也不宜进行空气浴。

3. 水浴

水浴是利用水的温度、机械作用和化学作用进行锻炼或防治慢性病的锻炼手段。水浴主要是冷水浴，方式有冷水擦身、洗脸、洗脚，冷水淋浴、浸浴。用雪擦身和冬泳是非常剧烈的自然力锻炼，只有身体非常健康和多年进行系统水浴锻炼，并经医生允许的人方可采用。水浴的主要因素是水温而不是时间的长短。持续时间以不出现寒战和口唇青紫为度，洗好后应做一些适量运动，使身体发热，并及时穿好衣服。

五、发展不同身体素质的体育锻炼方法

(一) 身体素质的发展

人体的形态结构、生理机能、身体素质和运动能力、心理发展以及对内外环境的适应能力，是影响体质的五个重要因素。作为衡量人体体质强弱与运动机能能力的身体素质，一方面与人体各器官系统的机能水平有关，另一方面也取决于肌肉的工作效率。要获得健壮的身体，延缓身体素质自然衰退的速度，就必须通过科学的锻炼，全面发展身体素质。

1. 发展力量素质的方法

(1) 静力性力量练习法。

静力性力量练习法能使肌肉产生张力但不发生长度变化。练习时，稳定身体，推或蹬住固定重物，以肌肉最大收缩力坚持一定时间，重复一定次数；也可不借反弹力和惯性力，单纯依靠肌肉的紧张收缩来完成，如负重深蹲慢起等。

(2) 动力性力量练习法。

动力性力量练习法是身体某部位产生明显的位移，通过推动物体进行运动的练习方法，如投掷器械、扣球、踢球等。

投掷能力练习法。该练习法发展腰腹的爆发力，对培养正确用力动作，加强各关节的灵活性和发展身体的灵敏性、协调性有较好效果。具体方法是：① 原地双手正面向前、向后抛实心球。② 原地正面推实心球或小铅球(最后用力动作)。③ 原地侧面推铅球。

引体向上练习。该练习法发展上肢、肩背部肌肉力量及耐力，可以按照下列方法实践。① 直臂悬垂练习法：两手与肩同宽，手臂和身体伸直，脚离地悬垂于高杠30秒以上。② 屈臂悬垂练习法：两手与肩同宽，肘关节尽力弯曲，头颈部紧靠杠坚持30秒左右。③ 负重悬垂练习法：两手与肩同宽，身体承受一定负荷，时间相应减少。

仰卧起坐练习法。该练习法主要发展腹肌力量及耐力，培养身体的协调性。练习时，可按固定下肢上体起坐、固定上体下肢伸直上抬、两头同时收腹起坐、负重做以上练习、斜板做仰卧起坐以及肋木收腹举腿等。

2. 发展速度素质的方法

速度素质通常分为反应速度素质、动作速度素质和移动速度素质。

(1) 反应速度素质的练习。

该练习利用各种信号让练习者做出相应的反应动作。

(2) 动作速度素质的练习。

该练习分为以下两种：① 减小练习难度，如顺风跑、下坡跑等。② 加大练习难度，如

负重跳高、跳远和跑步，增加投掷重量等，紧接着做标准练习。

(3) 移动速度素质的练习。

具体有：① 最大速度跑，如短距离重复跑、接力赛跑、追逐游戏等，时间控制在 30 秒以内，间隔时间可稍长。② 加快动作频率练习，如快速小步跑、计时计数的高抬腿跑、快速摆臂练习等。③ 提高下肢力量的练习，如负重跑与跳、单脚跨跳等。

练习速度素质应在体力充沛、精神饱满的状态下进行，否则易出现伤害事故。

3. 发展耐力素质的方法

具体主要有：① 有氧耐力的锻炼。心率控制在 140—170 次/分钟，时间在 15 分钟以上，采用持续运动的方法进行。如先采用走与跑相结合、强度较小的越野跑、跳绳、爬山、骑自行车、球类活动等。练习时注意速度由慢到快，距离由短到长，做到定时定量完成任务，逐渐增加运动强度和密度。② 无氧耐力的锻炼。心率控制在 160 次/分钟以上，采用重复跑、间歇跑和游戏跑等方式，完成 100 米跑、200 米跑、400 米跑等。每完成一次快跑后，心率恢复到 100 次/分钟左右开始下次快跑。这种练习对身体状态的要求高，次数不能多，要在专业人士的指导下进行。

4. 发展柔韧素质的方法

具体主要有：① 采用静力性练习(如正压、侧压腿，左右、前后劈腿，躯干曲折与伸展，抬肩等)来拉伸肌肉、肌腱、韧带和皮肤。拉伸力量的大小应以感到酸、胀、痛为限，并保持 15—30 秒，重复 8—10 次即可。② 采用动力拉伸法。每次动力拉伸练习(如踢腿、摆腿、绕环转体等)一般控制在 10—20 次，不宜用力过猛，以防拉伤。

柔韧素质练习每天要坚持做，在做好一般性准备活动后(如慢跑、健身操等)，把动力性练习和静力性练习、主动练习和被动练习结合起来，可收到更好的效果。

5. 发展灵敏素质的方法

具体主要有：① 在跑、跳中做迅速改变方向的各种跑、躲闪、突然起动以及各种快速急停和迅速转身等练习。② 做专门设计的复杂多变的综合练习。如躲闪跑、穿梭跑、“之”字跑等组合练习。③ 做有意识地改变完成动作的速度或速率的练习。④ 做各种变换方向和对信号做出应答反应的游戏。

发展灵敏素质的途径包括徒手练习、器械练习、组合练习及游戏等，体操、武术、滑冰、球类运动等都是发展灵敏素质的有效项目。

第二节　运动处方

运动处方是 20 世纪 50 年代由美国生理学家卡波维奇提出的，它是指导人们有目的、有计划、科学地进行锻炼的一个重要方式。运动处方是由医生、康复医疗师、社会体育指导员或体育工作者给患者、运动员或锻炼者按年龄、性别、健康状况、身体锻炼经历，以及心肺适能或运动器官的机能水平等，用处方的形式制定的系统化、个性化的健身方案。

一个系统的个体化运动处方的基本成分包括适当的运动方式、运动强度、每次运动的持续时间、运动频率、能量消耗和注意事项。对不同年龄、不同身体状态的人群来说，无论有无疾病或危险因素的存在，这六大要素都是构成运动处方的基本成分。

一、运动处方的基本原则

科学研究表明，运动有益于健康，并且对大多数成年人来说，运动带来的好处远远大于它的风险。一份理想的运动处方应该能够满足运动者对健康和体适能的要求。

(一) 因人而异原则

每个人的身体条件各不相同，不可能预先准备好适应所有人的运动处方。因此，在制定运动处方时，必须根据每个人的具体情况，因人制宜，差别对待。一个安全、有效的运动处方，不是完全靠别人给予的，而是应该根据自己的实际状况制定与调整的。

(二) 有效原则

运动处方的制定和实施，应使参加患者或锻炼者的功能状态有所改善。在制定运动处方时，要科学、合理地安排各项内容；在运动处方的实施过程中，要按质按量地认真完成训练。由于每个人在按照运动处方进行体育锻炼的过程中，身体或者其他客观条件经常不断发生变化，因此，初始的运动处方在实施过程中要进行一次或者多次微调，使之始终符合参与患者或锻炼者自身的条件与需求。

(三) 安全原则

在运动处方的制定和实施中，应注意维持人体生理和心理的平衡，以达到“全面身心健康”的目的。如果运动超过机体上限，就可能有危险，这个运动强度或运动量界限，就是安全界限。最低效果的下限为有效界限。安全界限和有效界限之间，就是运动处方安全而有效的范围。对于身体条件差的人，在制定运动处方时，应该严格规定运动内容等各个方面。

二、运动处方的分类

随着运动处方的不断完善，对“不同的身体状况、不同的锻炼目的应采取不同的锻炼方法”的要求更加严格，尤其是那些身患疾病的人，必须严格地按照运动处方进行治疗。按应用的目的和对象来分，运动处方大致可以分为以下三种。

(一) 治疗性运动处方

治疗性运动处方用于某些疾病或外伤的治疗和康复，它使医疗体育更加定量化、个别对待化。如某人中等肥胖，体重超标 10 公斤，他需要每天爬山 1 小时，约 16 周后体重可以降到标准范围。这类处方就是治疗性运动处方。

(二) 预防性运动处方

预防性运动处方主要用于健康的中老年人及长期从事脑力劳动，并希望参加体育锻炼的人。主要目的是预防某些疾病(如冠心病、肥胖症等)，防止过早衰老。如人过中年，身体就开始衰退，动脉粥样硬化可能就慢慢开始了。为了预防动脉粥样硬化，运动处方规定了中等强度的耐力跑，使脂肪和胆固醇等物质不易沉积，从而达到预防动脉粥样硬化的目的，这类处方就是预防性运动处方。

(三) 竞技训练运动处方

竞技训练运动处方主要用于运动员，根据运动处方进行科学训练，以提高身体素质和运动技术水平。

三、运动处方的构成

运动处方一般包括下列六项：运动目的，运动方式，运动强度，运动持续时间，运动频率，注意事项及微调整。其中运动方式、运动强度、运动持续时间和运动频率是运动处方的四大要素。

（一）运动目的

依据性别、年龄、职业、爱好和身体健康状况各有不同，目的也不同，如强身保健、防治疾病、健美减肥、消遣娱乐及提高运动成绩等。

（二）运动方式

现代新兴的运动处方要求包括三个运动种类，即有氧运动、伸展运动及力量性运动，以达到全面锻炼的最佳效果。

1. 有氧运动

有氧运动是耐力性运动项目，包括步行、慢跑、走跑交替、游泳、骑自行车、滑冰、越野滑雪、划船、跳绳、上下楼梯及室内活动平板(跑台)等。有氧运动是运动处方中最基本、最主要的锻炼方式。在治疗性和预防性运动处方中，主要用于慢性疾病的康复和预防。有氧运动对增强心血管系统运氧能力、清除代谢产物、调节做功肌肉的摄氧能力等都有明显的促进作用。锻炼以后可以促使心率减慢、血压平稳、心脏输出量增加。

2. 伸展运动

伸展运动及健身操包括广播体操、太极拳、五禽戏、八段锦、健身迪斯科以及各种医疗体操等。既可以用于预防、治疗疾病，又可以用于健身和健美，主要功效是能有效地放松精神、消除疲劳、改善体形、提升机体的柔韧性，以及防治高血压、神经衰弱等。

3. 力量性运动

力量性运动可以增强肌肉力量、改善神经肌肉协调性、增加关节灵活性，一般适用于神经麻痹、骨质疏松和关节运动障碍的人。美国运动医学会推荐的力量训练主要有主要肌群参与，每次 8—10 组，每组重复 8—12 次，每周至少 2 次。据研究资料，适宜的力量刺激对延缓骨质疏松的发生和发展具有重要的作用。力量性运动一般包括被动运动(通过辅助设施锻炼)、助力运动、免负荷运动(在减除肢体重力负荷的前提下进行主动运动，如在水中运动等)、主动运动和抗阻力运动(利用各种力量练习器进行)等。

（三）运动强度

在有氧运动中，运动强度取决于走或跑的速度、蹬车的功率、登山时的坡度等。在力量和柔韧性练习中，运动强度取决于给予助力或阻力的负荷重量。运动强度制定得是否恰当，关系着锻炼的效果和锻炼者的安全，应该按照个人的特点，确定锻炼时应达到的强度和安全范围。

运动强度可根据最大摄氧量、心率、自感用力度和能量代谢当量(MET，音译为梅脱)来确定。除去环境、心理刺激或疾病等因素，心率和运动强度之间存在线性关系。通常用以下两种方法来确定心率与运动强度。

1. 用最大心率的百分比来确定运动强度

最大心率(HRmax)不容易测定,通常以“220－年龄”这一公式来推算。用最大心率确定运动强度时,通常认为以采用 55%—77% HRmax 为宜。最大心率储备＝最大心率－安静时心率。在实际应用时,用最大心率储备和安静时心率同时来确定运动时的心率,称为靶心率,计算公式是:靶心率＝(最大心率－安静时心率)×(0.6—0.8)＋安静时心率。“0.6—0.8”为适宜强度系数。通常认为,在强度“0.6—0.8”范围内,运动能有效地提高有氧适能。故又有人把“0.6—0.8”这一范围称为训练带或训练区域,把系数 0.6 称为训练带的下限阈,若低于此值,由于强度太低,对机体无明显影响,收不到应有的健身效益;把系数 0.8 称为训练带的上限阈,若高于此值,由于强度太大,不仅收不到应有的健身效益,反而易导致过度疲劳与运动伤病,而使健身活动不能持续下去。

例如:一名 23 岁的男子,安静时的心率为 70 次/分钟,按公式“220－年龄”推算的最大心率为 190 次/分钟,那么其靶心率范围或训练带心率的上限和下限分别为:

上限靶心率＝(190－70)×0.8＋70＝166 次/分钟

下限靶心率＝(190－70)×0.6＋70＝142 次/分钟

即,该男子有效健身的心率范围为 142—166 次/分钟。

2. 自感用力度

瑞典生理学家布罗格首次提出自感用力度(等级)(RPE),来评定用力的困难或运动的疲劳程度。如表 2-1,他认为身体用力时产生的感觉刺激由脑整合产生。布罗格提出 RPE 分值×10 约与心率相等。

表 2-1　自感用力度(等级)

运动感觉	等级	运动感觉	等级
非常轻松	8	累	15
很轻松	9	很累	17
轻松	11	非常累	19
稍累	13	最大用力	20

(四) 运动持续时间

除准备活动和整理活动外,运动持续时间为 15—60 分钟,一般为 20—30 分钟。其中,达到适宜心率的时间应在 15 分钟以上,对惯坐者和有氧适能较低的人,应进行低至中等强度长时间的运动,这不易引起骨关节损伤和高能量的消耗。

对惯坐者和有氧适能较低的人,在运动的第一周应进行 20—30 分钟中等强度运动;运动两周后若运动反应正常,且无疲劳现象,运动时间可从每次 20 分钟逐渐增加到 45 分钟。

运动持续时间和运动强度关系密切。因为当运动强度达到阈强度后,一次运动的效果是由总运动量来决定的,而总运动量＝运动强度×运动时间,即由两者的配合来共同决定,在总运动量确定时,运动强度与运动时间成反比。运动强度较大则运动时间较短,运动强度较小则运动时间较长。前者适宜年轻及体适能较高者,后者适宜老年及体适能较低者。年轻及体适能较高者可由较高的运动强度开始锻炼,老年及体适能较低者由较低的运动强度开始锻炼。运动量应由小到大，增加运动量时，可先延长运动时间，再提高运动强度。

（五）运动频率

运动频率指每周锻炼的次数，应根据锻炼目标确定运动频率。每周进行3—4次，每次30—60分钟中等强度的有氧运动，即可达到维持心肺适能的目的，每天锻炼1次可以收到更佳的健身效果。对某些疾病患者，可以适当增加锻炼次数，如对于糖尿病患者，每天两次，在餐后1小时各锻炼20—30分钟，可以对血糖调节产生良好的作用。每周进行2—3次力量练习，两次练习之间休息24—48小时，可以使机体得到“超量恢复”，收到更好的锻炼效果。

（六）注意事项及微调整

为了保证安全，根据健身者的具体情况，提出锻炼时应当注意的事项，如锻炼时心率不应超过靶心率。对患有慢性疾病的患者，应注意监测身体状态。同时，进行力量练习时，注意预防意外事故的发生等。

四、运动处方的制定与实施过程

（一）全面了解锻炼者的健康状态

可以采用调查问卷的方式，全面了解锻炼者的病史及生活习惯。由于锻炼者可能存在心血管疾病的危险因素，越是静坐少动的人群存在危险因素的可能越多，但是很多人并不知道自己的健康状态，因此在制定运动处方之前，应充分考虑各方面因素。如是否服用某些药物、生活方式特点、健身目标、健身现状等。这些因素对确定运动处方的主要内容有明显的影响。

（二）了解锻炼者的生活方式特点及健身现状

应了解锻炼者生活中体力活动状态和参加健身锻炼的情况，为确定运动处方中的运动量提供信息。可通过问卷或咨询了解这些信息。对健身锻炼情况的了解应包括：① 参加锻炼时的运动方式、运动频率、每次锻炼的时间、运动中的主观感觉、有无运动强度的控制和监测，以及有无运动伤病的发生。② 是否进行过健身测试，测试结果与评价如何。

（三）制定运动处方前的相关测试

1. 静态指标

应测试锻炼者安静状态下的心功能状态，如心率、血压、心电图等。还有检测常见血液指标，如血常规、血糖、血脂等。

2. 心肺适能测试与评价

一个理想的运动处方应当建立在对个体运动负荷试验反应的客观评价基础之上，包括运动中的心率、血压、心电图、RPE和在递增运动负荷试验（Graded Exercise Test，简称GXT）中直接或间接测量的最大摄氧量。

3. 身体形态和身体成分测试与评价

对于身体质量指数（BMI）≥24的锻炼者应进行身体形态（如腰、臀等部位围度）和身体成分评价，以判断超重和肥胖程度，以及与相关疾病的关系。

(四) 运动处方的实施过程

1. 运动处方的实施练习

在运动处方的实施过程中,每一次练习课都应包括以下三个部分。

(1) 准备活动部分。准备活动部分的主要作用是使身体逐渐从安静状态进入到工作(运动)状态,逐渐适应运动强度较大的基本部分的运动,避免出现心血管、呼吸等内部脏器因突然承受较大运动负荷而发生意外,避免肌肉、韧带、关节等运动器官的损伤。在运动处方的实施中,准备活动部分常采用运动强度小的有氧运动及伸展性体操,如步行、慢跑、徒手操、太极拳等。准备活动部分的时间,可根据不同的锻炼阶段有所变化。在开始锻炼的早期阶段,准备活动的时间可为 10—15 分钟;在锻炼的中后期,准备活动的时间可减少为 5—10 分钟。

(2) 基本部分。运动处方的基本部分是运动处方的主要内容,是达到康复或健身目的的主要途径。运动处方基本部分的运动内容、运动强度、运动时间等,应按照具体运动处方的规定实施。

(3) 整理活动部分。每一次按运动处方进行锻炼时,都应安排一定内容和时间的整理活动。整理活动的主要作用是,避免出现因突然停止运动而引起身体的不适症状,如头晕、恶心、"重力性休克"等。常用的整理活动有散步、放松体操、自我按摩等。整理活动的时间一般为 5 分钟左右。

2. 锻炼中运动强度的监控

在运动处方的实施过程中,应注意对运动强度的监控。常采用的方法有:计算 RPE,计算靶心率等。

3. 运动中的医务监督

在运动处方的实施过程中,一般的健康人可进行自我监督,而对治疗性运动处方的实施应进行医务监督。

(五) 运动处方实施中的注意事项

为了保证安全、有效地实施运动处方,应注意以下事项:① 进行必要的身体检查,了解健康状况,以便合理地选择运动项目和确定运动处方。② 加强锻炼的医务监督工作(包括自我监督),防止过劳或意外损伤。③ 运动时必须注意贯彻循序渐进的原则。④ 遵循经常性原则,坚持锻炼,持之以恒。⑤ 观察锻炼中及锻炼后的反应,避免过量运动。⑥ 锻炼期间要遵循正常的生活作息。⑦ 注意锻炼期间的饮食和营养。

课程资源

影响健康的诸因素分析

科学运动

第三章　体育运动伤病与防治

第一节　常见运动损伤的处理与预防

一、运动损伤概述

体育运动需遵循人体生理结构和体育运动项目的技术、战术动作特点，并根据个体的身体素质、运动能力、运动环境和条件等因素，科学合理地进行，否则容易发生运动损伤和运动性病症。

（一）运动损伤的概念和分类

1. 概念

运动损伤是指人体在体育运动过程中发生的各种损伤。损伤部位与运动项目以及专项技术特点有关。

2. 分类

（1）按照伤后皮肤黏膜是否完整分类。① 开放性损伤：受伤部位的皮肤或黏膜的完整性遭到破坏，有伤口与外界相通。如擦伤、刺伤、切伤及撕裂伤等。② 闭合性损伤：受伤部位的皮肤和黏膜无破损，没有伤口与外界相通。如挫伤、肌肉拉伤及关节韧带损伤等。

（2）按照伤后病程长短分类。① 急性损伤：是指一瞬间遭到直接暴力或间接暴力造成的损伤，如肌肉拉伤、关节扭挫伤等。② 慢性损伤：是指局部过度负荷、多次细微损伤累积而成的损伤，或由于急性损伤处理不当转变为陈旧性损伤，如肩袖损伤、髌骨软骨软化症等。

（3）按照受伤与运动技术和训练的关系分类。① 运动技术损伤：由运动技术因素直接造成的损伤，如足球踝、网球肘、跳跃膝等慢性损伤。② 非运动技术损伤：主要是指一些意外伤，如骨折、挫伤、擦伤等急性损伤。

此外，还有按照人体组织结构、损伤轻重程度以及损伤部位等来区分的运动损伤。

（二）运动损伤的原因

导致运动损伤产生的原因主要有以下几点。

1. 缺乏对运动损伤预防的认知

由于缺乏运动损伤的基本知识，以及平时在体育参与中没有形成良好的预防意识，未采取行之有效的防护措施，伤后亦未及时总结经验教训，以致运动损伤时常发生。

2. 准备活动不合理

（1）不做准备活动或准备活动不充分会导致肌肉因力量、弹性和伸展性不够而受伤。

(2) 准备活动负荷过大。开始准备活动时,速度过快、用力过猛,违背了循序渐进的原则,或准备活动与专项运动结合不够等均易导致损伤。

(3) 准备活动距正式运动的时间过长。准备活动的生理作用已经减弱或消失,此时完成强度和难度较大的运动易发生损伤。

3. 技术动作不规范或错误

做动作时违反了人体结构和生理特点,尤其是初学者或学习新动作时容易因错误动作技术而导致损伤;有些已经熟练掌握的动作技术,也会因为身体疲劳或运动时注意力不集中而发生损伤。

4. 运动参与者自身状态不佳

自身状态包括生理状态和心理状态两部分。前者如睡眠质量不佳、疲劳、患病或伤病初愈等均可使力量与动作协调性下降,或因注意力不集中导致损伤;后者如心情不愉快、恐惧、胆怯等,都易导致运动损伤。

5. 缺乏必要的医务监督

运动参与者在参加体育运动前和体育竞赛前应当进行体格检查和运动机能评估,以更准确地了解机体的健康状况、疲劳程度等,及时做出相应的调理和休整,从而避免运动损伤的发生,也为教师、教练或赛会组织方更好地保障体育活动的安全开展提供依据。

6. 场地器材、服装等不符合卫生要求

场馆光线不符合要求,如通风条件不好,场地不平整,器械表面粗糙,鞋袜穿着不合适等,也易引起运动损伤。

7. 训练中缺乏保护与帮助

对于一些技巧性的运动,教师和运动者都应当树立一定的防护意识,积极佩戴相应的安全辅具,掌握保护与帮助以及自我保护的方法和技能。此外,在气候环境因素不利的情况下,应当因地制宜地制订伤害防护计划。

(三) 运动损伤的预防原则及方法

1. 增强规避运动损伤风险的知识和能力

无论是在体育课上还是课后的健身运动或是参加各种体育竞赛,都要本着预防为主的原则,增强防范意识,加强运动损伤预防知识的普及,不松懈大意,养成良好的体育运动规范。

2. 认真做好准备活动

(1) 不同种类的运动应当有不同的准备活动,全面合理的准备活动必须由一般性和专项性两种类型组成。一般性的准备活动包括慢跑、拉伸、关节活动等,专项性的准备活动应当包括即将从事的运动项目所涉及的身体相关部位的运动。

(2) 准备活动时间应为 15—30 分钟,活动强度依照运动项目、身体的体力状况以及当时的气象条件而定。准备活动的效果可以持续 30 分钟,应据此合理安排准备活动的时机,不宜过早或过晚。

(3) 根据要进行的运动项目的特点,加强易伤部位的准备活动。

(4) 准备活动中适当进行肌肉力量练习,对预防肌肉拉伤有积极作用。

3. 合理安排运动负荷

运动负荷包括负荷量和负荷强度两个方面。量是指完成练习的数量、次数、组数、时间、距离和重量等；强度是指完成练习所用力量的大小和机体的紧张程度，它包括动作的速度、练习的密度、间歇时间的长短、负重的重量、投掷的距离、跳高的高度等。量和强度是决定运动负荷效果的主要因素。参与学校体育活动和进行日常体育锻炼时，应当遵循适宜负荷原则，根据运动目的、自身身体机能状况、锻炼条件、运动感受和所处环境等因素，综合研究确定适宜自己的运动负荷。

4. 及时供给合理的营养素

营养不良会增加运动损伤发生的可能性。糖供应不足、蛋白质和脂肪的分解增加，会影响肌肉力量，导致软组织损伤。此外，不能及时补充水分，也会导致血液黏稠度上升而造成肌肉损伤，同时影响关节液的充沛程度，进而加大关节的运动损伤风险等。

5. 愉悦的运动心情和自信

参与体育运动不可畏手畏脚，应当充分信任任课教师对于课程内容设置的科学性，以愉悦的心情参与到体育运动中，运动时紧张胆怯会增加运动损伤发生的可能性。

6. 重视运动后整理与恢复活动

整理活动是运动结束后的重要内容。除运动后现场进行整理活动外，课后或健身后可以适当进行温水浴、按摩、营养补充等，使机体产生的运动性疲劳能尽快消除，防止因疲劳积累而发生损伤。

7. 正确选择运动器材与装备

正确选择和使用运动器材对于预防运动损伤具有重要意义。运动器材的维护应当制定相应标准，达到相应的破损程度应当遗弃，不合格的运动器材会给运动参与带来风险。运动装备包括运动服装要相对宽松透气、鞋袜应符合安全运动的要求等，以防止运动损伤的发生。

除上述预防原则与方法外，还要正确掌握运动技术动作，加强易伤部位练习，加强医务监督等。

二、常见运动损伤的应急处理与预防

（一）肌肉拉伤的应急处理

1. 原因与征象

肌肉拉伤是因为肌肉在运动中急剧收缩或过度牵拉，超过了肌肉本身所能承担的限度而引起的肌肉组织急性损伤。体育运动中常见的肌肉拉伤部位有腘绳肌、大腿内收肌、腰背肌和小腿三头肌等。肌肉拉伤容易发生在快跑、抗阻练习、压腿、劈叉等运动中。肌肉拉伤后，拉伤部位剧痛，用手可摸到肌肉紧张形成的索条状硬块，触疼明显，局部肿胀或皮下出血，活动明显受到限制。

2. 处理原则与方法

早期治疗原则是：制动、止血、镇痛、防肿。

处理方法：首先做冷敷，用冰块敷患处，或将伤肢放入冷水中，或在自来水下冲洗。冷敷后加压包扎，抬高肢体，这种方法有止血、镇痛、防肿的作用。如需包扎，先用海绵垫敷伤部，再行弹力绷带包扎，松紧度应适中。包扎 24 小时后拆除，视伤情再做处理。早期不宜做按摩和理疗，否则会加重出血和组织液的渗出，使肿胀加重。伤后三天内避免重复致伤动作，三天后可进行功能性练习。一周后，可逐渐恢复体育锻炼，但伸展时以不引起伤处疼痛为度。

3. 预防与康复锻炼

（1）预防。在剧烈运动前，要做好充分的准备活动，可以通过慢跑使身体发热；之后对运动的肌肉做拉伸练习；正确掌握跑、跳、投的技术要领；遵守体育运动的基本原则，防止局部肌肉过度疲劳；注意运动的环境温度、湿度和场地情况，运动间隙注意保暖；运动后进行肌肉放松练习等。

（2）康复锻炼。当拉伤的肌肉疼痛减轻时可以开始康复锻炼，并逐步增加运动量和运动强度，以受伤部位不产生疼痛为宜。运动前同样要做好充分的准备活动和拉伸练习。

（二）踝关节扭伤的应急处理

1. 原因与征象

踝关节扭伤是十分常见的损伤。运动时，由于运动场地不平、跳起落地时踩到他人脚上、下台阶时踩空等均易导致踝关节外侧副韧带损伤，有些合并跗骨韧带损伤，损伤严重者可以发生韧带完全断裂，同时合并踝关节半脱位或撕脱骨折等。

损伤后，外踝处会出现疼痛、压痛、活动时疼痛加重，继而出现局部肿胀，甚至整体肿胀等症状。

2. 处理原则与方法

（1）立即停止行走、运动，取坐位或卧位，同时可用枕头、被褥或衣物、背包等把足部垫高，以利静脉回流，从而减轻肿胀和疼痛。

（2）立即用冰袋或冷毛巾进行局部冷敷，使毛细血管收缩，以减少出血或渗出，从而减轻肿胀和疼痛。冷敷的同时或冷敷后可用绷带、三角巾等布料加压包扎踝关节周围。亦可用数条宽胶布从足底向踝关节及足背部粘贴、固定踝关节，以减少活动度。无论包扎或用胶布粘贴，均应使受伤的外踝形成足外翻或受伤的内踝形成足内翻，以减轻对受伤的副韧带或肌肉的牵拉，从而减轻或避免加重损伤。

（3）如已发生或怀疑发生骨折，应选用两块长约 30 厘米的木板或硬纸板分别放在受伤部位的内外两侧，并在受伤部位加放棉垫、毛巾或衣物等，然后再用绷带或三角巾等物把两块木板固定结扎，并前往医院检查与治疗，如为开放性骨折，应加压包扎止血后再将骨折处固定，并尽快送往医院治疗。

（4）受伤后切忌推拿、按摩受伤部位，切忌立即热敷，热敷需在受伤 24 小时或 48 小时后进行。不能确诊的情况下要及时把伤员送往医院进一步诊断救治。必要时可拨打急救电话，请专业急救人员进一步处理。

3. 预防与康复锻炼

（1）预防。在剧烈运动前，要做好充分的准备活动，慢跑使身体发热后，把各主要关节充分活动开，尤其是易受伤的踝关节，并正确掌握跑和跳的技术要领；防止局部负担过重；注意运动的环境温度、湿度和场地情况，运动间隙注意保暖；运动后进行全面的身体放松练习，并加强踝关节周围的小肌肉群练习。

（2）康复锻炼。一般要在受伤 72 小时后，视轻重情况进行康复锻炼，并逐步增加运动量和运动强度，以受伤部位不产生疼痛为宜。运动前同样要做好充分的准备活动和关节活动。

(三) 膝关节半月板损伤

1. 原因与征象

运动时的起跳和落地加旋转等动作，对膝关节的半月板造成的撕扯力和剪切力，易造成半月板急性损伤，如足球运动时的快速起脚踢球、跳跃运动时的起跳等。长期进行以半蹲姿态为主的运动，易产生半月板劳损，如篮球、排球等运动。

半月板损伤后，膝关节会立即发生剧烈疼痛，关节肿胀，屈伸功能受限等。

2. 处理原则与方法

急性损伤后，应立即进行局部冷敷和加压包扎，抬高伤肢，限制活动等；两到三天后可进行局部理疗、热敷、按摩的处理。症状严重者，应前往医院进行专业检查和治疗。

3. 预防与康复锻炼

(1) 预防。运动前做好准备活动，运动中做好自我保护，机体疲劳时不要进行剧烈运动；平时要加强下肢肌肉力量练习，提高膝关节的稳定性；注意运动环境和遵守规则等。

(2) 康复锻炼。伤后72小时，视伤情遵照医嘱，循序渐进地进行锻炼；康复过程中，要加强膝关节相关的肌肉力量练习，加强膝关节稳定性训练。

(四) 疲劳性骨膜炎

1. 原因与征象

疲劳性骨膜炎大多发生在小腿胫腓骨，由长时间的跑跳运动，地面的应力和小腿肌肉的反复牵拉而诱发，特别是运动场地过硬、运动鞋鞋底弹性不足、运动时不注意落地的缓冲等情况下，更易发生胫腓骨疲劳性骨膜炎。如田径、篮球、足球等运动中多易发生。

典型的征象是胫腓骨疼痛，轻者运动后疼痛，休息后减轻；重者运动时疼痛、运动后加重，并伴随跛行，个别还会出现夜痛。局部压痛明显，可有结节，多在胫腓骨下半段。

2. 处理原则与方法

早期症状较轻者，用弹力绷带进行包扎，减轻下肢的跑跳运动，并注意充分放松小腿周围的肌肉，2—3周后症状会自行消失。症状加重者，则下肢应完全休息，并抬高伤肢。同时积极进行理疗、按摩、针灸等治疗。

3. 预防与康复锻炼

(1) 预防。运动需遵循循序渐进的原则，特别是体重基数大且下肢力量弱的运动者，应控制下肢的负荷；避免长时间做过分集中的跑、跳等活动；要做好运动前的准备活动和运动后的放松练习。

(2) 康复锻炼。伤后锻炼务必要循序渐进，以不引起明显的疼痛为原则，运动中加强小腿的肌肉力量练习和小腿周围肌肉的拉伸与放松。

第二节　常见运动性病症的应急处理与预防

一、运动性应激综合征

人体对体育运动产生适应的机制是生理刺激，在此过程中运动负荷是引起适应性变化的生理刺激，然而运动的总负荷超过了运动参与者所能接受的限度，运动负荷就由量变转为质变，从生理刺激变成了病理刺激。

运动性应激综合征是指一次性运动负荷超过了一定范围，超出体育运动参加者的最大耐受能力时，而引发一系列生理功能紊乱或病理的过程。

(一) 原因

具体原因主要有以下几方面。

(1) 运动参加者身体素质和心理素质较差，运动经验较少，体力水平较低。

(2) 不经常参加体育运动或因伤病较长时间中断运动后，突然进行高强度运动或比赛。

(3) 体育运动的地点环境不良或突然改变运动条件，致使运动参加者机体不能适应。

(4) 心血管疾病患者参加剧烈运动也会引发运动性应激反应，严重者可导致猝死。

(二) 体征

运动型应激综合征有单纯虚脱型、晕厥型、脑血管痉挛型、应激性心血管不全、应激性胃肠功能失调和应激性免疫系统症状等多种类型。但最常见类型为单纯虚脱型。单纯虚脱型体征是：运动后即刻出现恶心、头晕和面色苍白，可出现呼吸表浅、大汗淋漓、肌肉松弛、周身无力等征象，多数神志清醒。轻者休息后好转，重者数日后缓解。

(三) 处理

首先将患者置于仰卧位，头部放低，双腿抬高，以有利于血液回流；保证呼吸道通畅，严重者需吸氧；晕厥者可指压人中；神志清醒者可服用温水或糖水。

(四) 预防

预防方法主要有：

(1) 参加运动者应先进行健康检查，确定是否可以参加体育运动。

(2) 运动需循序渐进，逐渐增加运动量和强度，使机体有一个适应的过程。

(3) 疾病恢复期或不经常运动者，必须严格按照专业人员制定的运动处方进行运动。

(4) 避免在高温、高湿或闷热的天气条件下进行长时间的运动。

(5) 进行长距离跑或长时间的高强度运动时要及时补充糖、盐和水分，避免因体液大量丢失导致人体电解质紊乱。

二、肌肉痉挛

肌肉痉挛俗称抽筋，是肌肉发生不自主的强直收缩而显示出的现象，运动中最易发生痉挛的肌肉是小腿腓肠肌，其次是足底的踇长屈肌和趾长屈肌。游泳运动中发生肌肉痉挛的情况较多。

(一) 原因

具体原因主要有以下几方面。

(1) 寒冷刺激。在寒冷的环境里运动，肌肉受冷空气的刺激兴奋性突然增高而发生强制收缩。如游泳时受到冷水的刺激、冬季在户外锻炼，受冷空气的刺激都可能引起肌肉痉挛；如果在寒冷的环境中运动未做充分的准备活动，或未注意保暖更容易发生肌肉痉挛。

（2）由于运动中肌肉收缩过快而放松的时间太短，以至于肌肉收缩与放松的协调性紊乱，引起肌肉痉挛。常见于训练水平不高以及初入运动者。

（二）体征

发病部位的肌肉出现剧烈挛缩，疼痛难忍，痉挛肌肉所涉及的关节屈伸功能出现障碍，发生肌肉痉挛的运动者无法再坚持运动。发作常常持续数分钟，甚至更久。

（三）处理

处理方式主要有：

（1）不太严重的肌肉痉挛，只要向相反的方向牵引痉挛的肌肉，一般都可以缓解，牵引时切忌用力过猛。用力宜均匀缓慢，以免造成肌肉拉伤。

（2）腓肠肌痉挛时可伸直膝关节，同时用力将踝关节充分背伸，拉长痉挛的腓肠肌。踇长屈肌和趾长屈肌痉挛可将足及足趾背伸，同时在痉挛部位做按摩，手法以揉捏与重力按压为主。

（3）针刺或按压委中、承山、涌泉等穴位，处理时要注意保暖。

（四）预防

加强体育锻炼，提高身体的耐寒力和耐久力。运动前，必须做好准备活动，对易发生痉挛的肌肉可事先做适当的按摩；冬季要注意保暖；夏季运动时，要注意电解质和维生素的补充；疲劳或饥饿时，不宜进行剧烈运动。下水游泳前要用冷水冲淋全身，使机体对温差有所适应；在降体重和控制体重时要注意饮食结构的合理性。

三、运动性腹痛

运动性腹痛是运动中常见的一种症状，一般在中长跑、马拉松、竞走等运动项目中发生较多。

（一）原因

具体原因主要有以下几方面。

（1）肝门静脉高压。这种情况一般是由于运动前准备活动不够充分，心肌收缩能力尚未适应需要，下腔静脉回心血量受阻，形成肝门静脉高压而致肝区疼痛。疼痛性质多为钝痛、胀痛或牵扯痛。此外，由于运动时呼吸表浅而急促，造成胸膜腔内压上升，也会造成下腔静脉回流障碍而致右上腹疼痛。

（2）呼吸肌痉挛。由于运动中未注意呼吸节律与运动节奏的协调，呼吸表浅急促，呼吸肌收缩不协调并过于频繁、紧张而致痉挛或微细损伤。此外，由于准备活动不充分，心肺功能未能满足肌肉工作的需要而致呼吸肌缺氧，也是形成腹痛的原因之一。

（3）胃肠道痉挛或功能紊乱。饭后过早参加运动，饮食过量，冷热空气刺激都容易引起胃肠道痉挛。此外，腹部着凉、摄入豆类或薯类等容易产生气体或加强肠道蠕动的食物也较易引起痉挛。

（4）肝炎、胆囊炎等腹内疾病，肺炎、胸膜炎、肾结石等腹外疾病也是运动时腹痛的病理因素，需要引起适当注意和警惕。在运动结束后经过休息和调整依然腹痛者应及时就医。

(二) 体征

早期均表现为上腹痛，无法维持原来的运动负荷。胀痛或钝痛常见肝脾痛，痉挛性疼痛或绞痛常见胃肠痉挛和结石病，持续性疼痛常见运动损伤等。

(三) 处理

处理方式主要有：

(1) 运动中出现腹痛后，可适当减慢速度，并做呼吸调节，适应运动节奏。必要时用手按压疼痛部位，弯腰跑行一段后症状一般会有所缓解。若依然疼痛应缓慢停止运动，进行腹部热敷，也可自行按压足三里、神门、内关、三阴交等穴位或就医治疗。

(2) 对于长期参加体育运动或进行专项训练者，应当重视身体素质的全面协调发展和专项素质训练，促进身体机能的整体协调提升。

(3) 对于腹内、腹外疾病引起的腹痛，应及时就医，对症治疗。

(四) 预防

运动前不宜过度饮水和过多饮食，不宜食用产气食物，如豆类、薯类、碳酸饮料等；也不宜在饥饿的状态下运动；应在进食 1—2 小时后进行运动。运动前要做充分的准备活动，注意防寒与避暑，运动中要调整好呼吸节奏，尽可能地用鼻呼吸而不要张嘴呼吸；应增强身体素质，防止因运动水平过低导致紧张性腹痛。

四、运动性晕厥

晕厥是由于脑部血流短暂降低或血液中化学物质变化引起的意识短暂紊乱或意识丧失，是过度紧张的一种表现形式。晕厥的主要危害在于摔倒后导致的骨折或外伤，这些后果的严重性远远超过晕厥本身。

(一) 原因

具体原因主要有以下几方面。

(1) 精神紧张。由于运动或比赛时精神过度兴奋或紧张，使血管紧张性降低，引起急性外周组织血管扩张，回心血量减少，心排血量减少，脑供血不足而致晕厥。

(2) 重力性休克。由于剧烈运动骤然停止，大量血液聚集在下肢尚未回心，造成循环血量减少，血压下降，脑供血急剧减少而致晕厥。

(3) 直立性血压过低。由于长时间站立不动或久蹲后突然起立，体位的突然变化可能导致植物性神经功能失调，体内血液来不及重新分布，而致脑部供血不足的晕厥。

(4) 低血糖、心肌收缩功能下降、中暑等，也是引起运动性晕厥的常见原因。

(二) 处理

处理方式主要有：

(1) 周围有人发生晕厥时不要慌乱，应立即检查患者心跳，排除心脏骤停后，使患者平卧，足部略微抬高，头部稍低，保障脑部血液供应，针刺或按压刺激人中、百会、合谷、涌泉等穴位，一般能够很快恢复知觉。

(2) 患者若未能清醒，应当果断送医救治。

(三) 预防

预防方法主要有：

(1) 坚持科学运动的原则，避免过度疲劳、过度紧张等情况下继续参与体育运动。疾病恢复期的患者应严格遵循医嘱。

(2) 快跑后不宜立即停止，应逐渐减速并调整呼吸后再停下来。久蹲后不宜立即起立，应当缓慢起身，若有头晕等前驱征象时，应立即俯身低头或者卧倒，以防摔伤。避免在高温、高湿的环境中长时间运动，进行长距离运动前应提前补充糖、盐和水分。

五、运动性低血糖

(一) 原因

长时间剧烈运动，体内血糖大量消耗而减少；运动前空腹，糖原储备不足，得不到及时的补充；中枢神经系统调节血糖代谢紊乱，引起胰岛素分泌增加；情绪过于紧张、恐惧或身体患病等。

(二) 体征

低血糖的早期症状是心慌、手抖、出冷汗、面色苍白、四肢冰冷且麻木或无力，同时出现头晕、烦躁、焦虑、注意力不集中和精神错乱等症状；如继续恶化则会出现剧烈头痛、言语模糊不清、反应迟钝、眼前发黑；严重者会出现惊厥、昏迷、呼吸短促、血糖浓度明显降低，检查时脉搏快而弱；甚至可导致死亡。

(三) 处理

现场应立即停止运动，迅速补糖。清醒者可以口服糖水或姜糖水，一般休息 10 分钟左右症状即可缓解；若未缓解，可再进食高糖食物，并及时送往医院就医。如出现昏迷，应使患者平卧并拨打急救电话，快速送至医院治疗。

(四) 预防

空腹不要参加运动；对于有低血糖病史者，运动前应做好充分准备；运动前 1—1.5 小时进食适量食物；可以在运动前准备一些巧克力、糖、饮料等，必要时可以补充；对于平时较少参加运动者，要控制运动量，防止因剧烈运动引发低血糖。

六、运动性中暑

中暑是由高温环境引起的，以体温调节中枢功能障碍、汗腺功能衰竭和水盐丢失过多为特点的疾病。根据不同发病机制和临床表现，有热射病、热痉挛和热衰竭三种类型。

(一) 原因

体温调节系统在运动时超载或衰竭，运动性中暑时直肠温度可达 40—42 ℃。运动性中暑是指肌肉运动时产生的热超过身体上发的热而造成体内的过热状态。此症多见于马拉松参与者、铁人三项运动员等。

(二) 体征

高温环境下进行运动,会出现散热障碍,造成高温中暑;大量出汗造成失水、失钠,使血液黏稠,血容量不足,得不到及时补充时易引发热痉挛和热衰竭。多发生于适应能力不足,耐热能力弱的年老体弱者。

(三) 处理

处理方法主要有:

(1) 场地急救。急救时要使患者保持呼吸道通畅,测量其血压、脉搏、直肠温度,静脉输液,严重时要送医急救。

(2) 一般处理。热痉挛和热衰竭患者应转移到阴凉通风处休息。热痉挛患者口服凉盐水、含盐饮料或静脉注射生理盐水,服用"十滴水"或"藿香正气水",可迅速好转;循环衰竭者可静脉补给生理盐水或氯化钾。

(3) 物理降温。用 4—11 ℃凉水擦拭患者皮肤,这样加速血液循环,可用风扇吹风,在头部、腋窝、腹股沟放置冰袋以降温。

(4) 住院治疗。采取包括降温、心脏监护、输液等手段,必要时透析。采用 4 ℃水浴,同时擦拭患者皮肤,这样降温效果最好。

(四) 预防

预防方法主要有:

(1) 夏天要安排好训练时间,避免在一天中最热的时间运动,热天运动时宜穿浅色衣服,戴遮阳帽,保证充足的睡眠,并加强常规医务监督。

(2) 安排好炎热天气训练和比赛时的饮食补给,注意补充蛋白质,同时额外增加维生素 B_1、维生素 B_2、维生素 C 的供给量。

七、运动性脱水

运动性脱水是指由于运动而引起人体内水分和电解质(特别是钠离子)丢失过多的现象。

(一) 原因

水是构成人体最重要的组成成分,成年人体内水分约占体重的 60%—70%,年龄越小,体内所含水分占比越高。运动性脱水的常见原因是在高温、高湿条件下进行高强度运动,人体大量出汗却未得到及时的补充。

(二) 体征

运动性脱水主要是高渗性脱水,其临床特点是:早期出现口渴、尿少。脱水越严重则口渴越剧,尿越少而尿钠越高。中度以上脱水,常有面部潮红,易发生脱水热,并伴有产生幻觉、躁狂等症状。

(三) 处理

处理方法主要有:

(1) 发生脱水时,要尽快祛除病因,以利于机体发挥本身调节功能。

(2) 最主要的治疗措施是及时补充丢失的体液,使机体水分达到平衡。应根据运动情况和运动特点，在运动前、中、后补水补液。补液的原则是少量多次进行补充，同时还应适量补充无机盐。

(四) 预防

运动期间大多数运动者的液体摄入和汗液丢失不平衡，因此，运动前保持良好的水合状态非常必要。美国运动医学会(ACSM)建议，经常锻炼的人运动前4小时每千克体重需要摄入5—7毫升液体。运动前最后一餐应在运动开始前1—4小时。运动前4小时建议摄入每千克体重5—7毫升的液体，这是运动前饮食最好的搭配。如果尿量少且颜色深，每千克体重应多摄入3—5毫升液体；含电解质的运动饮料，比纯水更可口且能促进液体摄入。在炎热环境中运动，运动前多摄入300—400毫升液体很有益。

八、运动性猝死

(一) 原因

运动性猝死是指在运动中或运动后，因运动过量即刻出现症状，24小时内发生的非创伤性死亡。运动是猝死的诱因。其他比较少见的病因主要由心脏病引起。

(二) 体征

有心绞痛发作史的患者，应提高警惕。心绞痛表现为面色灰白、大汗淋漓、血压下降，还有人出现显著疲乏感、心悸、呼吸困难、精神状态改变等。

大多数年轻人认为自己体力好，身体不适只是疲劳而已，但这往往是发病的前兆。运动性猝死发病快，可迅速出现心搏骤停，神志不清，高度痉挛或出现几次喘息样呼吸后就会进入临床死亡。

(三) 处理

当出现猝死情况后，在场的人要争分夺秒地实施现场抢救。首先判断患者是否还有意识和呼吸，如果患者无反应且无呼吸或濒死喘息样呼吸，要立刻向旁边的路人呼救，请求帮忙拨打急救电话。有条件的情况下，取自动体外除颤仪(AED)，迅速将一只手的掌根放在患者胸部的中央，即胸骨下半部，将另一只手的掌根置于第一只手上，按压时双肘须伸直，垂直向下用力按压，按压深度为：成人至少5厘米，按压频率为100—120次/分钟。按压心脏后，还应在开放气道的前提下进行口对口的人工呼吸，有效人工呼吸的判断标准为胸部微微起伏。单人胸外心脏按压和人工呼吸的比例为30∶2。无论什么场合，不要有任何犹豫，急救直至医护人员的到来。

(四) 预防

预防方法主要有：

(1) 参加运动训练或比赛前进行严格体检，识别运动性猝死的高危人群。主要包括心电图、超声心动图、胸部X线、运动试验等检查手段。

(2) 遵守科学训练的原则、遵守循序渐进的原则。

(3) 密切观察自身运动时出现的各种症状。重视先兆症状，如运动中发生晕厥、心绞痛、胸闷、胸部有压迫感、眩晕、头痛、极度疲乏等情况时，及时就医检查。

第三节 运动性损伤的急救原则与方法

一、运动性损伤的急救基本原则

(一) 保证生命安全

在参与体育运动发生损伤之后，保证生命安全是第一位的。如果伤者出现意识障碍，在迅速呼叫医护人员的同时，及时进行生命体征检查尤为必要。检查应当包括气道是否通畅、呼吸是否停止、血液循环是否正常、神经反射是否消失、伤口是否有效暴露五大要素。

(二) 控制大出血

在做出生命体征判断后，应当检查是否有大出血，若有出血应立即采取相应措施止血。具体方法后文有相应介绍。

(三) 控制可能加重损伤的状况

在发生骨折、脊柱损伤或大出血时，应当高度重视保护受伤部位，减少周围血管和软组织损伤的风险，尤其不要轻易移动患者。在脱水、休克等情况出现时，应当保证血液、水、氧气对大脑、心脏、肺脏的供应。

(四) 处理慢性出血

在救护人员未能到达现场前，可以对伤者的慢性出血进行简单的消毒和包扎，若伤口较大难以清理则将其保护好免受进一步伤害，等候急救人员到场。严禁使用糖水、饮用水等清洗伤口。

二、休克的应急处理

休克是由多种原因引起的急性循环功能不全的综合征，分为低血容量性休克、感染性休克、心源性休克、过敏性休克和神经性休克。其特征为迅速发生的精神呆滞或烦躁不安、体力软弱、四肢发冷、皮肤潮湿且苍白或有轻度发绀、脉搏细弱而快速、血压下降等。

严重休克者，应注意将其头部放低，脚抬高；但头部受伤、呼吸困难或肺水肿者可稍微提高床头；注意保暖，但勿过热，有时可给热饮料如浓茶或姜汤一杯；有条件的可吸氧。针刺人中、十宣穴，或加刺内关、足三里。同时，密切观察患者心率、呼吸、神志的改变，并做详细记录。

三、出血的应急处理

出血的紧急处理应当以止血为第一目标，止血带一般用于动脉出血，其特点为出血呈搏动性。可用橡皮管或毛巾等物作为止血带。捆扎时先抬高伤肢并垫以 4—5 层纱布或干净毛巾，在靠近出血部位近心端捆扎止血带；其压力以能阻断动脉血流为度，正确时肢端应为苍白色；要标明止血带的日期和时间。止血带捆扎应定期放松，上肢每 0.5—1 小时、下肢每 1—1.5 小时放松一次，每次放松 2—5 分钟，不得超过 15 分钟。放松时，应该压迫伤口,以免失血过多。

四、骨折的应急处理

骨折是极为常见的一种运动性外伤,是指骨的完整性和连续性中断。大多数骨折由创伤引起,称为创伤性骨折。骨折发生后处理不当可能加重损伤,增加患者的痛苦,甚至造成残废,影响生活。因此,骨折后进行合理有效的急救是十分重要的。

(一) 止血包扎

止血包扎的具体方法为:

(1) 若为轻度无伤口的骨折,尚未肿胀时,有条件的情况下,应先进行冷敷处理,使用冰水、冰块或者冷冻剂敷住骨折部位,防止肿胀。冰袋和皮肤之间要隔毛巾或布,禁止冰袋直接与皮肤接触以免冻伤,冰敷的时间不要超过 20 分钟。

(2) 对有伤口的开放性骨折患者,可用干净的消毒纱布压迫,压迫止不住血时可用止血带环扎伤口的近心端止血。要记住必须记录扎带的时间,每隔 40—60 分钟放松 1 次,每次 1—2 分钟,以免时间过长导致肢体缺血坏死。

(3) 若遇到骨折端外露的情况,应继续保持外露,不要将骨折端放回原处,以免将细菌带入伤口深部引起内部感染,并及时送医救治。

(二) 固定包扎

固定包扎方法为:

(1) 应及时正确地固定断肢,迅速使用夹板固定患处,固定不宜过紧。木板和肢体之间垫松软物品,夹板的长度要超过受伤部位,并能够超过或支撑伤口上方和下方的关节。如果没有木板,也可用树枝、雨伞、硬纸板等物品代替。

(2) 若找不到固定的硬物,也可用布带将伤肢绑在身上。骨折的上肢可固定在胸壁上使前臂悬于胸前,骨折的下肢可同健肢固定在一起。

(三) 转运送医

脊柱、腰部及下肢骨折的患者必须用担架运送。在搬运伤者前,需确认伤者的情况,不能搬动或者挪动伤者患处,以免造成二次伤害。

(1) 对颈椎损伤的患者,搬运时要有专人扶住伤者头部。

(2) 对脊柱骨折的患者,搬运时至少需要 3 人,1 人托住肩胛骨,1 人扶住腰部,另 1 人托住双下肢,3 人同时行动把患者搬到担架上。最好用硬担架,患者仰卧。若用帆布软担架搬运,患者应采取俯卧位。

【知识链接】

运动创伤紧急处理的 RICE 原则

运动中不免会受伤,而受伤最多的部位肯定是软组织部位,一般常见于扭伤、挫伤、摔伤等。这些损伤以肿胀、疼痛为主要表现,往往伴随着局部淤血、水肿、疼痛剧烈等现象。这时,运动创伤紧急处理的 RICE 原则可以有所帮助。运动急性损伤的最初 48—72 小时内,所有的软组织损伤都应采用 RICE 原则处理。

一、休息(Rest)

受伤后应立即停止运动,找地方休息,防止受伤组织加重受损或重复受损,使血液凝结,减少出血量。

二、冰敷(Ice)

冰敷在运动损伤初期非常关键,受伤后要立刻进行冰敷。冰敷能使血管收缩,减慢局部血液循环;减少细胞的新陈代谢率,帮助减少肿胀和出血;同时还能使痛觉神经的传导变慢,产生有效的止痛效果。

一般而言,在受伤后的48小时内,可以每1—2小时冰敷20分钟。在此期间不要热敷,以免加重炎症或肿胀。最简单直接的方法是:用塑料袋装冰块并加少许水直接置于患处,一次冰敷时间约15—20分钟,通常冰到患部有麻木感就可以停止,休息约1—2小时再冰敷一次。值得注意的是,患者在冰敷时,应以毛巾包覆冰袋后置于患部,5分钟左右观察一下,时间控制在15—20分钟左右,以避免冻伤。

冰敷的阶段长短,要视伤势的严重性而定,并非人们常说的"前三天冰敷、三天后热敷",若是患部仍持续肿胀,冰敷就要继续进行。

三、加压(Compression)

冰敷结束后,要及时对患处采用弹性绷带进行包扎,以避免受伤部位再次受伤,同时能有效减少受伤处的肿胀和出血。如果需要的话,可以敷些消肿止痛的药。切记,要确认包扎牢固但不要过紧,包扎太紧会使患处麻木、疼痛或使皮肤变苍白。

四、抬高(Elevation)

在休息的时候,通过抬高患处能减少患处的血液流动,从而控制肿胀和出血。

以上四个步骤是身体部位的急性损伤常常采用的处理原则。运动损伤早期处理得正确与否,往往直接关系到损伤治疗的速度和效果。

第四章　营养与体育运动锻炼

第一节　大学生的合理营养

营养是指人体摄取、消化、吸收和利用食物中的营养物质，以满足机体生理需要的生物学过程。营养素是指食物中可给人体提供能量，构成机体和组织修复以及具有生理调节功能的化学成分，包括糖类、蛋白质、脂类、水、无机盐、维生素和膳食纤维等基本营养素。糖类、蛋白质、脂类作为人体的三大基本营养素，既是人体结构的重要组成部分，也是人体各种生理活动的主要细胞“燃料”。水、电解质、维生素等虽然不直接提供能量，但在促进能量代谢、保证物质运输、调节生理功能、维持运动能力等方面发挥了重要作用。大学生在进行体育锻炼时，机体内的中枢神经系统、内分泌系统、酶系统以及新陈代谢都会发生一系列的生理性变化，在单位时间内的能量消耗数倍于安静状态，机体内的营养素代谢更新加快。因此，我们既要了解基础营养素与体育运动的关系，又要在参与体育锻炼的同时注重科学摄入营养。

合理营养是健康“四大基石”中的第一基石。合理营养来自平衡膳食，平衡膳食又称为健康膳食，是指日常膳食中的营养素数量充足、种类齐全、比例适当，且能够合理满足身体的需求。良好的饮食习惯是维持学生身心健康的重要保障。据研究表明，近几年来城镇居民的膳食、营养状况有明显改善，营养缺乏症和营养不良的比例逐渐下降。学生的成长离不开营养素，饮食习惯的好坏直接影响着人体对营养素的摄取程度，从而影响身体健康。大学生正处于身心发展的最佳时期，能否养成良好的饮食结构和健康的饮食习惯，对学习、生活有着重要意义。

一、平衡膳食安排原则

（一）平衡性原则

平衡是指人体所摄取的各种营养成分与身体的生理需要之间形成相对平衡，反之则称为营养失调。营养失调的一个方面是营养不良，另一个方面是营养过剩。因此，人体营养需求与补充之间应保持相对平衡。

（二）适当性原则

适当是指人体摄取的各种营养成分之间的比例要合理，即在全面和均衡的基础上进行合适的饮食搭配。人体内各种元素组成与人体在不同状况下对各种营养的需要量是有一定比例的，只有合理搭配营养，尤其是热量中蛋白质、脂肪和糖类三者比例的合理适当，才能有利于人体更好地吸收与利用营养成分。

(三) 全面性原则

全面是指人所摄取的各种营养成分要全面，不能偏食。没有任何一种天然食物能够涵盖人体所需的各种营养素，也没有单一营养素能够具备全部的营养功能。因此，无论哪一种食物的营养有多丰富，都不可能完全满足人体健康的需要，只有通过摄取多种食物中包含的各类营养成分，才能满足人的健康需要。

(四) 针对性原则

每个人的遗传因素、身体状况、年龄阶段、生活环境、营养状态等各方面的条件均不相同，因此，在营养摄入和补充方面应区别对待。当生活和工作环境、生理条件改变时，营养素的供给应予以适当调整。

二、平衡膳食的组成

健康营养膳食中，营养素的合理构成必须满足机体对各种不同营养素的需求。七大营养素的摄入缺一不可，但要满足一些条件。

(一) 热能与各营养素构成

平衡膳食中营养素的合理构成必须能够满足机体对各种营养素的需要。原则是有足够的热能、适当的蛋白质、充分的无机盐、适量的膳食纤维和充足的水分。同时，还应具备以下条件。

1. 三大热能物质比例适当

食物供给的热量要与机体消耗的热量保持平衡，以保持理想的体重。糖类、脂类、蛋白质这三大营养素都是体内的主要供能物质，保证三大营养素摄入的合理比例对维持机体正常代谢有重要的影响。一般情况下，三大营养素在膳食总热量中的百分比为：糖类55%—65%，脂类20%—30%，蛋白质10%—15%。当然，这个数字也不是固定不变的，在特殊情况下可存在变动，比如低脂膳食的脂类含量可以控制在10%以下。

2. 糖类物质：控制食糖及其制品的摄入

糖类物质主要来源于谷类、薯类和淀粉食品，因此要控制食糖及其制品的摄入。

3. 脂类：以植物油为主，减少动物脂肪摄入

脂肪中饱和脂肪酸、单不饱和脂肪酸和多不饱和脂肪酸之间的比例一般为1∶1∶1。

4. 蛋白质：维持氨基酸的平衡

膳食蛋白质中含有人体必需的8种氨基酸，种类齐全，数量充足，比例适当；此外还应摄入一定比例的非必需氨基酸。一般认为，必需氨基酸和非必需氨基酸的最佳比例为4∶6。同时，蛋白质中应有三分之一以上的优质蛋白(如动物蛋白和大豆蛋白等)。

5. 维生素：按供给量标准配膳，有特殊需要者另外增加

一般维生素B_1、维生素B_2、烟酸三者之间的比例为1∶1∶10较为合理。

6. 膳食中钙磷比例也要适当

膳食中钙磷比例在1∶2至2∶1之间，基本符合机体的吸收及发育。若维生素D营养状况正常，则不必严格控制钙磷比例。

7. 膳食纤维要适量

缺乏食物纤维会导致人体某些生理机能失调甚至出现严重的疾病；反之，如果摄入过

多也会影响其他营养素的吸收，因此要适量摄入。

（二）平衡膳食的食物结构

依据目前我国一般人群的膳食情况，平衡膳食将食物的种类分为五大类：谷薯类食物、动物性食物、豆类食物、蔬菜水果类食物和油脂类食物，各类食物的摄入量都有一定的要求。

1. 谷薯类食物

谷类包括米、面、杂粮等，薯类包括马铃薯、甘薯、木薯等，主要提供糖类、蛋白质、食物纤维及B族维生素，同时还是我国居民植物蛋白的主要来源。在日常膳食中，一般每天应提供谷薯类食物三个品种，占进食量的30%—50%，摄入量大约限定为300—500克。在大学生的健康膳食中，推荐谷物类应占总量的30%—35%左右，不可摄入过多。为保证多种营养素的摄入，主要推荐选择粗粮，比如全麦、荞麦、麦片、薯类等。

2. 动物性食物和豆类食物

动物性食物包括肉、禽、鱼、奶、蛋等，主要提供蛋白质、脂肪、矿物质以及维生素A和B族维生素。动物性食物摄入量一般限定为125—200克。在动物性食物中，应选择蛋白质含量较高、脂肪含量较低的鱼、禽。

3. 豆类食物

豆类包括大豆、绿豆、红豆、豌豆等，豆类的蛋白质含量都很高，其中大豆的蛋白质含量最多，因而豆腐和豆浆营养丰富。豆类每天的摄入量控制在50克左右即可。在一般人膳食中，此类食物占膳食总量的25%—30%为宜。

4. 蔬菜水果类食物

蔬菜类食物中，除了含有少量的蛋白质和脂肪外，主要含有丰富的维生素、无机盐和纤维素，水果类食物含有丰富的果胶纤维和有机酸，有利于食物的消化。蔬菜水果类食物在膳食中应占膳食总量的30%—40%。一般成年人每天应摄入300—500克左右的蔬菜和200—400克左右的水果。同时应注意品种多样化，有色蔬菜和叶菜应各占50%左右。

5. 油脂类食物

油脂类食物除提供热能和必需的脂肪酸外，还能促进脂溶性维生素的吸收，在膳食中应占30%左右。中国营养学会推荐成年人每天食用油摄入限量为25克。

二、合理的膳食制度

膳食制度是指把全天的食物定时、定质、定量地分配给食用者的一种制度。在人的日常生活中，工作、学习、劳动和休息的安排是不一致的，而不同的时间人体所需的热能和各种营养素也不完全相同。所以，针对食用者的生活、工作情况，制定适合食用者生理需要的膳食制度是非常重要的。

（一）餐间间隔

通常每餐间隔在4—5小时，间隔时间过长会有明显的饥饿感，血糖的浓度也会下降，从而引起头晕等症状，甚至会诱发胃病；而间隔时间过短，则会影响食物的消化和吸收。我国普遍都是一日三餐。

(二) 三餐食物分配

一日三餐中一般午餐吃得最多,早餐和晚餐吃得较少。早餐和点心应占总热量的30%,午餐占40%,晚餐占30%。早餐安排摄入量应占全天总能量摄入的30%,早餐中最好有四种食物:谷类、鱼(或肉、蛋)、奶类、蔬菜和水果。午餐的摄入量应占全天总能量摄入的40%,增加糖类、脂类、蛋白质等供能物质的补充。午餐需要有谷类、豆类、蔬菜、鱼肉类,最好还能有菌类,以及保证午餐中有维生素、无机盐的摄入。晚餐的摄入量应当占全天总能量摄入的30%,可以多食用一些清淡、易消化的食物,可以多吃一些蔬菜或谷类,少吃一点肉类或不吃。对于夜间学习的人,也可以适当吃一些夜宵,能起到缓解饥饿、提升学习效率的作用。

【知识链接】

《中国居民膳食指南(2016)》之一般人群膳食指南

《中国居民膳食指南(2016)》2016年5月13日由国家卫生计生委疾控局发布,是为了提出符合我国居民营养健康状况和基本需求的膳食指导建议而制定的文件。它由一般人群膳食指南、特定人群膳食指南和中国居民平衡膳食实践三个部分组成。一般人群膳食指南针对2岁以上的所有健康人群提出6条核心推荐。

一、食物多样,谷类为主

关键推荐:每天的膳食应包括谷薯类、蔬菜水果类、畜禽鱼蛋奶类、大豆坚果类等食物。平均每天摄入12种以上食物,每周25种以上。每天摄入谷薯类食物250—400克,其中全谷物和杂豆类50—150克,薯类50—100克。食物多样、谷类为主是平衡膳食模式的重要特征。

二、吃动平衡,健康体重

关键推荐:各年龄段人群都应天天运动、保持健康体重。食不过量,控制总能量摄入,保持能量平衡。坚持日常身体活动,每周至少进行5天中等强度身体活动,累计150分钟以上;主动身体活动最好平均每天6 000步。减少久坐时间,每小时起来动一动。

三、多吃蔬果、奶类、大豆

关键推荐:蔬菜水果是平衡膳食的重要组成部分,奶类富含钙,大豆富含优质蛋白质。餐餐有蔬菜,保证每天摄入300—500克蔬菜,深色蔬菜应占二分之一。天天吃水果,保证每天摄入200—350克新鲜水果,果汁不能代替鲜果。吃各种各样的奶制品,相当于每天液态奶300克。经常吃豆制品,适量吃坚果。

四、适量吃鱼、禽、蛋、瘦肉

关键推荐:鱼、禽、蛋和瘦肉摄入要适量。每周吃鱼280—525克,畜禽肉280—525克,蛋类280—350克,平均每天摄入总量120—200克。先选择鱼和禽,吃鸡蛋不弃蛋黄,少吃肥肉、烟熏和腌制肉制品。

五、少盐少油,控糖限酒

关键推荐:培养清淡饮食习惯,少吃高盐和油炸食品。成人每天食盐不超过6克,每天烹调油25—30克。控制添加糖的摄入量,每天摄入不超过50克,最好控制在25克以下。每日反式脂肪酸摄入量不超过2克。足量饮水,成年人每天7—8杯(1 500—1 700

毫升),提倡饮用白开水和茶水;不喝或少喝含糖饮料。儿童、少年、孕妇、乳母不应饮酒。成人如饮酒,一天饮酒的酒精量男性不超过25克,女性不超过15克。

六、杜绝浪费,兴新食尚

关键推荐:珍惜食物,按需备餐,提倡分餐不浪费。选择新鲜卫生的食物和适宜的烹调方式。食物制备生熟分开、熟食二次加热要热透。学会阅读食品标签,合理选择食品。多回家吃饭,享受食物和亲情。传承优良文化,兴饮食文明新风。

第二节　体育锻炼与科学营养

运动与营养是维持人体健康和提高运动能力的重要因素,运动促进健康和营养物质的吸收,而合理的营养又是维持健康和持续运动的物质保障。只有在合理营养的前提下,体育锻炼才能达到增强体质和增进健康的目的。同时,营养补充也是运动后恢复的有效手段之一,营养不合理,会导致机体生理功能紊乱,运动能力下降,甚至导致疾病和创伤。不同类型的运动,机体内代谢不同,对摄入的营养素的数量以及种类都有不同的要求。

一、有氧运动与营养补充

(一) 有氧运动的代谢供能特点与热能营养素

有氧运动是指以有氧代谢提供运动中所需能量的运动方式,是当代大学生较为热衷的一项运动项目,是提升机体心肺机能的重要手段,也被视为减肥的“利器”。在运动过程中,人体主要由有氧氧化糖、脂肪和蛋白质提供能量。

有氧运动项目的运动距离越长,持续运动时间越久,有氧代谢供能所占比例就越大。例如5 000米跑,有氧代谢供能占总能量消耗的80%;10 000米跑,有氧代谢占总能量消耗的90%;马拉松跑,有氧代谢占总能量消耗的97.5%。虽然耐力型运动项目过程中的运动强度较低,但由于运动持续时间久,运动量较大,消耗的能量仍然较多。运动强度不同,氧化分解供能物质不同,在中低强度运动中,脂肪是主要的“燃料”,而在中高强度运动中,则以糖的有氧氧化供能为主。

有氧运动的运动量较大,运动中能量代谢增快导致维生素和矿质元素的消耗量和需氧量都明显增加,例如维生素 B_1、维生素 B_2、铁、钙、锌、镁等。长时间的有氧运动还常常引起大量出汗,在机体大量水分丢失的同时,许多水溶性维生素和矿质元素都会从汗液中丢失。如果在高温、高湿环境中长时间运动,出汗量更大。因此,持续长时间的耐力性运动对各种营养素的要求均较高,若能量摄入不足,将导致运动能力明显下降。

(二) 有氧运动的膳食营养

依据有氧运动的代谢特点,在有氧运动期间,膳食营养需要注意以下几方面。

1. 供应充足的能量,摄入足量的糖

持续长时间的有氧运动对各种营养素的要求均较高,若能量摄入不足,将导致运动能力明显下降。糖是耐力运动时最主要的能源物质,一般应占总能量摄入量的60%—70%。膳食中应多选择一些含糖丰富的食物,如馒头、面包、米饭、面条、蜂蜜、饼干等。在长时间运动训练时，体内糖原储备被大量消耗，脂肪利用加速，同时部分蛋白质和氨基酸分解参与能量代谢，因此，运动员膳食蛋白质和脂肪的供给量也应较丰富。膳食中的脂肪供给量可以达到总能量摄入量的 25%—30%。为促进肝脏内脂肪代谢，还可增加牛奶、奶酪、牛肉、羊肉等富含蛋氨酸的食物。膳食中蛋白质达总能量摄入量的 12%—14%即可，应多选择含优质蛋白质的食物，如肉、蛋、奶、豆腐等，还可以适当补充支链氨基酸营养液。

2. 及时并适量补充液体

在进行有氧运动时，在运动前、中、后适量补充液体有利于维持机体内环境的稳定。在大量出汗的情况下，补充含糖量较低的运动饮料(≤6%)，有利于胃的排空和提高运动能力。有氧运动时补充体液的时机、数量、频率等，需根据有氧运动的持续时间、环境气温、湿度等因素来确定。在有氧运动过程中，每隔 15—20 分钟可补充水分 150—200 毫升，在补水的同时可以补充少量的钠盐以及钾、钙和镁等电解质。高温情况下，可以适当增加补水的频率，减少每次补水的数量。

另外，有氧运动时期还应该注意适当补充维生素 B 族、维生素 C 和维生素 E 等。

二、体重管理运动的合理营养

体重是生长发育的重要指标之一，也是人体合理营养状况评价的重要而简捷的指标。不仅如此，体重还与生理机能紧密关联，合理稳定的体重与健康及寿命也有关。体重管理有两个大的方向，一是减体重，二是增体重。对于一般人群而言，减体重主要涉及肥胖人群或体脂含量较高、有意愿降低体重的人群。增体重主要涉及体重较轻、肌肉含量低的人群。因此一般人的体重管理主要为减脂和增肌。这两个方面均需要通过科学运动和合理膳食才能够达成。

(一) 能量平衡与体重控制

人体的能量平衡由两部分构成，即摄入的能量与消耗的能量。正常情况下，人体通过饮食摄入能量。能量的消耗主要包括基础代谢、食物的特殊动力作用和身体活动三个部分，基础代谢和食物特殊动力作用消耗的能量变化相对较小，身体活动消耗的能量变化最大。当摄入的能量大于消耗的能量时，额外多出的能量以身体结构成分存储，如脂肪、糖或蛋白质等。能量平衡时，人体的体重稳定。当能量摄入大于消耗时，体重增加，增加的 60%—80%是体脂；反之，当能量摄入小于能量消耗时，体重减少，减少的 60%—80%也是体脂。体重的改变是长期的能量摄入和能量消耗不平衡的结果。因此，在体重控制中应考虑能量的摄入和能量的消耗。

(二) 减脂的膳食营养

每一个想要控制体重的人，在计划中应该含有适当的体力活动，一个好的体重控制计划通常包括降低身体脂肪含量，增加肌肉含量或维持体重，同时增强体质。减脂控重期间的膳食营养需要注意以下几个方面。

1. 结合体力活动，限制总能量摄入，使机体处于热量的负平衡状态

通过饮食、运动或二者相结合，使每天的能量产生 600 千卡左右的负平衡。采用低热量密度饮食，使单位重量食物含有的热量低，通常是含水量高、脂肪低、纤维素含量高的饮

食。但必须在膳食平衡的前提下有分寸地限制能量的摄入，保证三大热能营养素的相对平衡，可将三大营养素在膳食总热量中的百分比调整为：糖类 40%—55%，蛋白质 20%—30%，脂类 20%—30%。

表 4-1　食物热能等级

热能含量等级	常见食物举例
极高热能食物	巧克力、煎炸食物、奶油蛋糕、瓜子、花生、白酒等
高热能食物	粮食制品、豆类、瘦肉、鸡蛋、干果、果酒等
中等热能食物	甘薯、土豆、香蕉、牛奶、豆腐、水产类、啤酒、甜饮料等
低热能食物	叶菜类、多数水果、海带、紫菜等

2. 蛋白质供能比例相应提高

人体能量消耗增加，其他能源物质摄入相对减少时，机体会利用食物中的蛋白质释放热量，同时运动刺激肌肉的增长也需要蛋白质作为合成原料。因此，摄入蛋白质对促进身体健康和开展运动锻炼均有重要的作用。

3. 增加膳食纤维的摄入

由于纤维素的比重较小，进食后可以快速填充胃部，减慢胃排空的速度，使人快速产生饱腹感。同时，肠道中的纤维素可以减少能量物质的吸收，还可以吸收脂肪排出体外，进而减少脂肪的累积。因此，增加膳食纤维的摄入，是有效减脂的营养方式。

4. 三餐饮食要规律

不良的饮食习惯对长期减体重非常不利。例如，不吃早餐，不仅不利于维持正常的身体机能，而且会将一天的能量强加给午餐和晚餐。同时，在饥饿时，吃下的食物极易吸收，并且转化为脂肪储存于体内。因此，三餐饮食要规律，同时进食时应细嚼慢咽，并且不吃零食、不挑食、少喝碳酸饮料及酒类等。

(三) 增肌运动与膳食营养

对于成年人而言，肌肉的增长不能仅仅依靠饮食，也不能仅仅依靠运动，必须是两者的结合。运动刺激肌肉重建，合理的膳食营养为肌肉的重建提供物质保障。增肌的膳食营养应从膳食平衡、消化吸收和食物分配等多角度出发。

1. 三大热源营养素的比例

每增加 0.45 公斤的肌肉，身体大约需要 2 500 千卡的热量。为了促进肌肉生长，每天的热量摄入必须达到 50 千卡/千克体重以上。增肌运动期间每日能量需要建议比正常情况增加 15%左右，其中蛋白质占 30%左右，糖类占 55%—60%，脂类占 15%左右，以保证增加蛋白质合成原料，减少自身蛋白质分解。蛋白质消化后的氨基酸是肌肉合成的最重要原料，运动后补充蛋白质有促进蛋白质合成的效应，并且运动后糖和蛋白质的联合补充对于身体机能的全面恢复更有实用意义。

2. 充足的维生素和矿物质元素

增重人群的维生素参考摄入可以比正常人适度增多，因为增重过程的饮食中增加了能量的摄入，与之相对应，就需要多摄入一定量的维生素。有研究显示健美运动员增加水溶性维生素达正常含量的 3—5 倍之多。膳食中需保证蔬菜和水果的足量摄入，增加水产类食物的摄入。蔬菜加工过程注意保持营养成分，减少加工的损耗，并及时进食。水产类食物中的矿物质较容易被人体吸收，建议进食中不要浪费汤水，汤水可适当浓缩。

3. 选择可调理脾胃的食物

经常食用具有健脾开胃、促进消化、增进食欲的食物，如山药、小米粥、枣糕、山楂、陈皮等。除水果外，少吃生冷食物。注意清淡饮食，少油、少糖、少盐，不吃辛辣食物。

课程资源

基础营养素
与体育运动

地中海式
饮食模式

实践篇

第五章　篮球运动

第一节　概　述

篮球运动是一项兼具挑战性、对抗性和趣味性的体育项目，不仅可以强身健体，而且有利于提高人的竞争力、创造力，增强进取意识和团队精神，是一项深受人们喜爱的运动项目。因此，本章在概述篮球运动基本知识的基础上，主要介绍篮球运动的技术、战术与练习方法。

篮球起源于美国。1891 年冬天，由美国马萨诸塞州斯普林菲尔德基督教青年会训练学校(今春田体育学院)的老师詹姆斯·奈史密斯(James Naismith)发明。

最初的篮球比赛，对上场人数、场地大小、比赛时间没有严格的限制，只规定双方队员上场人数必须相等。1892 年，篮球运动首先从美国传入墨西哥，此后这项运动在世界范围内得到了开展、普及和发展。1904 年，在第 3 届奥运会上第一次进行了篮球表演赛。1908 年，美国制定了全国统一的篮球规则。此后，篮球逐步传遍世界各国。1932 年，国际业余篮球联合会成立。1932 年和 1976 年，国际奥委会先后将男子篮球和女子篮球列为奥运会正式比赛项目。1946 年，美国出现职业篮球联赛，并发展为 NBA。

1895 年，美国人鲍勃盖利将篮球传入中国。随着中华人民共和国的成立，社会主义市场经济的逐步建立，体育改革得到了进一步深化。CBA、WCBA、NBL、CUBA 等职业联赛和大学生联赛迅速产生并发展，篮球技术也在不断提高，篮球运动不仅成为各类比赛中的重要项目，而且广泛普及，深受广大群众喜爱。

篮球是一项对技术要求较高的运动，有专门的动作方法和比赛规则。篮球技术在传统上分为进攻技术和防守技术，其中进攻技术主要包括传接球、投篮、运球、持球突破、移动、抢篮板球等；防守技术主要包括防守对手、抢打断球、移动、抢篮板球等。从篮球技术的具体运用而言，主要包括移动动作(如跑、跳、急停、转身等无球的动作方法)、控制球动作(如接球、传球、运球、投篮等有球的动作方法)和争夺球动作(如抢球、打球、断球、抢篮板球等动作方法)，以及由各种动作组合而成的动作体系。只有熟练地掌握各项篮球技术动作并综合运用，才能实现篮球战术的灵活多变，更好地进行篮球锻炼和比赛。

第二节　篮球运动的基本技术与基本战术

一、篮球运动的基本技术

篮球运动的基本技术主要包括脚步动作，以及传球、接球、运球、投篮、突破、防守、抢篮板球等。

(一) 脚步动作

篮球技术以脚步动作为基础。熟练的脚步动作,对篮球技术的掌握和运用有密切的关系。因此,在篮球技术学习中,首先应从脚步动作学起。脚步动作主要有起动、变速跑、变向跑、急停、转身、滑步、撤步、交叉步、退跑等。

1. 起动

基本站立姿势为两脚前后或左右开立,与肩同宽,两膝微屈,重心落在两脚之间,两肘弯曲放在身前,上体微向前倾,脚跟稍离地,以便及时起动(如图 5-1 所示)。起动时,应以跑动方向的异侧脚脚掌用力蹬地,同时以腰部力量带动身体重心迅速向起动方向前移,蹬地脚充分利用蹬地的反作用力迅速向起动方向跑出。

图 5-1

2. 变速跑

变速跑是指在跑动中用突然的加速或减速来争取主动的一种方法。加速时,前脚掌用力地向后蹬地,前两三步要短促而迅速,同时身体稍向前倾。减速时,步幅稍大,利用前脚用力蹬地来减缓跑步的前冲力,同时上体直立,保证身体重心后移,从而降低跑速。

3. 变向跑

变向跑是指在跑动过程中突然改变方向并加快速度来摆脱对方的一种方法。以向左变向跑为例,右脚迈最后一步时腿弯曲,脚尖稍向内扣,并迅速用前脚掌内侧蹬地,左脚随即向左前方跨出,右脚迅速跟上,同时上体向左转动加速跑动前进。变向跑和变速跑在比赛中经常结合运用。

4. 急停

急停是快速跑动中突然停住,可以创造更多的进攻机会,有跨步急停和跳步急停两种。跨步急停(两步急停)是在快速跑动中,先向前跨出一大步,用全脚掌抵住地面,迅速屈膝,同时身体稍向后仰,转移重心,减缓向前的冲力,然后连贯地跨出第二步。第二步着地时,脚尖稍向内转,用前脚掌内侧蹬地,两膝弯曲,身体侧转(右脚跨出第一步,身体右转),微向前倾,重心落在两脚之间,两臂自然张开。

跳步急停(一步急停)则是在跑动中,用单脚或双脚起跳,上体稍向后仰,两臂自然摆动,两脚前后或平行同时着地。落地后两膝弯曲,两臂屈肘微张,身体重心下降,保持身体平衡。

5. 转身

转身是指以一脚为轴,另一脚蹬地向不同方向跨移,借以改变身体方向的一种方法。转身前,注意两膝微屈,上体前倾,重心落在两腿之间。转身时,在移动全脚掌蹬地跨出的同时,重心移向中枢脚,以前脚掌为轴用力碾地旋转使身体改变方向。转身后,重心回到两脚之间。

(二) 传接球

传接球是篮球运动中发挥集体力量和团结合作组织进攻的纽带。传接球之间,准确巧妙、默契配合是实现战术配合的具体手段。在比赛中能否正确传接球，减少失误，直接影响到战术的质量和比赛的胜负，所以传接球是运用最多的一项基本技术。

1. 双手胸前传接球

这是一种最基本、最常用的传球方法。双手胸前传球时，两脚蹬地、膝关节伸直，在两臂向传球方向伸出的同时，用翻腕和拇、食、中指的力量为主将球传出，身体重心随之前移。

接球时，两臂自然向前伸出迎球，手指自然分开，两拇指成八字形，两手成半圆状。手指触球时，两臂随球后冲把球接住。

2. 单手肩上传接球

以右手为例，传球时两脚前后开立(右脚在后)，双手持球，将球引到右肩上方，肘关节外张，手腕后仰，右手托球，身体稍向右转，右脚蹬地，转身，前臂迅速向前挥摆，用手腕通过手指的力量将球传出。

接球时，右手伸出迎球，手指自然分开，掌心正对来球方向，当球触及手指时，立即顺势后引，另一只手立即扶球成双手持球姿势。

(三) 投篮

投篮是进攻队员将球投入篮筐时采用的一种技术动作，是比赛得分的直接手段。掌握正确的投篮技术，能有效提升投篮命中率。

1. 原地单手肩上投篮

以右手为例，两脚前后开立，两膝微屈，重心落在两脚之间。右手五指分开，手心空出，用指根以上部位托球的后下方，左手扶球，右臂屈肘，置球于右肩上，前臂与地面接近垂直。投篮时两脚蹬地，同时右臂向前上方伸展，最后用手腕前屈并食指、中指力量将球投出。(如图 5－2 所示)

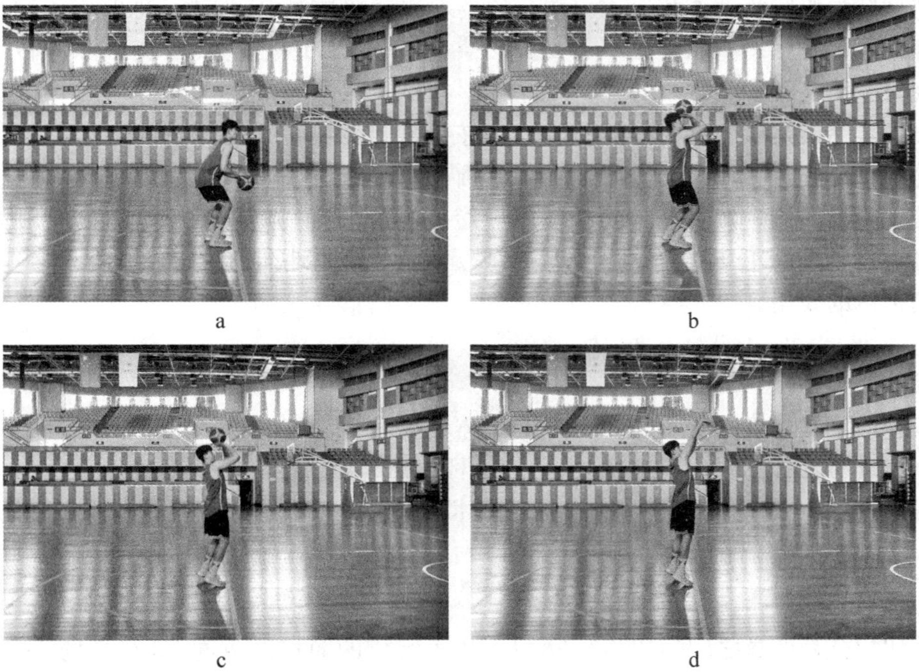

a　b　c　d

图 5－2

2. 行进间单手肩上投篮

以右手为例，在快速奔跑或快速运球中，右脚跨出一大步，在未落地前接球，落地后左脚再向前跨一步并用力蹬地跳起，同时举球于肩上，身体至最高点时，右臂向前上方伸直时手腕前屈，食指与中指用力拨球，通过指端柔和地将球拨出。

（四）运球

运球是原地或行进间用单手连续推、按、拍地面反弹起来的球。

1. 高运球

运球时，两腿微屈，上体稍前倾，目视前方，以肘关节的屈伸使前臂上扬、下压、五指自然分开，用手指、手腕用力向前下方快速推按球，使球落于体侧前方，球弹起高于膝盖。

2. 低运球

低运球时，两脚前后开立，两膝弯曲，上体稍前倾，抬头看前方，手腕放松，手掌与地面平行，以肘关节为轴，用手指拍球，球反弹高度在膝关节以下，然后左臂屈臂抬起，用上体和腿护球，球的落点应控制在运球手同侧脚的外侧稍前。

3. 体前变向运球

（1）体前变向运球，用于改变方向，突破对手防守。

（2）体前换手变向运球。以右手为例，当先向对手左侧运球时，使对手误认为向其左手突破，对手重心移位时，运球队员突然向对手右侧变向拍球的右后上方，使球从自己身体的右侧拍向左侧前方。

（3）体前变向不换手运球。以右手为例，变向运球时，将球从身体右侧拨向身体中间位置，使对手重心移位，再将球拉回右侧。

（五）持球突破

持球队员以脚步动作和运球相结合的技术快速超越对手，称为持球突破。这是一项攻击性很强的技术。持球突破可分交叉步突破、同侧步突破、前转身突破和后转身突破等。现只介绍交叉步突破。

交叉步突破是以右脚为中枢脚，以防守右侧突破为例，两脚左右开立，两膝微屈，持球于胸前，突破前应结合瞄篮、虚晃等假动作（瞄篮时两脚前后开立）吸引防守队员，使防守重心偏于自己右侧。然后左脚前脚掌用力蹬地，并向右前方跨出一大步，落在对方左脚侧，上体右转，左肩下压，将球引于右侧接着运球，右脚蹬地向前跨出，超越对手，左肩、背部起到护球的作用。

二、篮球运动的基本战术

篮球战术是比赛中充分发挥队员的身体和技术特长，合理地组织队员之间相互配合的集体行动方法。队员之间必须相互依赖，团结合作，依靠集体力量，在全队的努力配合下更好地发挥个人作用。具体而言，篮球战术可分为进攻战术和防守战术两个部分。

（一）进攻战术

1. 传切配合

传切配合是队员之间运用传球和切入技术组成的简单进攻配合，在半场、全场均可使用。

传切配合方法：1 号传给 2 号，1 号向反方向做假动作，迅速摆脱对手向篮下切入，然后接 2 号的回传球投篮。（如图 5－3 所示）

2. 突分配合

突分配合是指持球人在突破防守人后，遇到对方协防补防时，及时把球传给位置最佳的队友进行进攻的一种配合方法。

突分配合方法：1 号持球进攻人员向右侧突破防守人后，遇到对方球员协防，及时把球传给三分线外的 2 号队友，创造空位机会。（如图 5－4 所示）

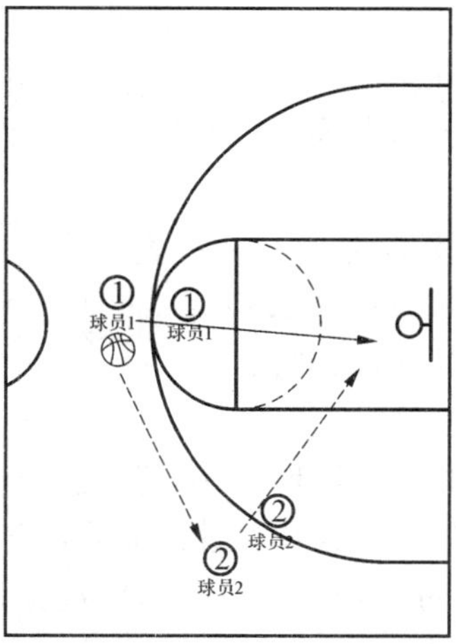

图 5－3

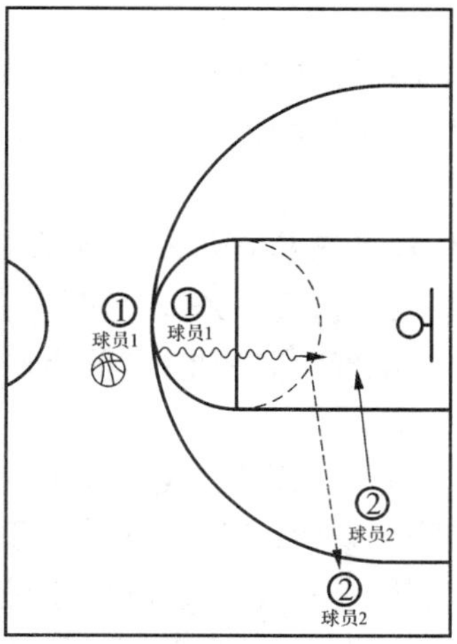

图 5－4

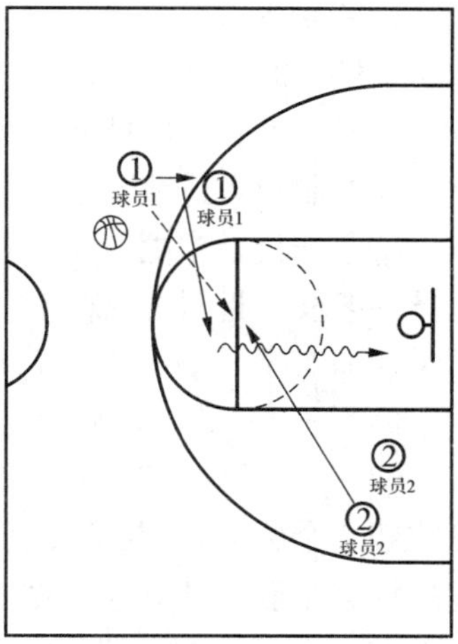

图 5－5

3. 策应配合

策应配合是指进攻队员背对或侧对球篮接球后，通过多种传球方式与外线队员的空切、绕切相结合，借以摆脱防守、创造各种里应外合进攻机会的配合方法。

策应配合方法：2 号球员上提罚球线，1 号队员将球传给 2 号队员后向左侧压迫，然后利用 2 号为轴，利用空切和绕切摆脱防守人后，接球投篮、突破或传球。（如图 5－5 所示）

策应配合的应用范围较广泛，可以干扰防守绕切的队员选择正常的防守位置，在进攻半场人盯人防守或区域联防时经常采用。根据策应的区域和位置的不同，策应配合通常可以分为内策应、外策应、高位策应、低位策应等，配合方法基本相似。

4. 掩护配合

掩护人从侧面或后面跑向防守者的侧后方，距离对方半步左右，两膝弯曲，两脚左右开立，两臂屈肘抬起，上体稍前倾，面向防守者。当同伴借用自己的掩护切入时，掩护者要随切入人后转身，继续挡住防守人的移动路线，并准备接切入人的回传球或抢篮板球，以给持球队员做掩护。（如图 5－6 所示）

图 5－6

5. 快攻与抢篮板球

快攻是由守转攻时，以最快的速度、最短的时间，在人数上造成以多打少的优势，或在人数相等及人数少于对方的情况下，趁对方立足未稳，强行进攻。快攻一般有长传偷袭、短传推进、运动追击、突破上篮等战术配合组成的打法。

抢篮板球发动快攻在比赛中运用最多，获球后传球的快慢直接关系到快攻是否成功。第一传应出手快，传球距离远，可以超越对手，造成以多打少的局面。接应则有固定接应人和不固定接应人，普遍采用固定接应人的方法，即当本方拿到篮板球的同时，接应人侧身迅速跑到接应点。

（二）防守战术

1. 半场人盯人防守

半场人盯人防守（如图 5-7 所示）是在预先分工盯人的前提下，以球为主，人球兼顾，分工明确，针对性强，能较好地发挥队员的积极性和加强责任感，并根据对方的进攻情况，有效地控制对方进攻重点。

防守选位是根据对手、球篮、球来选位，近球紧、远球松，随时抢占有利位置。防持球队员一般要逼近对方，保持与对手、球篮成一条线。防不持球队员要以球为主，人球兼顾。同时根据对手与场上情况的变化，准确及时地抢断球、夹击、协防和补防。

2. "2—1—2"区域联防

"2—1—2"区域联防（如图 5-8 所示）是进攻转入防守时，迅速跑回后场，每个队员负责防守一个区域，并与同伴密切配合，将每个队员的防区联系起来，组成集体的联合防守。它的特点是篮下防守较严密，有利于争抢篮板球和及时发动进攻，不足是中、远距离投篮会不准。善于个人突破或内线威胁较大的队采取区域联防效果较佳。

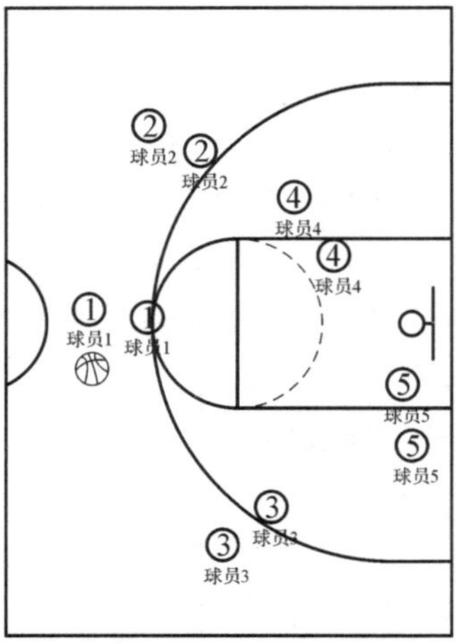

图 5-7

图 5-8

第三节　篮球运动的练习方法

篮球运动的练习方法有很多，但都要注重循序渐进，同时注意从不同的方面提高敏感性、协调性和综合运用能力。应有目的、有计划地安排球感练习、传接球练习、运球练习、投篮技术练习以及综合练习等。

一、球感练习

1. 球绕腰、腿

练习方法：两脚直立，持球于腹部，球绕腰后上体前屈，使球绕腿（膝部高度），两手连续交替进行。

动作要领：手指端控制球，上下动作连贯。

2. 胯下绕“8”字

练习方法：两脚开立，上体前屈，持球于膝前。练习时，右手将球从两腿中间递给左手，左手持球绕过左腿外侧，再将球递给右手，交替进行。

动作要领：眼不看球，快速连做，绕的方向可随时改变。

3. 高抬腿绕“8”字

练习方法：一腿屈膝抬起，一手持球从屈膝后部递给另一手，交替进行。

动作要领：手脚快速协调一致。

二、传接球练习

1. 原地向上抛接球练习

练习方法：每人一球，先将球向上抛起，待球下落至头上时，用双手将球接住。

动作要领：要提前伸出手臂，使双手成半圆形，球接触手后要立即收至胸前，成基本站立姿势。

2. 对墙传接球练习

练习方法：每人一球，距墙 3 米左右站立，用双手胸前传球的方法将球传向墙壁，在球反弹回来经过地面弹起时，用双手接住，再传向墙壁。

动作要领：在传接球过程中，两脚要积极移动，并加强手指、手腕的动作力量。

3. 原地单双手传接球练习

练习方法：两人一组，相距 4—6 米，相互进行双手胸前传接球、单手胸前传接球等。

动作要领：传球动作规范，传球准确快速。

4. 两人移动传接球练习

练习方法：两人一组边跑动边传球和接球，向前场推进，在接近前场球篮时，其中一人行进间投篮，另一人抢篮板球。

动作要领：两人跑动的速度要适当，传球要有适当的提前量。要根据同伴的速度和距离来决定用力的大小。

5. 传接球二攻一

练习方法：每 3 人一组，两人距离 3—4 米练习传接球，另一名队员位于中间进行防守，每当防守者碰到球时即交换位置。

动作要领：防守者要积极移动进行防守，传接球动作应快速多变、落点准确。

三、运球练习

1. 运球起动与急停的练习

练习方法：每人一球，于场地一侧端线站立。先做原地运球练习，看到（听到）信号做运球起动，再看到（听到）信号做运球急停，一直做到对侧端线。

动作要领：身体姿势要正确，重心要降低。练习时要处理好手和球的关系，使球始终控制在身体的一侧；急停时要注意保护球，“启动”要迅速。

2. 变向运球练习

练习方法：每人一球，于场地一侧端线站立，在纵向半场内，做变向运球练习，一直做到前场。过中线后，做变向运球突破。

动作要领：身体重心要降低，变向与换手动作要协调，换手变向后的起动要突然加速。

3. 保护球运球游戏

练习方法：每人一球，看到（听到）信号后，都在规定的限制区内运球，同时要积极地抢打、堵截其他人的球，还要保护好自己的球。失误者即罚出场，坚持到最后的一个人为优胜。

动作要领：主动出击，不可为消极保护自己而不动，尽量保护好自己的球。

4. 全场绕三圆圈变向运球练习

练习方法：每人一球于球篮下端线站立。开始用右手运球绕第一个圈，当绕过圆并向第二个圆运球前进时，要及时更换为左手运球，当绕过第三个圆时，向相反方向至开始处结束。

动作要领：整个练习在低姿势下完成，要使手脚协同配合，并保持抬头观察。

5. 两人对抗一攻一运球

练习方法：两人一组，一人进攻，另一人防守。开始时速度可慢些，防守相对消极些，逐渐加强对抗的强度。

动作要领：进攻者要采用各种运球姿势，结合各种假动作，同时要保护好球。防守者要积极移动，抢打堵截。

四、投篮技术练习

1. 原地投篮动作练习

练习方法：每人一球，首先做向上方的投篮练习，体会动作的全过程和方法，特别要体会手腕、手指用力的方法。

动作要领：投篮前的准备姿势要正确，蹬地、伸臂、翻腕、拨指等几个环节要连贯，出手方向要正确。

2. 自抛自接投篮练习

练习方法：由向前抛球开始，抛球后立即起动去追下落的球，做跨步接球并投篮。

动作要领：接球与投篮的动作要衔接，尽量将球投中篮内。

3. 运球急停跳投练习

练习方法：由低运球开始，运两至三下球后，做跨步和跳步急停，同时立即起跳并投篮。

动作要领：空中动作要控制身体重心，适当含胸收腹。要在最高点出手，以保证球飞行的抛物线。

4. 两人自投自抢练习

练习方法：两人一组，在半场内练习。开始时一人跳起投篮，落地后立即起动去抢篮板球，并传给另一人投篮，传球后跑到自己准备投篮的下一个位置，两人依次循环练习。

动作要领:整个练习要在移动中进行,接球时要采用正确的急停步伐,投篮动作要协调完整,投篮后要冲抢篮板球。

5. 接策应传球的跳投练习

练习方法:练习开始,先传球给教练员,然后做摆脱变向移动,再去接教练员的回传球投篮。

动作要领:摆脱动作要真实自然,跳投动作要正确。

五、综合练习

1. 接球—急停—跳投练习

练习方法:每人一球,于场地一侧站立。第一名队员不持球,练习开始时,先跑向场地中间,同时第二名队员传球给他,接住球的同时做急停跳起投篮。

动作要领:跑动的速度要适宜,传球要准确到位,空中动作要稳定。

2. 半场运传投技术组合练习

练习方法:每人一球,站立于端线外,练习由运球开始,至中线时停步并转身、传球给教练员,传球后拉开,变向跑切入接教练员的回传球并跑动投篮。

动作要领:运球跑动的速度要快,急停时要控制好身体重心,系列动作连贯,投篮准确。

3. 全场综合性技术练习

练习方法:每人一球,练习由传球给教练员开始,起动侧身跑,接教练员的回传球,运球中传球给第二名教练员,传球后拉开,突然变向纵切篮下,接回传球跑动投篮。

动作要领:整个练习要求在跑动中完成,传球要准确到位,技术动作完成连贯,注意动作的节奏和手脚配合。

4. 半场实战比赛练习

半场比赛练习,是篮球爱好者通常采用的活动方法,这是在活动人数不够、不能打全场比赛时的主要活动方式。通常分为两个组,在一个半场内进行对抗比赛,每组的人数可不限,根据到场的人数而定,带有强烈的娱乐色彩。

课程资源

动作示范

篮球比赛基本规则简介

三对三篮球比赛规则

第六章　足球运动

第一节　概　述

足球历来享有“世界第一运动”的美誉，是当今世界开展最广泛、最具影响力的体育运动项目。作为一种极富运动魅力的球类项目，足球具有技术复杂、战术多样、对抗激烈、团结协作等特征，有着很高的锻炼价值和欣赏价值。

足球运动是一项古老的体育运动。根据史料记载和文物考证，足球起源于中国，蹴鞠就是有史料记载的最早的古代足球活动。2004 年 2 月 4 日，国际足联宣布：足球起源于中国古代的蹴鞠，并于 2005 年 5 月 21 日向山东淄博临淄颁发足球起源地认证书。《战国策》和《史记》是最早记录蹴鞠的文献典籍，前者描述了春秋时期齐国都城临淄流行蹴鞠活动；后者记载蹴鞠是当时训练士兵、考察兵将体格的方式。唐宋时期蹴鞠活动达到高潮，甚至出现了按照场上位置分工的踢法。人们不仅开展对抗性的竞赛，而且还盛行各种形式的个人表演。

现代足球运动诞生于英国。1863 年 10 月 26 日，剑桥大学、牛津大学和凯尔波利特专科学校，与伦敦周围地区 11 个俱乐部代表在伦敦举行联席会议，组成英格兰足球协会。因此，这一天被称为现代足球诞生日。自 1863 年发展至今，足球运动已有 100 多年的历史。1900 年，足球被列为奥运会正式比赛项目。1904 年，在法国巴黎成立了国际足球联合会（简称国际足联）。国际足联的创立，标志着足球作为一项世界性的体育项目登上了国际体坛。目前国际足联已成为国际上最大的单项体育组织。它推动了足球运动的大规模开展，并产生越来越大的社会影响。1928 年，国际足联通过决议，决定正式举办“世界足球锦标赛”，且每隔四年举办一次，简称“世界杯”。目前，“世界杯”足球赛已发展成为世界上影响巨大、观看人数众多的体育盛会。

足球比赛人数多、场地大、时间长，允许身体接触，可以合理冲撞，尤其现代足球攻守对抗日趋激烈，技术难度大，战术变化多，进一步推动了足球运动的深入发展。

国际上的正式足球比赛，除室外 11 人制和室内 5 人制两种外，还有 7 人制和 3 人制等比赛形式。足球运动员既要有强壮的体魄、快速的奔跑能力和顽强的拼搏精神，又要具备在高强度的对抗下完成各种复杂的技术动作和战术配合的综合能力。对于学生而言，经常参加足球运动，不仅能够增强体质、促进身体健康，而且有利于形成良好的思想素质和道德品质。

第二节　足球运动的基本技术与基本战术

一、足球运动的基本技术

足球运动的基本技术是指运动员在足球活动和比赛中运用身体的有效部位完成动作方法的总称，主要包括颠球、踢球、接球、运球、头顶球、抢截球、掷界外球以及守门等。

(一) 颠球

颠球是运动员用身体各有效部位连续击球，并尽量不使球落地的技术动作。经常练习颠球，能有效地促进人体对足球的各种特性的熟练程度，同时加深对击球力量的感觉。

1. 颠球的技术方法

(1) 脚背正面颠球。

支撑腿的膝关节微屈，身体重心转移到支撑腿上，当球落至低于膝关节时，颠球脚的膝、踝关节适当放松，并柔和地向前上方稍甩动，小腿、脚尖稍翘起，用脚背正面轻击球的底部，将球向上颠起。颠球不宜过高，并使球略有下旋。

(2) 脚内侧颠球。

支撑腿的膝关节微屈，身体重心转移到支撑腿上。当球落到膝关节的高度时，颠球脚屈膝盘腿，脚内侧向上摆，脚内翻，即脚内侧平行于地面。用脚内侧轻击球的底部，将球向上颠起。

(3) 脚外侧颠球。

支撑腿的膝关节微屈，上体向支撑脚一侧稍倾斜，重心转移至支撑脚上，当球下落至膝关节的高度时，颠球脚屈膝撇腿，脚外侧向上摆，脚外翻轻击球的底部，将球向上颠起。

(4) 大腿颠球。

支撑腿的膝关节微屈，身体重心转移至支撑腿上，两臂自然张开，当球下落到近髋关节高度时，颠球的大腿屈膝上摆，当大腿平行于地面时，用大腿正面击球的底部，将球向上颠起。

(5) 头部颠球。

两腿左右或前后开立，膝关节微屈，身体重心下降至两腿之间，两臂屈肘自然张开，头后仰使前额正面成水平状态，当球下落到接近前额正面时，两脚同时柔和地蹬地向上伸膝，用前额正面轻击球的底部，将球向上颠。

2. 易犯错误

(1) 击球时脚尖向下或向上勾，造成球受力后向前或向后触碰身体，使球难以控制。

(2) 击球时踝关节松弛，用力不稳。

(3) 颠球时大腿抬得过高，击球点过高，费力且难以控制球。

(4) 颠球时身体其他部位不够放松，以至于动作僵硬。

(5) 头部颠球时腿部、躯干、颈部配合用力不协调，没有注视球。

(6) 颠球时脚下站死，没有移动。

3. 颠球练习方法

(1) 一人一球颠球。从单个部位过渡到多部位，体会触球的时间、触球的部位、触球的力量和整个动作的协调配合，初学者还可以借助球兜进行辅助练习。

(2) 两人一球颠球。脚下移动，判断球点，用身体多部位触球，掌握好触球的力量，尽量使球不落地。每人可一次触球，也可多次触球。

(3) 四五人一组围圈颠球。可自由掌握触球的次数与部位，也可规定每人触球的次数与部位。亦可增加球数和人数，但要注意颠传时观察，防止两个球同时颠传给同一人。

(二) 踢球

踢球是指运动员用脚的不同部位将球击向预定目标的动作方法。踢球是足球技术中最基本的技术动作之一，主要运用于传球和射门。踢球的方式很多，动作要领也不尽相同，但不论哪种踢法，技术动作都可以分为助跑、支撑脚站位、踢球腿摆动、脚击球以及随前动作这五个环节。

1. 踢球的技术方法

踢球技术根据脚接触球的不同部位主要分为脚内侧踢球、脚背正面踢球、脚背内侧踢球、脚背外侧踢球等。

(1) 脚内侧踢球。

这是运用脚内侧部位击球的一种踢球方法。这个部位触球的面积较大，出球平稳，并且容易控制触球的方向，但力量较小，适用于近距离传球配合和射门。

动作要领：踢定位球时，直线助跑，支撑脚落地时足尖应与出球方向保持一致，在球侧距球 10—15 厘米，膝关节微屈。踢球腿以髋关节为轴由后向前摆动，在前摆过程中膝、踝关节外展，脚尖翘起，脚内侧与出球方向约呈 90 度，当膝关节摆动接近球正上方时小腿做爆发式摆动。击球时脚跟前顶，脚腕用力绷紧，脚底与地面平行，以脚内侧部位击球的后中部。击球后，踢球腿应继续保持击球时的形状随球前摆。

踢地滚球时，动作方法基本上和踢定位球相同。所不同的是因为球在地面滚动，因此在支撑与摆腿击球的过程中，要根据球滚动的方向、速度，对动作方法中的某些环节做适当调整。

踢空中球时，根据来球速度和运行轨迹及时移动到位，踢球腿大腿抬起并外展，小腿屈并绕额状轴后摆，利用小腿加速前摆击球，抬腿的高度和摆腿的时间应与来球速度相对应，并根据出球的目标调整击球部位。

(2) 脚背正面踢球。

脚背正面踢球由于腿的摆动与人的髋膝关节的自然结构相适应，其用力方向与出球方向一致，并且与人的日常走、跑动作相一致，因此有利于加大摆幅和加大摆速，便于大力踢球，球速快，准确性也较强，适用于中长距离传球和射门。

动作要领：踢定位球时，直线助跑，支撑脚踏在球的侧方 10—15 厘米处，足尖与出球方向一致，膝关节微屈。踢球腿在跨步支撑的同时大腿后摆，小腿后屈。在支撑脚着地的同时，以髋关节为轴，大腿带动小腿由后向前摆动。当膝盖提至接近球的正上方时，小腿加速前提。击球瞬间，脚背绷直，脚趾扣紧，以脚背的正面击球的后中部。击球后，踢球腿应随球继续前摆。

踢地滚球时，动作技术基本与定位球相同。但要注意支撑脚判断选位，踢两侧滚动来球时，脚尖对准出球方向，击球部位应准确，以保证击球能发上力。球速较快时，要通过摆踢力量和方向的调整，消除其初速度对出球方向的影响。

踢空中球时，首先要判断好球运行的路线和击球点，支撑脚的选位要稍远，使踢球腿能顺利摆踢发力，并可根据来球高度和出球目的选用抽击、弹击或摆击等踢球方法。

(3) 脚背内侧踢球。

脚背内侧踢球特点是踢摆动作顺畅，幅度大，脚触球面积大，出球平稳有力，且性能和线路富于变化，是中、远距离传球和射门的重要方法。

动作要领：踢定位球时斜线助跑，助跑方向与出球方向约呈 45 度，支撑脚踏在球的侧后方 25—30 厘米处，膝关节微屈，足尖指向出球方向，身体稍向支撑脚一侧倾斜。在支撑脚着地的同时，身体顺势向出球方向转动，踢球腿以髋关节为轴，大腿带动小腿呈弧形由后向前摆动。当膝盖摆到接近球的内侧垂直上方的一刹那，小腿加速前摆，脚尖稍外转，脚面绷直，脚趾扣紧，脚尖指向斜下方，以脚背内侧部位击球的后下部。踢球后，踢球腿随球继续前摆。

踢地滚球时，根据来球的速度、运行轨迹，选好击球时的位置并及时移动到位。要注意调整身体与出球方向的角度关系，以保证脚触球的瞬间，球与脚的相对位置仍能保持规格要求。

(4) 脚背外侧踢球。

脚背外侧踢球的特点是预摆动作小，出脚快，能利用膝、踝关节的灵活变化改变出球的方向和性质，并且动作具有隐蔽性，是实用性较强的技术动作，适用于中、短距离传球和射门。

动作要领：踢定位球时，助跑、支撑脚的位置和踢球腿的摆动基本上与脚背正面踢球相同。在踢球腿的膝盖摆到接近球的垂直上方的一刹那，小腿加速前摆，脚尖内转斜下指，脚面绷直，脚趾扣紧，以脚背外侧部位击球的后中部。踢球后，踢球腿随球继续前摆。

踢地滚球时，可用于踢前方、侧前方及正侧方、侧后方来的地滚球。对踢球腿同侧的来球多用直线助跑，对异侧来球则多用斜线助跑，支撑脚要适当提前选位着地，其他动作则类似于踢定位球。

2. 易犯错误

(1) 踢定位球。

① 支撑脚位置不对，踢球时身体后仰或臀部后坐。

② 踢球腿的后摆较小或前摆过分，造成踢球无力或出球较高。在前摆过程中小腿爆发式的摆动过早，使得脚出球时并非是小腿摆速最大之时，因而出球无力(对出球方向也有影响)。

③ 踢球腿摆动方向不正，以至踢球施力方向没通过球的重心，出球旋转。

④ 击球后随前摆腿内旋，影响出球方向。

⑤ 脚踝松弛，脚趾屈得不够，不能用脚的正确部位触球，影响出球力量和方向，且易受伤。

⑥ 踢球脚与球接触部位不对，影响了出球的准确性、力量和性质。

(2) 踢地滚球。

① 支撑脚站位不当，没有根据来球的方向、速度、性能等选择支撑脚的位置，也没有对自己踢球腿的摆动速度加以控制。

② 没有根据来球的方向和速度合理选择助跑路线和脚法。

(3) 踢空中球。

① 支撑脚位置或摆腿击球时间不当，出现踢空现象。

② 踢球的部位不准，出球方向偏离。

3. 踢球练习方法

(1) 无球模仿练习。

(2) 固定球、定位球、近距离或对墙的踢球练习。

(3) 踢远、踢准和在活动中进行练习。

(4) 综合性技术练习及射门练习。

练习时，应注意以下几个方面。

其一，支撑脚要对准出球方向，位置要选准。

其二，助跑最后一步要稍大，大腿带动小腿，摆速要快。

其三，脚形要控制好，触球部位要准确，否则影响踢球的力量和准确性。

(三) 接球

接球是指运动员运用身体的有效部位，将运行中的球有目的地接控在所需要位置上的动作方法。它是运动员获得球的主要手段，关系着战术的流畅性。任何接球技术，从动作结构分析来说都可以分为判断选位、接球前支撑、触球动作以及接球后跟进四个环节。常用的接球方式主要有脚部接球、腿部接球、胸部接球以及头部接球等。

1. 脚部接球

脚部接球是足球比赛中运用最多的基本接球技术。

(1) 脚内侧接球。

脚内侧接球比较容易掌握，且用途广泛。触球的面积大，易接稳，便于和下一个动作衔接。

动作要领：脚内侧接地滚球。支撑脚正对来球，膝关节微屈，接球腿屈膝外转并前迎；脚尖稍翘起，脚底与地面平行，当脚与球接触前的一刹那开始后撤，在后撤过程中用脚内侧接触球，把球控制在衔接下一个动作需要的位置上。如果需要将球接到自己的侧后方，在接球撤到支撑脚的侧方时，再继续以髋关节外转和腿后引的动作将球引向侧后方，同时以支撑脚脚掌为轴使身体转向出球方向。脚内侧接地滚球时还可用切挡法。当来球力量不大时，可以让脚内侧与地面形成锐角轻触球。也可在触球时用下切动作产生摩擦，使球前进之力部分转变为旋转力，进而将球接在脚下。

脚内侧接空中球。根据来球的高度，将接球脚抬起前迎，脚形与接地滚球相同，脚内侧对准来球路线，在脚与球接触前的一刹那开始后撤，引导球到下一个动作需要的位置上。

脚内侧接反弹球。根据来球的落点，及时移动到位，支撑脚踏在球落点的侧前方，支撑腿膝关节微屈，身体向接球后球运行的方向偏移。接球腿抬起小腿且放松，脚尖微翘，脚内侧对着接球后球运行的方向并与地面成一锐角，当球落地反弹刚离地面时，大腿向接球后球运行的方向摆动，用脚内侧部位轻推球的中上部。

(2) 脚背正面接球。

这种接球方式适用于接下落球，关节自由度大，接球稳定，但是变化不大。

动作要领：根据球的落点，及时移动到位，脚背正面上迎下落的球，当球与脚面接触的一瞬间，接球脚与球下落的速度同步下撤，脚尖微翘将球接到需要的地方。如果想将球接于体前或体侧时，触球刹那间踝关节适度紧张，调整触球面的角度，控制出球方向。

（3）脚底接球。

脚底接球的部位主要是脚前掌部分，多用于接地滚球和反弹球，动作简单，接球稳定。

动作要领：判断来球路线或落点，选好接球位置并稳固支撑，接球腿屈膝提起，脚尖勾翘，使脚掌和地面形成一定的仰角，球临近或落地刹那，接球腿有控制地下放，用脚前掌部位触压球的后中部，将球控制在脚下。

（4）脚背外侧接球。

脚背外侧接球多用于接地滚球和反弹球，动作幅度小、速度快、灵活机动、隐蔽性强，但动作难度较大，接球时常伴随假动作和转体动作。

动作要领：接地滚球。将接球点放在接球腿一侧，支撑腿膝关节微屈。接球腿提起屈膝，脚内翻使小腿和脚背外侧与地面成一锐角，并对着接球后球运行的方向，脚离地面的高度应略等于球的半径，然后大腿向接球后球运行的方向推送，同时身体随球移动。

接反弹球。根据来球的落点及时移动到位，支撑脚站在来球落点的侧后方，除触球部位外，其他环节均与脚背外侧接地滚球相同。

2. 腿部接球

腿部接球的部位主要是大腿，一般用于接抛物线较大的下落球和略高于膝的低平球。

动作要领：接下落球。接球时，面对来球方向，根据球的落点迅速移动到位，接球腿大腿抬起，当球与大腿接触的瞬间大腿下撤将球接到需要的位置上。

接低平球。接球时，面对来球方向，迅速移动到位，根据球的高度，接球腿大腿微屈，送髋前迎来球，当球与大腿接触瞬间收撤大腿，使球落在所需要的位置上。

3. 胸部接球

胸部面积大，有弹性，位置高，能接高球和空中平直球。

（1）挺胸式接球。

一般高于胸部的下落球，可采用挺胸接球方法。

准备接球时，面对来球，收下颌，两臂自然张开，两脚前后开立，重心落在两脚之间，两膝微屈，当球运行到与胸部接触前的一刹那，两脚蹬地稍上挺，同时展腹，上体稍后仰和挺胸动作使球弹起改变运行路线然后落于体前。

（2）收胸式接球。

收胸式接球较多地用于接齐胸高的平直球。

接球时，面对来球，两脚开立，两臂自然张开，挺胸迎球，触球瞬间收胸、收腹，臀部后移将球接在体前。

4. 易犯错误

（1）接地滚球。

① 未掌握好脚的触球部位距离地面的高度，使球从脚下漏过。

② 触球的部位过高，导致接球时将球卡死在接球地点。

③ 接球时，缓冲、加力或触球时所形成的反射角不当，使球未能达到理想的位置。

④ 接球后身体不能及时跟上，影响控制球。

(2) 接反弹球。

① 未能准确判断球的落点和从地面反弹的路线,使球从脚下漏过。

② 接球时将球卡在触球点,影响下一个动作的衔接。

(3) 接空中球。

对球在空中运行的速度与轨迹判断不准确,因或迟或早、或高或低而造成漏接。

5. 接球练习方法

(1) 接地滚球练习。

① 两人相距 5 米左右,一人用手抛地滚球,另一人迎球用脚内侧把球接在体前或向左、右侧接球,接球后将球拾起再用手抛球给对方。两人依次反复进行。

② 两人相距 5—10 米,一人向另一人两侧传球,接球方跑动用规定部位接球,接球后再回传给对方。

③ 三人站成一条直线,每人相距 10 米左右。第一个人传球给第二个人,第二个人用脚内侧或脚背外侧向两侧或转身接球,然后传给第三个人,第三个人再回传给第二个人,第二个人再同样传给第一个人。反复练习,做够规定的次数后,调换位置。

(2) 接反弹球练习。

① 自己向上抛(踢)球,练习接反弹球。

② 自己将足球向墙上抛或踢球,然后迎上去接反弹球。

③ 两人相距 15 米左右。一人踢有一定弧度的抛物线下落球,另一人迎上接反弹球。

(3) 接空中球练习。

① 用各种接空中球的方法自抛自接空中球。

② 两人互抛互接空中球,逐渐改变球的运行弧度、落点,使接球者练习移动接球。

③ 两人相互传高球,练习接空中球。

练习时,应注意以下几个方面。

其一,准确判断球落点与速度是各种接球动作的前提。

其二,缓冲动作是接球的关键,迎接、推压、切挡和改变球的运行路线,是各种接球的基本方法。

其三,接球后身体要及时跟上,并与下一个动作紧密衔接。

(四) 运球

运球是指运动员在跑动中,用脚的推拨有目的地使球保持在自己控制范围内的连续触球动作。运球技术在足球运动中占有很重要的地位,它在比赛中可以变换进攻速度,掌握比赛节奏。在对方密集防守时,可以运用运球技术摆脱对手,强行突破,破门得分。另外,运球过人可形成以多打少的局面,突破对方的防线,打乱对方的阵型,创造射门机会。

1. 运球的技术方法

常用的运球方法有脚背正面运球、脚背外侧运球、脚背内侧运球和脚内侧运球等。

(1) 脚背正面运球。

脚背正面运球多在越过对手之后,前方纵深距离较长,仍需要快速运球前进情况下使用。

动作要领:跑动时,身体自然放松,上体稍前倾,两臂自然摆动,步幅不宜过大。运球腿膝关节弯曲，脚跟提起，脚尖朝下，在迈步伸脚着地前，用脚背正面向前推拨球前进。

（2）脚背外侧运球。

脚背外侧运球动作的特点是灵活性、可变性强，可做直线、弧线和向外变向运球，易于控制运球方向和发挥运球速度，并便于对球进行保护。

动作要领：直线运球时，身体自然放松，上体稍前倾，两臂自然摆动，步幅要小些。运球腿膝关节弯曲，脚跟提起，脚尖稍内转，在迈步伸脚着地前，用脚背外侧向前推拨球。曲线运球时，触球作用力方向应偏离球心，使球呈弧线运行。

（3）脚背内侧运球。

脚背内侧运球的特点是控球稳，但运球速度较慢，适用于掩护性运球或变向运球。

动作要领：跑动时身体自然放松，上体稍前倾并稍向运球方向转动，两臂自然摆动，步幅要小些。运球腿膝关节弯曲，脚跟提起，脚尖稍外转，在迈步伸脚着地前，用脚背内侧向前侧推拨球，球向前侧曲线或弧线运行。

（4）脚内侧运球。

脚内侧运球的动作特点是易控球，但球速慢，适用于掩护性运球。

动作要领：运球时，支撑脚稍向前跨，踏在球的前侧方，膝关节稍弯曲，上体前倾并向里转。随着身体的向前移动，运球脚提起，用脚内侧推球的后中部。

2. 运球时常用的动作

（1）拨球。

指用脚腕的扭拨动作，以脚背内侧或脚背外侧触球，使球向侧方或侧前方运动，用脚背内侧拨球的动作称“里拨”，用脚背外侧拨球的动作称“外拨”。

（2）扣球。

指用突然的转身和脚腕急转扣压动作，以脚背内侧或脚背外侧触球，将球向侧后方接下或改变方向运行。用脚背内侧扣球的动作称“里扣”，用脚背外侧扣球的动作称“外扣”。

（3）拉球。

指用脚前掌将球由前向后或由左（右）向右（左）推拉的动作。

3. 易犯错误

（1）身体僵硬不协调，造成不恰当的触球，或触球时力量过大。

（2）运球技术运用不合理，脚形没有固定，触球部位不准，造成脚尖捅球。

（3）运球时步幅过大，重心偏高，不能随心所欲地触球控球。

（4）运球时眼睛只盯着球，不能随时观察周围情况，不能根据临场情况及早采取措施。

4. 运球练习方法

（1）在走与慢跑中无球模仿练习。

（2）在慢跑中，先单脚后双脚，先直线后曲线运球。

（3）各种运球技术组合练习，如扣拨练习、推拉练习。

（4）人丛中运球或小间距绕杆运球。

（5）运球过人练习。

练习时，应注意以下几个方面。

其一，运球是推拨球，而不是踢球，要使球始终在控制范围内。

其二，运球时步幅要小，身体要放松，重心移动要快。

其三，运球时要养成抬头观察的习惯，不要只顾低头运球。

(五) 头顶球

头顶球技术的种类，主要以顶球时运用头的部位来区分。正确的部位是前额骨的正面和侧面。在每一种技术中，由于顶球前的准备动作不同，又可分为原地和跳起头顶球。

1. 头顶球的技术方法

(1) 前额正面顶球。

前额正面坚硬平坦，触球面积大，它处于头的正前方和两眼上方，便于在顶球时观察来球周围情况，使击球准确有力。

动作要领：原地顶球。身体正对来球方向，两脚平行或前后开立，膝关节微屈，重心在两腿之间，两眼注视来球，两臂自然张开，上体后倾，身体重心放在后脚上，挺胸展腹，下颌收紧。顶球时后脚迅速蹬地，上体由后向前摆动，在即将触击球的一刹那，两腿迅速用力蹬伸，以腰腹和颈部的快速摆动主动迎击来球，用前额正面顶击球的后中部。击球时，颈部肌肉保持紧张，两眼注视出球方向。

原地起跳顶球。身体正对来球，两脚左右开立约 15—20 厘米，脚尖稍内转，膝关节微屈，上体稍前倾，两臂屈肘后伸，身体重心平均落在两脚上，两眼注视来球。起跳时，两臂由后向前上方振臂，同时弓身、提胸、收下颌，两脚积极用力蹬伸，在跳起上升过程中挺胸展腹，两臂自然张开，两眼注视来球，当跳起最高点准备顶球时，身体成背弓，当球运行到身体垂直部位前的一刹那，快速收腹，折体前摆，用前额正面将球顶出，顶球后两腿自然屈膝落地。

(2) 前额侧面顶球。

前额侧面顶球的部位是前额的两侧。这个部位坚硬，但不平坦，面积小，又在两眼的侧前方，顶球时摆体用力方向又与来球方向不是迎面相遇，出球力量较小。故在击球时，出球方向方面难于前额正面顶球。其优点是动作突然，能变换出球方向，特别是前锋队员在门前得边锋传中球射门时威力更大。

动作要领：原地顶球。顶球前与出球方向同侧腿向前跨出一步，两膝微屈，身体重心放在后脚上，上体和头稍向异侧倾斜并转体约 45 度，两眼斜视来球，两臂自然张开。顶球时，后脚蹬地，上体和头向出球方向迅速扭转，屈体甩头，在与出球方向同侧肩的前上方，用前额侧面顶球。

2. 易犯错误

(1) 心理恐惧，顶球时不敢直视来球，闭眼缩颈，使顶球部位不准确。

(2) 对球运行的速度、轨迹判断不准，无法找到正确的顶球时机。

(3) 身体不能协调发力，影响顶球力量。

(4) 跳起时不能控制身体，影响顶球质量。

3. 头顶球练习方法

(1) 徒手模仿顶球练习。

(2) 一人一球，自抛自顶，或用吊球进行练习，体会正确顶球部位和动作要领。

(3) 两人一球，相距 5 米左右互抛互顶给对方，或一人一球对墙练习。

(4) 两人一球,一抛一顶,连续对顶或一进一退互顶。

(5) 三人一球,进行三角顶球练习比赛。在规定的时间内,以连续顶球次数多者为胜。

(6) 头球攻门练习,可在底线用手抛球,也可脚踢或传中。

练习时,应注意以下几个方面。

其一,初学者首先要克服紧张心理,绝不可闭眼缩颈做顶球动作,要主动迎击球。

其二,跳起顶球首先要准确判断球的落点和起跳时间,起跳过早或过晚,则会顶球无力或顶不到球。

其三,不论用哪种顶球方法,都必须使所有参加运动的关节肌肉协调一致用力。

(六) 抢截球

抢截球是比赛中由守转攻的重要手段,在规则允许的条件下,把对方控制的球抢夺过来或破坏掉。常用的技术动作主要包括正面跨步抢截球和侧面合理冲撞抢球。

1. 抢截球的技术方法

(1) 正面跨步抢截球。

动作要领:两脚前后开立,两膝微屈,身体重心下降。当对手运球后还未着地的一刹那,一脚用力蹬地,另一脚屈膝以内侧部位对着球跨步伸出,上体前倾,身体重心迅速移至抢球脚上。如双方脚同时触球时,则可抢先顺势向上提拉,使球从对方脚背滚过。

(2) 侧面合理冲撞抢球。

动作要领:当与对手并肩跑动追球时,身体重心稍下降,靠近对手一侧的手臂要紧贴身体。在对手远离自己一侧的脚支撑时,用肘关节以上部位适度冲撞对方相应部位,使其失去平衡而离开球,趁机将球控制住。

2. 易犯错误

(1) 抢截球时机不对,上抢不及时不果断,动作配合不协调造成失误,导致扑空。

(2) 正面抢截时,触球部位不对,同时触球时未能及时推拉,导致抢球失败。

(3) 侧面抢截时,冲撞动作不正确造成犯规。

3. 练习方法

(1) 无球模仿练习。

(2) 两人一球,做原地跨步抢球练习。

(3) 两人在同向慢跑和快跑中进行冲撞抢球练习。

(4) 一对一对抗练习,选择合适的时机和方法在对方运球时进行抢截球动作练习。

练习时,应注意以下两个方面。

其一,要注意抢球时机和动作准确性,否则易失误、犯规。

其二,抢球动作要迅速、果断。

(七) 掷界外球

掷界外球是指按照足球竞赛规则的规定和要求,有目的地用双手将球从场外掷入场内,使比赛继续进行的技术动作,同时它又是一次很好地组织进攻的机会,尤其在对方罚球区附近掷界外球,威胁更大。若不能很好地掌握这项技术,在掷球时因错误动作而造成犯规,便会失去球权由攻转守。因此,运动员必须熟练掌握掷界外球的技术。

1. 掷界外球的技术方法

(1) 原地掷界外球。

面对出球方向,两脚前后或左右开立,两膝微屈,上体后仰成背弓,重心移到后腿上(左右开立时,重心在两脚间),两手手指自然张开,拇指相对,持球侧后部,屈肘将球举至头后。掷球时后脚(或两脚)用力蹬地,迅速摆体、收腹、挥臂,当球摆至头上时双手同时用力甩腕,将球掷入场内。在掷球过程中,后脚可沿地面滑动,两脚均不得离地或踏入场内,但允许踏在线上。

(2) 助跑掷界外球。

助跑要自然协调,速度快慢由掷球远近而定。助跑时两手持球于胸前,在迈出最后一步时,上体后仰成背弓,同时将球举至头后。掷球时用力蹬地,迅速摆体、收腹、挥臂,当球摆至头上时双手同时用力甩腕将球掷出。

2. 易犯错误

(1) 掷界外球动作不符合比赛规则,造成犯规。

(2) 身体不能协调发力,掷出角度不合理,影响出球的速度和距离。

3. 掷界外球练习方法

(1) 根据规则和技术要点,无球模仿练习。

(2) 两人一球互掷,距离由近至远,要求练习中球不落地或结合其他技术、战术练习。为增强臂力,可用实心球代替。

(3) 进行界外球掷准、掷远比赛。

掷界外球技术并不复杂,但它是规则性较强的技术动作,一定要按照规则的要求进行。根据规则规定,下列情况为违例,练习时应特别注意。

(1) 掷球时脚离地、进场或远离规定的掷球点掷球。

(2) 掷球时未用双手将球从头后经头顶掷入场内。

(3) 掷球时没有面向出球方向,两手用力不均,掷球动作不连贯。

(八) 守门

守门员是全队的最后一道防线,他的主要任务是不让对方将球射入本方球门。同时,现代足球还要求守门员要善于观察全局,起到协助指挥全队防守和进攻的作用,并且随时注意比赛发展情况,力争扩大自己在罚球区内的防守范围,以便尽早截获各种来球,并快速及时地把球传到有利于己方进攻的位置上,组织发动进攻。

1. 位置选择

守门员为了把守球门,首先要选择正确合理的位置。守门员的选位,原则上应站在射门点与两个门柱分角线的中间,并且根据射门点与球门的远近距离而调整自身与球门远近的位置。射门点距球门越近,守门员的位置就应越靠前,以缩小射门的角度。射门点远,守门员的站位可适当前移但不应太靠前,以防止对手吊球。如果对手在球门线附近,既有可能射门也有可能传中时,守门员的位置应当首先封住射门角度,同时也要准备拦截对手传中球。当球向中场或前场发展时,守门员可前移到球门区线附近,并根据球的发展及时调整自己的位置;当对方在中场直接插入突破时,守门员应抓好时机及时出击截球。

2. 准备姿势

两脚左右开立，与肩同宽，两腿自然弯曲，脚跟稍提起，身体重心落在前脚掌上，上体稍前倾。两臂于体前自然弯曲，两手五指自然张开，掌心相对，两眼注视来球。

3. 移动

守门员为了更好地堵截和接住对方的传球和射门，必须根据对方射门前球和人的位置变化而相应调整自己的位置，并根据球的路线向左右移动，一般采用侧滑步和交叉步。

4. 接球

接球是守门员最主要的技术，包括接地滚球、接平直球、接高空球等。

(1) 接地滚球。

分为直腿式接球和单腿跪撑式接球两种。

① 直腿式接球。两腿自然张开，脚尖正对来球，上体前倾，两臂自然下垂，五指张开，两手小指靠近，手掌对球稍前迎，两手接球的后底部，在手触球的一刹那，立即后引、屈肘、屈腕，两臂靠近。球依次经由手掌、小臂、大臂，最后将球抱于胸前。

② 单腿跪撑式接球。多用于向侧移步接球。接左侧球时，左腿屈，右膝盖接近地面并靠近前脚脚踵，身体正对来球，上体前倾，手臂下垂，手掌对准来球，稍向前迎，两手接球的后底部。在手触球的一刹那，两手后引，屈肘屈腕，两臂靠近将球抱于胸前，然后起立。

(2) 接平直球。

平直球又分为低于胸部和齐胸高的两种平直球，在接法上有所不同。

① 接低于胸部的平直球。身体正对来球，两脚左右开立，上体稍前倾，两臂下垂并屈肘前迎，两手小指相靠，手掌对球，当手触球的一刹那，两臂后引并屈肘，顺势将球抱于胸前。

② 接齐胸高的平直球。身体正对来球，两臂屈肘并稍上举，两手拇指相靠，手掌对球，当手触球时，手腕和手指适当用力，手指和手掌同时用力，同时屈臂后引，翻掌将球抱于胸前。

(3) 接高空球。

当判断好球在空中运行轨迹和确定接球点后，迅速移动并跳起，两臂上伸迎球，两手拇指相靠，手掌对球，当手触球时，手腕和手指适当且同时用力将球接住，同时屈肘回缩并下引，顺势翻掌将球抱于胸前。

5. 扑球

守门员无法转移重心进行接球时，常采用扑球动作把球接住或扑出。扑球是守门员技术中难度较大的技术动作。

(1) 侧扑低球。

如扑左侧低球时，右脚迅速蹬地，左腿屈膝向左跨出一步，身体左倒，左脚着地后，随着用小腿、大腿、臀部、上体和手臂的外侧依次触地，同时两臂向球伸出，左手掌心正对来球，右手在左手前上方，右手压球，左手挡球，两手拇指靠近，两手手腕稍向内屈，触球后把球收回胸前，然后立即站起。

(2) 侧扑平高球。

扑平高球时，身体重心先移向靠近来球一侧的脚上，同时该脚用力蹬地向侧面跃起，身体展开，两臂自然伸出，两手拇指靠近，手须自然张开，手掌对球，当手触球时，以扣腕动作将球接住。落地时，以两手按球，前臂、肩部、上体侧面和下肢依次着地，同时屈肘、翻掌，将球抱于胸前，并屈膝团身。

6. 拳击球和托球

在守门员没有把握接住或有对方猛烈冲力的来球时，为了避免接球脱手，可采用拳击球。拳击球有单拳击球和双拳击球两种。

（1）单拳击球。

单拳击球动作灵活，活动范围较大，击球点高，击球力量大，多用于击两侧的传中球和高空球。

动作要领：屈肘握拳于肩前，身体跳起接近来球，在击球前的一刹那，快速冲拳，以拳面将球击向预定的目标。

（2）双拳击球。

双拳击球动作，接触球的面积大，准确性高，多用于击正面高球或平高球。

动作要领：两臂屈肘握拳于胸前，拳心相对，当跳起接近最高点即将触球的一刹那，两拳同时快速冲击，以拳面将球击向预定的目标。

（3）托球。当来球弧度较大，其落点又在球门横梁附近，守门员跳起接球把握大时，应运用托球技术。跳起托球时，一臂快速上伸，掌心向上，用手掌前部击球，手触球后，顺着球本身的力量将球稍往后上方托起，使球越过球门横梁。

7. 发球

发球是守门员组织进攻的主要方式，以快发为主，但要保证稳妥。

（1）踢发球。

常见有踢定位球、踢高抛球、踢反弹球，动作灵活多样、距离远、力量大，是比赛中常用的发球方式。

（2）手发球。

动作快、准确性高，但力量小、距离近，适用于中、短距离的快速发球。

① 掷低手球。两脚前后开立，两膝弯曲，掷球臂后撤引球，身体随之侧转，重心移至后脚。掷球时，利用后脚蹬地、转体、送臂和甩腕拨球的连贯发力将球掷向目标。

② 掷肩上球。两脚前后开立，膝弯曲，单臂屈肘持球于肩上。掷球时，持球臂后摆引球，身体随之侧转，重心移至后脚，利用后脚蹬地、转体、挥臂和甩腕拨球的连贯发力将球掷向目标。

③ 侧身掷勾手球。身体侧对出球方向，两脚前后开立，持球臂屈肘后引，身体随之侧转，腰部扭紧，重心移至后脚。掷球时，后脚发力蹬地，并快速转体，持球臂顺势由后经体侧向上呈弧线形抡摆，摆至肩上方时，甩腕拨球，将球掷向目标。

8. 易犯错误

（1）接球时选位和出手时机不对，手形不固定，手指、手掌没有同时发力，引球缓冲时机不对，缓冲效果差。

（2）接球时没有屈臂夹肘，使球从臂间漏出。

（3）扑球时动作不协调，落地顺序不对，导致倒地速度慢且容易受伤。

(4) 扑球时接球手臂伸出不一致，影响接球手形，导致接球不稳。

(5) 击球时出拳面和击球点位置不对，影响击球力量和方向。

(6) 发球时，引球但不转体，没有用腰腹发力；掷球时缺乏甩腕拨球动作，影响出球方向。

9. 守门技术练习方法

(1) 按教练员手势进行前、后、左、右的移动练习，要求保持随时准备出击的预备姿势。

(2) 两人一球进行一抛一接练习。先接正面的地滚球，然后接平直球和高空球。

(3) 两人一球，一踢一接练习。按地滚球、平直球和高空球的顺序进行，要求踢球者力量不要太大，接球者脚步移动要快。

(4) 接连续抛来的球，要求抛球者变换不同角度，接球者手法正确，球不脱手。

(5) 守门练习，接不同角度射来的各种球。

(6) 发球练习，进行各种发球技术的训练，可以结合其他技术和战术。

二、足球运动的基本战术

足球运动是一项对抗性的运动项目，它是由进攻和防守这对矛盾所组成的。足球战术是指足球比赛中双方为了充分发挥个人与集体的特长，进攻对方弱点，取得比赛胜利所采用的手段和方法。根据攻防的基本特点，足球战术可分为进攻战术、防守战术、比赛阵型三大部分。

(一) 进攻战术

1. 局部配合进攻战术——“二过一”战术配合

顾名思义，“二过一”是两个进攻队员，通过传球配合突破一个防守队员。“二过一”是集体配合的基础，可以在任何场区、任何位置上运用这种方法来摆脱对方的抢截或突破防线。“二过一”是进攻的两个队员之间相距 10 米左右，进行一传一切的配合。要求传球平稳及时，一般多用脚内侧、脚外侧等脚法，传地平球为主。传球的位置，尽可能是接球人脚下或前面两三步远的地方。常见有直传斜插“二过一”（如图 6－1 所示）、斜传斜插“二过一”（如图 6－2 所示）、回传反切“二过一”（如图 6－3 所示）、交叉掩护“二过一”（如图 6－4 所示）。

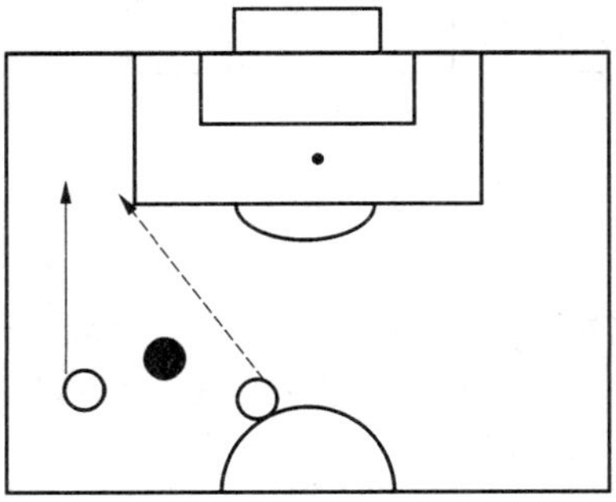

图 6－1

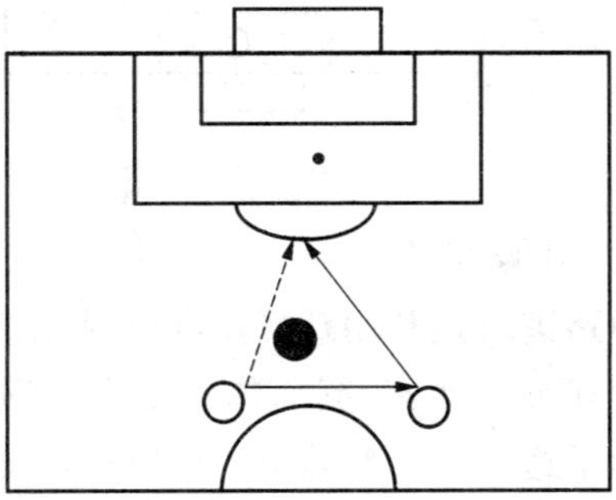

图 6－2

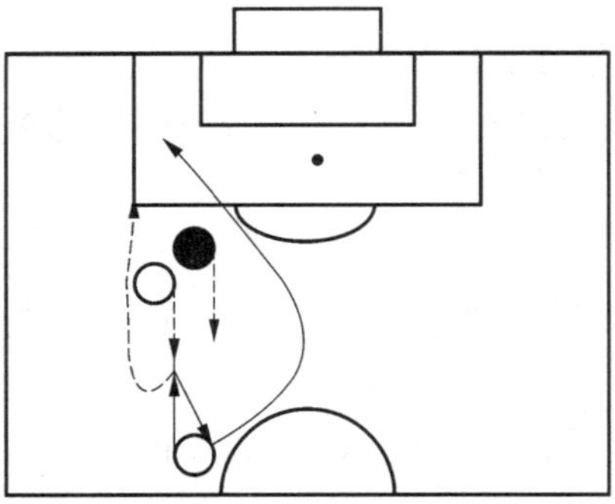

图 6－3

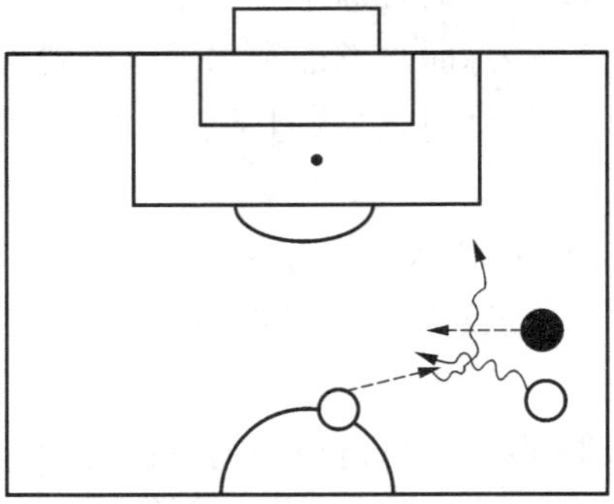

图 6－4

2. 全队进攻战术

全队进攻战术是指比赛中一方获得球后，通过队员之间的传递配合达到射门的目的而采用的配合方法。全队进攻战术的进攻面比较广，可以分为边路进攻、中路进攻和快速反击。

(1) 边路进攻。

利用球场两侧地区发起进攻的方法叫边路进攻。边路进攻是全队进攻战术的主要形式之一，其主要特点是有利于发挥进攻速度，打破对方防线制造缺口。(如图 6－5 所示)

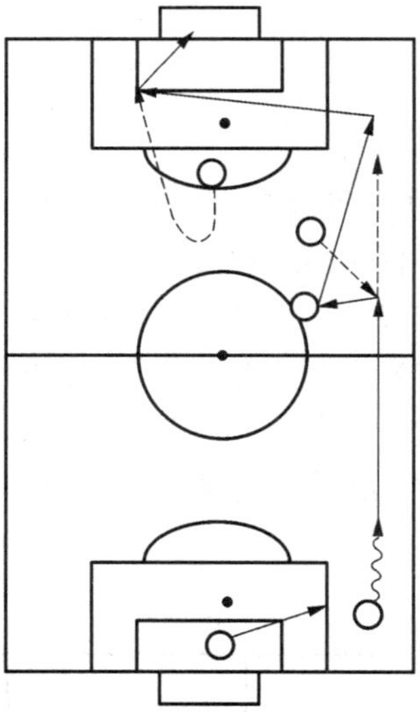

图 6－5

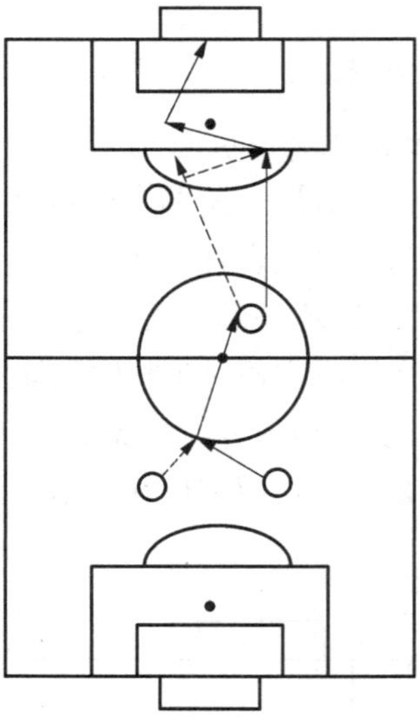

图 6－6

(2) 中路进攻。

中路进攻是利用球场中间区域组织的进攻，这种进攻虽能直接射门，但难度最大，因中路防守最为严密，突前的攻击手必须是反应极其敏锐、意识强、技术高、敢于冒险、速度快和善于跑位策应的队员。(如图 6－6 所示)

(3) 快速反击。

比赛中当攻方进攻时，后卫线往往压至中场附近，防守人数也由于插上进攻和助攻而相对减少，此时如能抓住对方防区空隙较大和回防较慢的机会，趁其失球发动快速反击，往往能取得良好的效果。快速反击是最有威胁的进攻手段，有效进攻在于突然快速地反击，但其难度较大，既要冒险，又要有准确、快速的传切配合技能。快速反击要有组织，配合要极为默契，必须进行专门性的训练，否则很难在比赛中实施。

(二) 防守战术

1. 局部配合防守战术

(1) 补位。

补位是足球比赛中局部地区集体配合进行防守的一种方法。当防守过程中一个防守队员被对手突破时，另一个队员则立即上前进行封堵。

(2) 围抢。

围抢是指比赛中在某局部位置上，防守一方利用人数上的相对优势(通常是两三个队员)同时围堵对方的持球队员，以求在短暂时间内达到抢断或破坏对方持球的目的。

(3) 造越位战术。

造越位战术是利用规则设计出的一种防守战术，是一种以巧制胜的省力打法，因而成为一种重要的防守手段。但由于其配合难度较大，搞不好会适得其反让对手钻空子，因此往往为水平较高的球队所采用，但在一场比赛中不会多次运用。

2. 全队防守战术

全队防守战术可分为两种基本类型：盯人紧逼防守(人盯人防守)，即各人在规定的范围内盯人紧逼，不交换看守；区域紧逼防守(盯人和区域相结合)，即现今流行的综合防守，紧逼和保护相结合，在各人的防区内紧逼，作交替看守。盯人防守各自都有明确的防守对象，如对方左边锋大幅度地斜插至右路，则右后卫紧跟盯防，不交替看守。防守最根本的原则是紧逼和保护。只有紧逼才能有效地主动抢断，压制对方技术的优势而获取主动权。保护是为了更好地紧逼和控制空当。

3. 定位球战术

定位球战术是指在比赛中，利用死球后重新开始比赛的机会组织进攻与防守配合的战术方法。定位球战术包括中圈开球、角球、任意球、点球、掷界外球等。

在势均力敌的高水平比赛中，定位球战术有时起决定胜负的作用。在配合上要利用简练的配合取得射门机会，配合越复杂成功率就越低。故要进行专门性的练习，才能在比赛中使用。

(三) 比赛阵型

比赛阵型是指比赛中队员的位置排列，是球队攻守力量搭配和球员职责分工的形式。比赛阵型是比赛战术的一个组成部分，要根据本队队员的特点和队伍的特点来决定。在明确每个队员场上基本位置和主要职责的前提下，应充分发挥个人的智慧和全队的攻守特点，以达克敌制胜的目的。

足球比赛阵型的演变和发展受诸多因素的影响和推动。足球攻守矛盾的相互转化、足球规则的变化、运动员技战术以及身体素质等方面的变化，是比赛阵型演变与发展的推动力。目前，足球比赛中常采用的比赛阵型有以下几种。

1.“4－4－2”阵型站位

该阵型分为中场平行站位与中场菱形站位，能使中后场的防守更加巩固，攻防更为灵活、机动，二、三线插上进攻和快速反击更为锐利。（如图 6－7、图 6－8 所示）

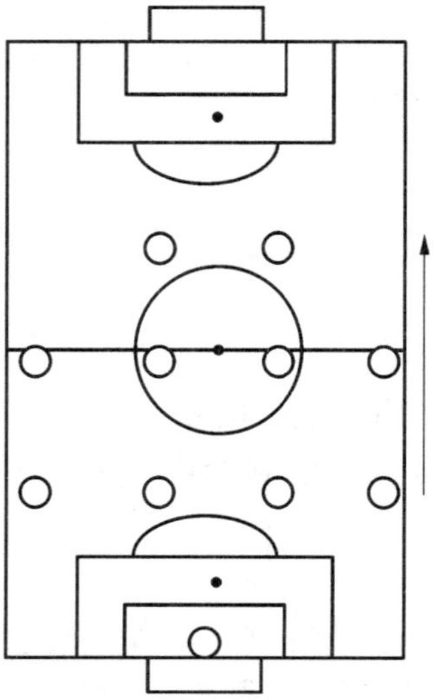

图 6－7

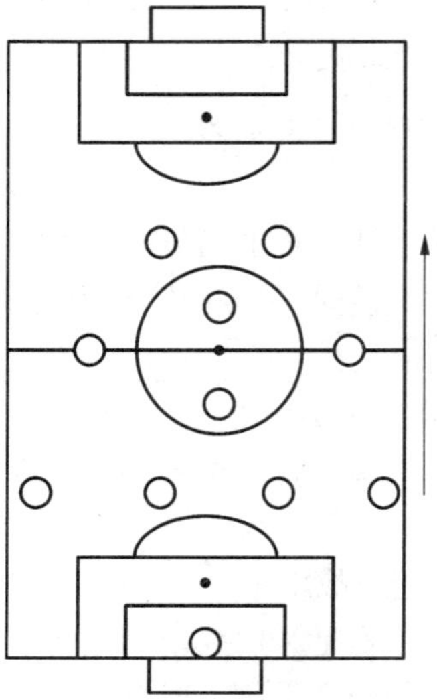

图 6－8

2.“4－3－3”阵型站位

该阵型主要特点是有利于攻防力量的组织，攻防的机动性大，进攻突然、隐蔽性强。（如图 6－9 所示）

3.“3－5－2”阵型站位

该阵型的主要特点是屯重兵于中场，有利于赢得中场攻防的主动，攻防转换快捷、机动，能较好地保持攻防的动态平衡。（如图 6－10 所示）

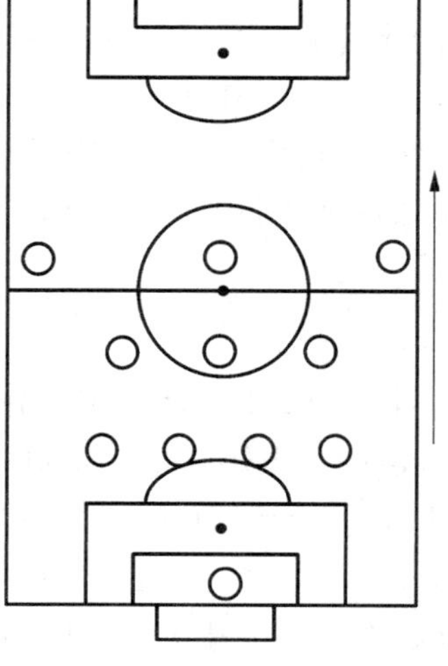

图 6－9

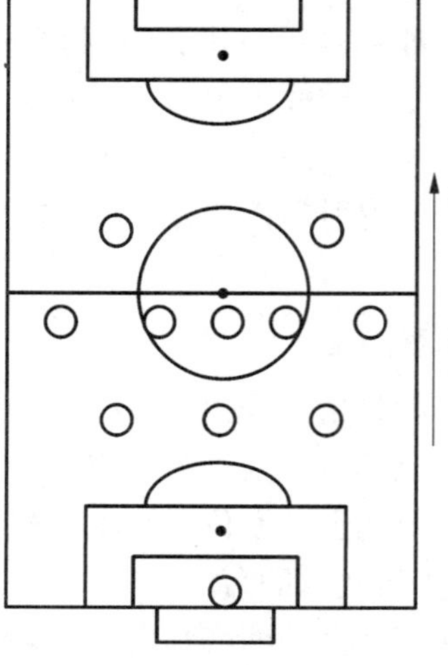

图 6－10

随着现代足球比赛的日益激烈，阵型的运用也更加灵活，一切以获得胜利为目的。

课程资源

动作示范

足球比赛基本规则简介

第七章　排球运动

第一节　概　述

排球是球类运动项目之一。排球运动经过近百年的演变与发展，其内容与形式丰富多样，既可以作为人们健身休闲最为喜爱的运动方式，同时也是一项深受欢迎的世界性竞技体育项目。

排球运动起源于美国，1895 年美国马萨诸塞州霍利约克市，一位叫摩根的体育工作人员发明了排球。摩根先生将当时已广为流行的网球搬到室内，在室内篮球场上用手来打。但室内篮球场面积较小，网球容易出界，于是他对其进行了一些改进：一是把网球允许球落地后再回击的规则改为不许落地；二是把网球的体积扩大，用篮球胆充气来打。1896 年，特哈尔斯戴博士教授根据比赛特点，提议改为 Volleyball（空中击球），即现代国际上的通用名称。随后排球在世界范围内得到迅速而广泛的传播。

自 1949 年举行第 1 届世界男子排球锦标赛以来，国际排球运动有了较大的发展。特别是 1964 年奥运会把排球运动列入正式竞赛项目后，各国对它普遍重视了起来，排球的技术、战术发展也进入了一个新的阶段。世界排坛的战术风格，多年来形成了以快速多变为主体的亚洲型和以高打强攻为主体的欧洲型两种主要的风格。随着国际交流的加强和技术战术的发展，两种风格不断取长补短，相互为用，并逐步趋向于互相糅合，结合运用。当前，世界排球进攻战术发展很快，正在向着高度加速度、强攻加快攻、力量加技巧、前沿加纵深的方向发展。

排球运动主要有以下五个方面的特点。

1. 广泛的群众性

排球运动场地设备简单，比赛规则容易掌握，既可在球场上比赛和训练，也可以在一般空地上活动，运动量可大可小，适合不同年龄、不同性别、不同体质、不同训练程度的人。

2. 技术的全面性

排球运动规则规定，每个队员都要进行位置轮转，既要到前排扣球与拦网，又要轮到后排防守与接应。这就要求每个队员必须全面地掌握各项技术，能在各个位置上比赛。

3. 高度的技巧性

排球规则规定，比赛中球不能落地，不得持球、连击。击球时间的短暂，击球空间的多变，决定了排球有着高度的技巧性。

4. 激烈的对抗性

排球比赛中，双方的攻防转换始终是在激烈的对抗中进行的。高水平比赛中，对抗的焦点在网上的扣、拦上。在一场比赛中，夺取一分往往需要经过六七个回合的交锋。水平越高的比赛，对抗争夺也越激烈。

5. 严密的集体性

排球比赛是集体比赛项目，除发球外，都是在集体配合中进行的。没有严密的集体配合，再好的个人技术也难以发挥，更无法发挥战术的作用。水平越高的队，集体配合就越严密，也越能彰显集体的力量。

第二节 排球运动的基本技术与基本战术

排球技术是人们在规则允许的条件下所采用的各种合理击球动作和配合动作的总称。它是排球运动的基础和重要组成部分。排球战术是指在比赛中根据排球竞赛规则和排球运动规律、比赛双方的具体情况和临场变化，合理运用个人技术及集体配合所采取的有意识、有组织的行动方法。排球技术是战术的基础，没有全面熟练的技术基础，战术就无从谈起；排球战术是对技术的合理组织与有效运用。

一、排球运动的基本技术

（一）准备姿势

1. 动作要领

两脚左右自然开立，比肩稍宽，脚尖朝前稍内扣，脚跟稍提。膝关节弯曲稍内扣，使膝关节投影点超过脚尖。含胸收腹，上体前倾，使肩关节的投影点超过两膝投影点。两臂自然放松弯曲，置于腹前。全身肌肉适当放松，两眼注视来球，两脚始终保持微动状态。

2. 准备姿势种类

根据不同的防守要求，准备姿势按身体重心的高低一般可分为稍蹲、半蹲和低蹲三种。（如图 7－1、图 7－2、图 7－3 所示）

a b c

图 7－1

a　　b　　c

图 7-2

a　　b　　c

图 7-3

(二) 移动

1. 动作要领

(1) 并步。

在与移动方向同侧的腿迈出落地后,异侧方向的腿迅速跟上。

(2) 滑步。

主要指连续的并步。

(3) 交叉步。

如向右移动,则上体稍向右转,左脚从右脚前面向右交叉迈出一步,顺势蹬地,使右脚再向右跨出一大步,降低重心,然后左脚跟上,做好击球准备。

(4) 跨步。

当来球较低时,常采用跨步去垫低球。即向移动方向跨出一大步,膝关节弯曲,上体前倾,身体重心移至前腿上。

(5) 跑步。

根据来球方向,边跑边转身向球,跑步时两臂要配合摆动。

2. 练习方法

主要有:① 设定目标移动练习;② 结合准备姿势的多方向移动练习;③ 以"米"字线进行练习;④ 三米线移动练习;⑤ 接球练习。

(三) 正面垫球

1. 动作要领

(1) 准备姿势。

移动对准来球后,两脚左右开立略宽于肩,前后错开约半脚至一脚距离,重心稍前倾成稍蹲或半蹲准备姿势，双臂自然弯曲，置于腹前。

（2）击球手型。

常用的有叠掌型和抱拳型。叠掌型是指两手手指重叠，掌根紧靠，对称互握。抱拳型是指左手成空拳置入右手，掌根紧靠，对称互握。无论采用何种手型，垫击来球时都要确保含胸收腹夹肘，两臂对称伸直靠紧，前臂外翻顶肘，向出球方向提重心。（如图 7－4 所示）

（3）手臂触球部位。

由双臂近腕关节的桡骨内侧平面构成，在腕关节以上 10 厘米半球状的凹面。（如图 7－5 所示）

a　　b　　c

图 7－4

图 7－5

（4）用力。

做好手型动作后，手臂插入球下，使击球面对准来球，然后蹬地提腰，压腕顶肘，提肩抬臂，平送击球。

2. 练习方法

主要有：① 技术理解与掌握；② 徒手模仿；③ 垫固定球；④ 垫自抛球；⑤ 连续自垫球；⑥ 高低交替变化的连续自垫球；⑦ 对墙自垫球；⑧ 轮流向上垫球；⑨ 变化环境垫球。

3. 垫球技术种类

垫球方法，除正面垫球外，还可根据实际需要演变为体侧垫球、背垫、跪垫、让垫、滚翻垫、前扑垫、鱼跃垫、单手垫等。

（四）正面双手传球

1. 动作要领

（1）传球准备。

移动取位，力争使额正面迎向来球并做好稍蹲准备姿势，同时两臂自然抬起，两肘间距略宽于肩，两肘曲度约 130 度，两手以传球手形置于额前上方约“一球”距离，等待来球。

（2）传球手型。

两手五指分开，指掌微屈，两拇指成近“八”字或“一”字形并与余指组成略微后仰的半球状，食指间距略大于拇指间距。

(3) 触球手指部位。

主要为：拇指大部分指腹，食指近全指，中指近两指节，无名指近一指节，小拇指指尖。

(4) 传球点。

额头前上方约一球距离。

(5) 传球用力。

蹬地跟腰，伸肘抖腕，以大拇指、食指、中指发力为主，无名指、小拇指控球为辅。强调瞬间完成整个用力过程，且两手以包球弹击形式使球出手，避免两手外翻用力。(如图 7－6 所示)

a　　b　　c

图 7－6

2. 练习方法

主要有：① 掌握手型；② 体会手指触球感觉；③ 强化传球手型；④ 掌握用力技术；⑤ 传自抛球；⑥ 自传球；⑦ 高低变化自传练习；⑧ 对墙传球；⑨ 两人近距离向上传球；⑩对传球。

3. 传球技术种类

除正面传球外，传球技术还可衍生为背传、侧传、跳传、垫传、倒地传、单手传等。

(五) 正面上手大力发球(以右手为例)

1. 动作要领。

(1) 发球准备。

左手腹前持球，面对球网。两脚前后自然开立，左脚在前。

(2) 抛球引臂。

左手手臂微屈平稳竖直上抛，抛球高度略高于一臂膀距离。同时右臂屈肘肩上后引，上体稍向右转。

(3) 挥臂击球。

左臂向右内收，同时右臂顺着上体回转开始屈臂收肩，待肘接近击球方向，顺势加速向前蹬地甩肘并用全手掌包击球的后中部，使球形成上旋飞行过网。

(4) 击球点。

原地击时击球点应在右肩正上方，如做上步击球时击球点可适当偏前一至两球距离。(如图 7－7 所示)

a　　　　b

图 7-7

2. 练习方法

主要有：① 掌握挥臂动作；② 徒手体会完整发球动作；③ 抛球练习；④ 近距离对墙发球；⑤ 逐步加大距离的发球；⑥ 定落点发球；⑦ 记成功率的端线发球练习。

3. 发球技术种类

发球是排球比赛开始的标志，是比赛中一种重要的进攻、得分手段。由于正面上手发飘球能发出不规则飘晃飞行的球，攻击性较强，且对发球者身体素质的要求不高，易掌握，因此正面上手发飘球技术是一种较常见的发球技术。此外，较常见的还有如下技术：按性能分为发飘球和发旋转球两种，飘球除正面上手发飘球外，还有勾手发飘球和跳发飘球（起跳后发正面上手飘球）等，而旋转球主要有正面上手大力发球、勾手大力发球和跳发球等。

发旋转球的技术关键是以掌心包球并伴有推压动作，从而击出上旋球。

(六) 四号位正面扣一般高球(以右手为例)

1. 动作要领

(1) 助跑与起跳。

站在四号位，做好上步准备姿势。一至三步助跑，一步、三步助跑先迈右脚；二步助跑先迈左脚。助跑时先慢后快，在重心前移过程中判断来球与下落轨迹，当来球刚开始下落时，右脚迅速跨出接近来球，左脚及时跟上，落在右脚前方并稍脚尖内扣，同时稍降重心，制动重心前移，接着在手臂有力带动下顺势果断起跳。起跳时两手手臂需同时积极上摆，接着右臂后引并用全手掌包击球。

(2) 空中击球。

起跳后，在手臂带动下，挺胸展腹，身体稍向右转，同时左臂前上举，右臂屈肘后引。当球接近手臂够着位置时，迅速转体、收腹，然后依次带动肩、肘、腕各部位以鞭打动作向前上方弧形挥动。击球时，五指微张呈勺形，以掌心为击球中心，满掌击球的后中部，并屈腕推压使球加速上旋。

(3) 落地。

落地时应以前脚掌先着地再过渡到全脚掌着地，同时顺势收腹、屈膝，缓冲下落力量。

(4) 起跳点选择。

起跳点应选择空中球的投影在身前略接近头顶的位置。

2. 练习方法

主要有：① 徒手模仿挥臂技术；② 手持重物模仿挥臂技术；③ 模仿助跑技术；④ 原地慢跑接助跑练习；⑤ 原地慢跑转身接助跑练习；⑥ 助跑起跳摸高与击固定物；⑦ 原地起跳空中扣自抛球；⑧ 助跑起跳扣自抛球；⑨ 上网助跑起跳扣自抛球；⑩ 上网扣球；⑪ 变化条件扣球练习；⑫ 在实战中提高扣球能力。

3. 扣球技术种类

在扣球技术中，按动作可分为正面扣球、勾手扣球，按扣球时间可分为强攻、快攻，按扣球区域可分为近网扣球、远网扣球。

（七）拦网

1. 动作要领

（1）移动与起跳。

面向对方，贴近球网站立，做好移动前的稍蹲准备。当确定对方从某个位置扣球时，根据移动距离远近采用相应移动步法，边判断边移动迅速到位。短距离：采用并步移动；较远距离：采用交叉步移动（同方向腿先起动）。到位后，迎着对方扣球的助跑路线，两膝弯曲，重心下降，两臂在体侧划小弧线，经体前用力夹臂向上摆动带动身体贴网垂直向上跳起。起跳时，应把握好起跳时机。拦一般高球时，应跟着对方扣球队员起跳。拦远网球时，应在对方击球一瞬间起跳。拦快球时，应与扣球队员几乎同时起跳。

（2）空中拦击。

起跳后，身体保持收腹状态。同时两臂平行，两肩尽量上提，以提高拦网高度。手指张开，保持紧张，两手臂间的距离不得大于球。当手触及球时，迅速紧张屈腕，将球盖向对方场内。当手臂触球时，加大手臂的紧张度，调整方向将球拦入对方场内。（如图 7－8 所示）

图 7－8

（3）落地。

当球完全拦出后，方可撤臂收腹，以前脚掌先着地，屈膝缓冲下落力量，同时保持身体平稳，避免触网。（如图 7－9 所示）

图 7-9

2. 练习方法

主要有:① 掌握拦网手型;② 掌握移动起跳技术;③ 拦网触球练习;④ 拦网实战练习。

3. 拦网技术种类

从参与拦网的人数上分,拦网可分为单人拦网和集体拦网;集体拦网又可分为双人拦网和三人拦网。

(八) 其他

由于排球运动允许全身都可触球,因此排球运动的击球方式是多种多样的。以下介绍两种虽不常见但却实用的击球方式。

1. 挡球

当来球较高,速度较快,不便传或垫时,可采用单手或双手挡球形式处理球。双手挡球分为抱拳式和并掌式,它们都是利用双手手掌外侧和掌跟所组成的平面进行挡球。单手挡球是利用掌根或拳心平面进行挡球。该技术的掌握非常容易,练习方法有挡自抛球、挡墙上反弹球等。

2. 吊球

在比赛中当组织进攻战术受挫时,常需采用一些非常规的进攻办法。吊球就是一种有效的积极进攻手段,虽然其进攻球速不快,但能出奇制胜。吊球种类很多,常见的有双手传球式吊球和单手传球式吊球。

其中,单手传球式吊球的主要技术特征为五指窝成马蹄形,手指保持紧张,用手腕弹力将球弹向对方场地的空当。平时可多进行有战术意图的吊球练习,在实战中有意寻找机会,灵活采用吊球技术,培养吊球战术意图,提高吊球能力。

二、排球运动的基本战术

(一) 个人战术

1. 概念

个人战术是指不依靠与同伴的配合,单靠自己进行带有战术目的的行动。发球、一传、二传、三传、扣球、拦网、防守都可以体现个人战术。

2. 类型

(1) 发球个人战术。

利用发球落点,发向对方空当或一传差的队员;利用不同性能发球的变化,使对方难以判断和适应;利用自然条件,如光线、风向等。

(2) 一传个人战术。

利用低平球一传加快快攻的节奏;利用垫高球制造两次球的机会;利用对方的空当,直接垫到空当中去等。

(3) 二传个人战术。

利用假动作,声东击西;利用传球的速度,加快或减慢进攻的节奏,造成对方拦网的不适应;趁对方不备,突然二次吊球等。

(4) 三传个人战术。

当第三次击球不能扣球进攻时,可以突然快速传向对方的空当或找二传插上的位置;有意把球垫高,造成对方接应的困难等。

(5) 扣球个人战术。

运用扣球路线的变化避开拦网。如灵活运用扣直线、斜线和小斜线等;运用转体转腕扣球,改变扣球路线;运用超手扣球,从对方拦网队员手上将球扣过;运用打吊结合避开拦网,当对方拦网封锁严密时,先假做扣球动作,然后突然改为吊球或轻扣将球击入对方空当;可利用起跳滞空时选择扣球的时机和击球点,以避开拦网等。

(6) 拦网个人战术。

利用取位和空中变化的假动作迷惑对方。如站直线拦斜线或站斜线拦直线;在空中拦直线时,突然移动手臂拦斜线等;当发现对方要打手出界或平扣时,可及时收回手臂,使对方扣球失误;当对方扣球威胁较小或判断对方可能采用吊球时,可先做拦网假动作,随即后撤防守。

(7) 防守个人战术。

要根据对方二传的方向和落点,判断对方进攻点,及时移动取位,做好防守准备。当球离网近,本方队员来不及拦网时,可向前取位防守;当球离网远或虽离网近,但本方已有队员拦网时,可稍向后取位防守。要根据对方扣球队员的特点,采取相应的防守行动。如对方只扣不吊时,取位要靠后;如对方采用打吊结合时,取位要灵活;如对方扣球主要是斜线,就应重点防斜线。要根据本方前排拦网的情况,主动配合和弥补,如前排拦网封住直线,则重点防斜线等。要根据比赛时的比分情况,注意分析对方扣球队员的心理活动,采取有效的防守措施。如当对方扣球队员连续扣球被拦时,可能采用吊球,防守应注意向前移动等。

(二) 集体战术

1. 概念

集体战术是指两个或两个以上队员之间有组织、有目的地集体协同配合。

2. 阵容配备

阵容配备即根据球队的实际情况,合理地把全队的力量搭配好,最大限度地发挥每一个队员的技术、战术特长和作用。

阵容配备的方法主要有"四二"配备和"五一"配备两种。

(1)"四二"配备,即 4 名进攻队员和 2 名二传队员。4 名进攻队员中有 2 名是主攻队员,2 名是副攻队员。队员都站在对角位置上。这种配备方法在初学和一般水平队中采用较多。

“四二”配备的优点：每一个轮次前后排都能保持有1名二传队员和2名进攻队员，便于组织和发挥本队的进攻力量；如果2名二传队员都具有进攻力量的话，每一个轮次都可以插上，组成三点进攻，从而大大加强进攻威力。

“四二”配备的缺点：每一个进攻队员必须熟悉2名二传队员的传球特点，配合比较困难；一个队要培养出2名高水平的二传队员比较困难，而且又要求他们具有进攻能力就更不容易。

(2)“五一”配备，即5名进攻队员和1名二传队员。其目的是为了加强进攻的拦网力量。为了弥补在主要二传队员来不及传球时所出现的被动局面，可以在二传队员的位置上，配备1名有进攻能力的接应二传队员。这种配备方法目前在水平较高的队中被普遍采用。

“五一”配备的优点：1名二传队员容易培养；当二传队员轮转到后排，前排有3名进攻队员，可以加强进攻和拦网的力量；全队进攻队员只需适应1名二传队员传球的特点、习惯，在相互配合上较容易建立默契。

“五一”配备的缺点：当二传队员轮到前排时，有三个轮次只有两点进攻；防守反击时，二传队员轮到后排要插上传球难度较大。

(3) 初学者的阵容配备。初学者在开展比赛中，往往无法采用上述两种阵容配备，则可采用下列方法。

① 轮转中在3号位的队员担任二传。由于初学者尚未掌握换位方法，采用轮转到3号位的队员作二传给4号位或2号位的队员进攻，可以减少因换位出现的失误，使比赛更激烈，提高队员比赛的积极性。

② 把全队进攻和防守的力量按前后排均匀地搭配，这样可以避免因弱轮出现的连续失误。

③ 把传球较好的队员与进攻队员搭配起来，以发挥扣球队员的攻击力量。

3. 接发球与“一攻”战术

(1) 接发球站位。

指在对方发球时，接发球一方的队员位置分布。接发球站位形式很多，常见的有三种。

① 5人接发球阵型。除1名二传队员外，其余5名队员均参加接发球。如“三二”“二一二”“插上”。

② 4人接发球阵型。除1名二传队员和1名前排队员外，其余4名队员参加接发球。

③ 3人接发球阵型。除1名二传队员和2名前排队员外，其余3名队员参加接发球。

(2)“一攻”战术。

指接发球方在接发球后所发起的有组织的进攻。根据二传组织进攻时所处的位置，“一攻”战术可分为以下两种。

① “中一二进攻”战术，即二传手在3号位组织进攻。

② “边一二进攻”战术，即二传手在2号位组织进攻。

(3)“一攻”配合形式。

接发球后，通过队员的互相配合，打出多种战术变化。大致有以下三类。

① 以快球及其掩护为中心的变化举例。

一是3号位快球掩护。3号位队员快球或掩护,4号位队员可在3号位队员左面扣半高球或平拉开球及一般球。

二是3号位交叉掩护进攻。3号位队员先扣快球或掩护,2号位队员突然从3号位队员身后斜插上步扣半高球。

三是3号、4号位交叉掩护进攻。4号位队员快速跑到3号位扣快球或掩护,3号位队员斜插至4号位队员左侧扣半高球或跑到4号位扣一般球。

四是“双快一游动”进攻,用于“插上”战术。两个前排队员同时跳起扣快球或短平快球,另一前排队员进行游动活点进攻。

② 以短平快及其为中心的变化举例。

一是短平快掩护平拉开进攻。3号位队员扣短平快球或掩护时,4号位队员扣平拉开球。

二是4号位夹塞进攻。3号位队员扣短平快球或掩护时,4号位队员跑动,夹在二传与3号位队员之间跳起扣半高球。

三是3号位夹塞进攻。4号位队员扣短平快球或掩护时,3号位队员夹在二传与进攻队员之间跳起扣半高球。

四是2号位夹塞进攻。3号位队员扣短平快球或掩护时,2号位队员跑动,夹在二传与3号位队员之间跳起扣半高球。

③ 以前排快攻为中心的后排进攻举例(立体进攻)。即在前排任意点的快攻掩护下,发动后排进攻。

④ 两次进攻。即队员直接将一传球扣过网。常见的是二传队员利用传球为掩护,直接将一传球扣过网。

4. 防守及反攻战术

防守反攻是指拦、防对方进攻过来的球后组成的反击,主要由防守和反击两部分组成。

(1) 防守阵型。

指为了防住对方进攻,场上队员所进行的合理站位分布。

① 单人拦网防守。在对方攻势不大或快速多变时常采用单人拦网防守。不拦网的队员一人跟上保护或防备对方吊球。另一个人后撤参加后排防守,后排队员在距网6米处形成弧形防守带。

② 双人拦网防守。双人拦网时,有“心跟进”“边跟进”两种防守阵型。所谓“心跟进”就是由6号位队员跟进保护。而“边跟进”则是由对方扣球点同侧的本方后排队员(1号或5号)跟进保护的防守阵型,其余队员在后排成马蹄形防守,同时注意弥补拦网漏洞。

③ 三人拦网防守。当对方有明显的高点强攻意图时,可组织三人拦网,而此时后排队员在组成弧形防守站位的同时,应特别注意补漏和防吊。

(2) 反击战术。

指在遵守规则的前提下,重新调整队员分布,形成最佳反击阵型,以最大限度地发挥本队实力,完成有效反击。

① 换位。指为了能调动一切积极因素增加防守反击力量，而采取的规则允许条件下的队员重新分布。常见的换位形式有三种。

第一种，前排换位。如“边一二进攻”主攻换 4 号位，副攻换到 3 号位，二传或接应二传换到 2 号位。

第二种，后排换位。如强攻换到 5 号位，副攻换到 6 号位，二传或接应二传换到 1 号位。

第三种，换位时机。一种是前排进攻队员为了进攻形式的需要，在进攻中自然换位。另一种是为了形成最佳反击阵型，在本方发球或者“一攻”完成后进行换位。

② 反击战术形式。这是建立在防守基础上所采取的进攻形式，其进攻的配合形式与“一攻”进攻形式基本相同。

课程资源

动作示范

排球比赛基本规则简介

第八章　乒乓球运动

第一节　概　述

乒乓球作为中国的"国球"，是一项技能、体能、智能有机结合且高速度、高对抗的体育运动项目。乒乓球体轻小、球速快、变化多，具有很强的健身性和娱乐性，同时器材设备简单，不受场地和年龄性别的限制。经常练习乒乓球，可以有效调节神经系统的灵活性，改善心血管和呼吸系统的机能，发展灵敏、协调、速度等身体素质，培养沉着冷静、勇于拼搏的优秀品质。因此，乒乓球运动具有广泛的群众基础和较高的锻炼价值。

乒乓球由网球发展而来，起源于19世纪末的英国。最初名为"桌面网球"，也叫"室内网球"(indoor tennis)。一位美国制造商以乒乓球撞击时所发出的声音创造出"ping-pang"这个新词作为他制造的"乒乓球"专利注册商标。"ping-pang"后来成了"table tennis"的另一个正式名称，当它传到中国后，人们又创造出"乒乓球"这个新的词语。

乒乓球重要赛事有世界乒乓球锦标赛(简称世乒赛)、世界杯乒乓球赛、奥运会乒乓球赛等，其中以世乒赛的影响最大。从1926年第1届世界乒乓球锦标赛以来，乒乓球技术的发展主要可概括为以下几个阶段：第一阶段(1926—1951年)，为欧洲全盛期，以削球打法为主；第二阶段(1952—1959年)，乒乓球优势转向亚洲攻球，以日本队的直板全攻型打法为主；第三阶段(1959—1969年)，中国直拍近台快攻打法崛起，朝鲜乒乓球队崭露头角；第四阶段(1971—1979年)，欧洲复兴，欧亚继续对抗；第五阶段(1981—1988年)，中国乒乓球队创下世界乒乓球历史新纪录，形成"中国打世界"的局面。第六阶段(1991年至今)，世界各国乒乓球队对垒中国乒乓球队，中国乒乓球走出低谷，重攀高峰。目前，中国乒乓球在世界各项乒乓球赛事中频获冠军，无论是在运动的普及程度上还是在比赛的优异成绩上均处于世界前列。

第二节　乒乓球运动的基本技术与基本战术

本节在介绍球拍性能、握拍法、准备姿势和基本步法的基础上，教授乒乓球运动的发球与接发球、攻球、推挡球、搓球等基本技术与战术。

一、球拍的种类和性能

1. 球拍的种类

经过乒乓球运动几十年的发展，球拍历经变革，主要有以下几类。

(1) 反胶海绵拍：表面平整柔软，在海绵上贴一块颗粒向内的胶皮，有较大的黏性。

(2) 正胶海绵拍:在海绵上贴一块颗粒向外的胶皮,颗粒的高度在0.8—1毫米之间,颗粒较硬,黏性较低。

(3) 生胶海绵拍:与正胶相似,其胶体的含胶量比正胶大,故颗粒较柔软,弹力较大。

(4) 长胶海绵拍:颗粒高度在1.5—1.7毫米之间,颗粒向外,细长柔软,支撑力小。可直接贴在底板上,也可在1毫米以内的海绵上结合使用。

(5) 防弧胶皮拍:胶皮的胶齿短,胶皮厚、硬而"木",胶皮弹性差,与2毫米左右的软海绵和次硬海绵结合使用。

2. 球拍的性能

(1) 反胶拍摩擦力大,击球旋转强,反弹力差,且不易控制转球。适用于弧圈型或以削为主结合反攻打法的运动员。

(2) 正胶拍击球稳定性高,反弹力大,摩擦力小,击球速度比反胶拍快。适用于直拍左推右攻或两面攻的运动员。

(3) 生胶拍弹性强,摩擦力小,击球速度快,略下沉,能减弱对方拉弧圈球的威力。适用于近台左推右攻或两面攻的运动员。

(4) 长胶拍不易主动制造强烈的旋转,主要靠击不同旋转的球而产生相反的旋转。适用于以削为主或削、推、攻结合的运动员。

(5) 防弧海绵拍有利于消除弧圈球的强上旋,增强控制球的能力,其性能与长胶拍基本相同。两面不同性能球拍适用于削攻结合的运动员。

二、握拍法和准备姿势

(一) 握拍法

1. 直拍握法

(1) 快攻型握拍法。

拍前:食指自然弯曲,食指的第二指节和拇指的第一指节分别压住球拍两肩,食指与拇指间距离1—2厘米。拍后:其他三指自然弯曲叠放,中指的第一指节侧面顶在球拍背面约三分之一处。这种握拍法手腕比较灵活,便于利用手指来变化拍形角度、用力方向和方法。(如图8-1、图8-2所示)

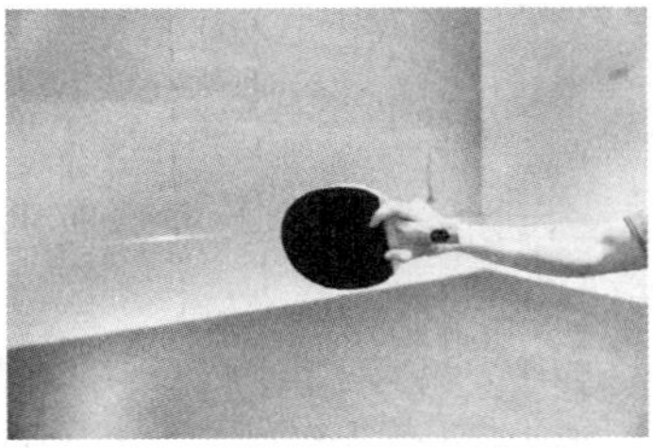

图8-1

图8-2

(2) 弧圈型握拍法。

握拍方式与快攻型握拍基本相同,区别是拇指和食指形成一个小环状。正手拉弧圈球时拍后的三指略微伸直,以利于击球时较好地保持前倾拍形的稳定。(如图8-3、图8-4所示)

图 8-3

图 8-4

直握法的特点：出手快速有力，攻斜线、直线时拍面变化不大，对方不易判断；手指、手腕运用灵活，利于处理台内小球和近身球，但反手(正面)攻球因受身体阻碍，较难掌握。

2. 横拍握法

横拍握法可分为浅握和深握两种。浅握以中指、无名指、小指自然地握住拍柄，拇指在球拍的正面轻贴在中指旁边，食指自然伸直斜放于球拍的背面，虎口轻微贴拍。深握与浅握的握法基本相同，但虎口要紧贴球拍。这两种握法，正手攻球时食指压拍，以拇指为支点与中指控制拍形与击球力量，也可将食指略向拍中部移动，利于压拍。反手攻球或快拨时，以食指为支点，拇指压拍控制拍形与击球力量，也可将拇指往上移动，利于压拍。正、反手削球时，手指基本不动。(如图 8-5、图 8-6 所示)

图 8-5

图 8-6

横握法的特点：手指、手掌与球拍的接触面积比直拍大，因此握拍相对稳定，控球范围较大，攻球和削球时手法变化不明显，便于反手发力，也适于拉弧圈球。但还击左右两面来球时，需要转动拍面，影响一定的出手速度，造成中路的薄弱环节；攻直线时动作变化明显，易被对手识破，处理台内球时不如直拍灵活。

(二) 准备姿势

击球前后，身体保持的合理姿势即为准备姿势。合理恰当的准备姿势有助于判断来球，以及及时移动到位，并运用各种基本技术完成击球动作。

击球准备姿势：以右手持拍为例，双脚开立，比肩稍宽，左脚稍前，前脚掌内侧着地，略提踵，两膝微屈，上体略前倾，重心置于两脚之间，下颌稍向后收，两眼注视来球。持拍手臂自然弯曲置于身体右侧，大臂与前臂夹角约 90 度，手腕放松，持拍于腹前，离身约 30 厘米，做到“注视来球，上体微倾，屈膝提踵，重心居中”。(如图 8-7、图 8-8 所示)

图 8-7

图 8-8

三、基本步法

步法是乒乓球技术的重要组成部分。它既是及时准确地使用与衔接各项技术动作的枢纽,又是执行各种战术的有力保证。要想在最佳的击球时间和最适宜的位置击球,除了具备快速的反应和娴熟的技术外,还要具备正确、灵活的步法。

常用的步法有单步、并步、跨步、跳步、交叉步。

1. 单步

以一脚前脚掌为轴,另一脚向前、后、左、右不同的方向移动。单步通常在离身体不远的小范围内使用,如回击近网短球或追身球。

2. 并步

并步与跳步相似,但不做腾空跳动。远离来球方向的一脚向来球方向迅速蹬地起动,先并一小步,同时另一脚向来球方向跨出一步。移动速度较快时,也可称为滑步。并步移动范围比跳步小,利于稳定重心,是削球打法常用步法之一,适用于快攻型和弧圈型打法。

3. 跨步

远离来球的一脚蹬地,靠近来球的脚向移动方向跨出一大步,重心落在该脚上。跨步幅度较单步大,常会降低重心,适用于对付来得急、角度大、离身体稍远的球,不利于连续击球。

4. 跳步

远离来球的一脚用力蹬地,使两脚同时离开地面向来球方向跳动。跳步移动范围比跨步范围大,但速度不如跨步。多用于来球距离身体较远且速度不是很快时,利于主动连续进攻。弧圈型打法、快攻型打法多用此步法。

5. 交叉步

近来球方向的脚向来球方向先做一个小垫步并用力蹬地起动,身体转向来球方向,另一脚越过近来球方向的脚跨一大步,两脚在身体前形成交叉。远离来球脚落地时击球,同时上体顺势面向球台,近来球方向的脚随之落在另一脚的侧后方。主要用于移动范围大,侧身攻后扑右方大角度的球,或再从右大角回到反手攻时。

四、乒乓球运动的基本技术

(一) 发球与接发球

发球与接发球技术是乒乓球运动最基础的技术。一方要通过发球争得主动,另一方则要通过接发球达到直接抢攻或抢位的目的,变被动为主动。因此,发球和接发球是相互促进、共同发展的技术。

1. 发球技术

(1) 正手平击发球。

特点作用:一般速度,略带上旋,是初学者最基本的发球方法,也是掌握其他复杂发球技术的基础。

动作要领:中近台站位,左脚稍前,身体略向右转,左臂屈肘掌心托球置于体侧。在抛球同时执拍手臂自然向右后方引拍,拍面稍前倾。当球从高点下落至球网高度时,上臂带动前臂向前迅速挥拍,触球中上部向左前方发力,第一落点在本方球台中央。击球后,手臂随余势摆,位于身前。

注意事项:初学者容易出现不抛球、台内击球或犯规的合力发球情况。

(2) 反手平击发球。

特点作用:出球性质与正手平击发球类似,但整个技术动作都与之差异很大。

动作要领:近台站位,右脚稍前,身体略向左转,抛球同时向后引拍,待球下落至球网高度时,持拍手以肘关节发力,由左后向右前挥拍击球中部,拍面稍前倾,第一落点在本台中央。

注意事项:初学者容易出现除正手平击发球的常见问题外,还易用球拍向前下方切击使球产生急下旋。

(3) 正手发奔球。

特点作用:球速快、落点长、角度大。球的弧线低且向左偏斜,具有较强的侧上旋。

动作要领:近台站位,身体略向右转,抛球同时向右后上方引拍,手腕放松拍面较垂直,当球下落至球网高度时,上臂带动前臂由右后方向左前方挥摆,腰同时向左扭转。击球刹那拇指压拍的左侧,手腕同时从后向前使劲抖动,球拍沿球的右侧中部向侧上摩擦,第一落点在本方端线,第二落点在对方右角。

注意事项:多发直、斜两条线,要求角度尽量大,可配合偷袭对方中路。

(4) 反手发奔球。

特点作用:为了牵制对方,偶尔使用一个反手急长球,可以压住对方反手,再突变正手,作为战术配合。

动作要领:准备姿势同反手平击发球。抛球同时向左后方引拍,当球下落至球网高度时,持拍手由左后向右前加速挥拍,拍面稍前倾,以前臂和手腕发力为主击球中上部,第一落点靠近本方端线,第二落点在对方端线附近。

注意事项:应与反手平击发球相区别,反手急球弧线低、速度快。

(5) 正手发下旋不转与加转球。

特点作用:动作相似,但旋转差异大,通过旋转来迷惑对方,从而直接得分或为第三板抢攻创造机会。

动作要领:抛球同时右臂外旋,横握拍手腕向外展,直握拍手腕作伸,向右后上方引拍。当球下落至球网高度时,手臂略外旋,拍面稍后仰,以球拍中后部偏右的地方触球,击球中部,减少摩擦,向前推力,从而形成不转球;发下旋加转球时,前臂从右后方加速向前下发力,以球拍拍头触球,击球中下部向底部摩擦。

注意事项:动作尽量相似,旋转形成明显反差,发挥发球的威力。

(6) 反手发下旋不转与加转球。

特点作用:相比正手,反手发球更注重落点变化,适用于横拍两面弧圈型打法。

动作要领:抛球同时右臂内旋,横握拍手腕略向外展,直握拍手腕作屈,拍面后仰,向左后方引拍。当球下落至球网高度时,横握拍手腕内收,直握拍手腕作伸,以球拍拍头(远端)触球,击球中部向前推力;发下旋加转时,前臂由左后方加速向右前下方发力,同时以拍头触球,击球中下部向底部摩擦。

注意事项:在落点上区分明显,切记发半出台或旋转不强烈的球。

(7) 侧身正手发左侧上(下)旋球。

特点作用:以旋转变化为主,飞行弧线向右偏拐,对方接球时易向发球方左侧上(下)反弹。

动作要领:左半台站位,侧身站,左脚在前,发球动作与正手发下旋不转与加转球动作相似,但要加大身体转动幅度,当持球手将球向上轻轻抛起时,身体随着球拍后引而向右转动。当球下落至球网高度时,腰部向左转,击球中部向左侧上方摩擦。发左侧下旋球时,手臂自右后上方向左前下方挥摆,击球中下部向左侧下方摩擦。

注意事项:横握拍发球时,尽量将握拍柄的 3 根手指松开,以增加手腕的灵活性。

(8) 反手发右侧上(下)旋球。

特点作用:以旋转变化为主,飞行弧线向左偏拐,对方接球时易向发球方右侧上(下)反弹。

动作要领:与反手发下旋不转与加转球动作相似,不同的是,拍面稍后仰,腰部略向左转动,当球下落至球网高度时,前臂加速向右上方挥摆,横握拍手腕作内收,直握拍手腕作伸,腰部配合向右转,击球中部,向右侧上方摩擦,即右侧上旋球。右侧下旋球与右侧上旋球发球区别在于:引拍向左后上方,手臂向右前下方挥摆,击球中下部向右侧下方摩擦,触球点略高于发侧上旋球。

注意事项:横握拍发球时,要加大上臂向右方挥摆的幅度。

2. 接发球判断的方法

应从来球旋转、速度、落点、弧线等几方面,综合分析并进行相应练习。

(1) 根据对方发球时的站位调整自己接发球的站位。

(2) 观察对方发球前的引拍方向、触球瞬间摩擦球的方向,判断来球旋转。即发球方拍面朝向则是接发球回接方向。

(3) 根据发球的第一落点判断来球的长短。

(4) 清楚球拍上不同胶皮的颜色及性能。

3. 接发球技术的具体运用

(1) 来球上旋(奔球)时,运用正反手攻球或推挡回接,调整回球力度。

(2) 来球下旋且长时,向后调整步法,用搓球、削球、拉球回接。

(3) 来球左侧上(下)旋球时,运用攻球和推挡(搓球或拉球)回接,拍面稍前倾(后仰)并略向左偏斜,击球偏右中上(中下)部位,以抵消来球的左侧上(下)旋力。

(4) 来球右侧上(下)旋球时,运用攻球或推挡(搓球或拉球)回击,拍面稍前倾(后仰)并向右偏斜,击球偏左中上(中下)部位;回接要点和方法与接左侧上(下)旋球相同。

(5) 来球为近网短球时,用快搓、快点或台内抢攻回接,主要靠手腕和前臂的力量。

(6) 来球为转(不转)球时,如判断不准可轻轻地托一板或撇一板,注意弧线和落点。

(7) 当长胶、生胶、防弧胶球拍发球时,通常为不转球,选择相应的方式回接。

(8) 接高抛发球时,如球触台后拐弯的程度大,应向拐弯方向提前引拍。

(二) 攻球

攻球是乒乓球比赛中快速进攻和主动得分的重要手段。攻球技术按方位分为正手攻球、反手攻球和侧身攻球三大部分。每一部分攻球技术中通常包括快攻、快点、快带、快拉、扣杀、突击、快拨、杀高球等。攻球特点是球速快、力量大、攻击性强。

1. 正手攻球技术

(1) 正手近台攻球。

特点作用:站位近、动作小、出手快。

动作要领:近台偏右站位,左脚稍前,右脚稍后,持拍手自然放松置于腹前,拍呈半横状。拍面与台面夹角约 80 度,前臂与台面基本平行,大小臂夹角约 120 度,大臂与身体夹角约 35 度。当球从台上弹起,身体带动手臂向右后转体引拍,右脚蹬地,腰向左转,持拍手由右侧向左前方挥动击球。在上升期击球的中上部,触球瞬间前臂迅速收缩,向前方为主、略带摩擦,手腕辅助发力。一般用 60%—80%的力量击球,并可借助手腕调节拍面角度、改变击球部位来变化回球落点。

注意事项:① 引拍时以肘关节为轴,而不是将整个肘部甚至连同大臂向后拉,否则会造成肘高、肩高的"架肘"现象,影响发力和命中率。② 注意球拍角度。③ 击球要注意手臂、腰、腿的配合,体会重心转换。

(2) 正手快点。

特点作用:动作小、出手快、线路活,回球带有突击性,用于进攻台内球。

动作要领:击球时前臂伸进台内迎球,球拍应低于球弹起的高度。球拍将触球时,前臂和手腕轻轻向上用力,配合内旋转腕或外旋调整拍面角度。当来球跳至高点期时触球:来球下旋强时,拍面后仰,击球中下部,前臂、手腕向前上方发力;来球下旋弱时,拍面垂直,击球中部,前臂、手腕向前发力为主,适当向上用力;来球上旋时,拍面稍前倾,击球中上部,直接向前用力。

注意事项:① 上身、前臂、右脚应同时前移,高点期击球。② "点"和"挑"虽相似,但前者以打为主,后者摩擦球稍多。

(3) 正手快带。

特点作用:出手快、弧线低、在借力中发力,落点变化多。主要用于对付弧圈球,在相持中由被动变主动。

动作要领:拍面前倾,几乎是原位迎球(减小向后引拍幅度)。手臂、手腕向左前方迎球,腰胯向左转动。来球跳至高点期,拍面前倾,球拍高于来球,击球中上部,借助腰胯的转动,利用身体重心和前臂向前的力量,在借力中发力,带有稍向前摩擦的成分,手腕保持相对稳定。

注意事项:① 近台站位,引拍动作小,把握击球时机。② 固定拍形,控球旋转。③ 需均匀用力,否则影响击球的稳定性。

(4) 正手快拉。

特点作用:出手较快、动作较小、线路活。

动作要领:准备姿势同近台快攻类似。稍离台站位肩下沉、球拍略低于来球。上臂带动前臂加速向左前上方挥动迎球,来球跳至高点期(或下降前期)触球。来球下旋强时,拍面后仰击球中下部,多向上摩擦;来球下旋弱时,拍面接近垂直击球中部,减少向上摩擦。

注意事项:① 降低重心。② 与弧圈球的区别是以前臂为主,出手相对较快。

(5) 正手扣杀。

特点作用:动作幅度较大、力量中等、球速快、威胁大。通常是在对方回接出半高球时运用,是比赛得分的重要手段之一。

动作要领:左脚稍前,手臂自然弯曲并内旋使拍面前倾,随着腰、髋的转动,手臂后拉将拍引至身体右后方,适当加大引拍距离,便于加速和发力。借腰、髋的左转及腿的蹬力,带动手臂迎球。当来球至高点期(适当可在上升期)击球,上臂带动前臂向左前下方发力,拍面前倾击球中上部,以撞击为主,略带摩擦(近网球除外)。来球不转或带上旋时,球拍位置应略高于来球。

注意事项:① 根据来球位置适当调整引拍距离。② 注意腰、髋和腿的同时配合。③ 触球前各部分肌肉需放松,保证击球瞬间的爆发力。

(6) 正手杀高球。

特点作用:动作大、力量大,主要用于进攻肩以上高度的来球,往往能直接得分。

动作要领:两脚开立,右脚稍后,身体离台略远站位。手臂内旋使拍面前倾并向右后方引拍,增大球拍与来球的距离,发挥最大力量击球,拍面前倾击球中上部。

注意事项:① 来球较高时,不宜在球跳至最高点击球,以免来球高出挥拍路线的高度,影响力量的施展和击球的命中率。② 前臂不要沉得太低,以免压不住来球而致出界。

(7) 正手攻打弧圈球(反拉)。

特点作用:出手快、力量大,是回击弧圈球的最为积极主动的技术之一,不易掌握。

动作要领:准备姿势同近台快攻。前臂上提并内旋,拍面前倾,手腕相对固定。来球弧线较高、旋转强时,球拍高于拉球,重心略上提,以"盖压"撞击为主,向前下方用力,击球后重心随之降低;反之,球拍位置略低。在腰、髋带动下,前臂收缩前迎,在来球的上升后期击球中上部,必要时可向前向上发力。

注意事项:① 注意身体带动前臂一同发力。② 在身前击球,保持拍形稳定,切忌手腕随意晃动。

(8) 正手中远台攻球。

特点作用:动作大、力量大、速度快、进攻性强,步法移动范围大,在中远台对抗中配合落点变化可直接得分或为扣杀创造条件。

动作要领:身体离台约1米左右站位,左脚稍前。击球前,持拍手臂向后下方引拍,上臂带动前臂以向前上发力为主,手腕控制拍面角度,在下降前期击球中部或中下部,触球瞬间,前臂加速用力向前上方抽击。击球后,手臂随势向前上方挥动,将球拍挥至头部高度;同时,上体左转,重心移至左脚。

注意事项:① 加大引拍幅度,身体带动前臂、手腕同时发力,保证足够的爆发力。② 中远台站位,根据来球及时调整步法。

2. 反手攻球技术

(1) 反手攻球。

特点作用:动作小、出手快、线路活,借来球反弹力还击。

动作要领:双脚平行开立,近台站位,手臂自然弯曲并外旋使拍面前倾,手腕作屈内收,将球拍引至腹前偏左。来球上升期,前臂加速挥动并外旋,手腕作外伸和外展,拍面前倾击球中上部,向右前方拨回来球。

注意事项:球拍与来球距离不宜太近,以免影响发力。

(2) 反手快点。

特点作用:同正手快点。

动作要领:近台站位,上步。身体前倾,将拍伸进台内,前臂以肘为轴由后向前挥动,根据来球旋转强弱,调整拍面。来球高点期触球:来球下旋,前臂、手臂向前上方发力,拍面略稍后仰击球中下部;来球上旋,向前发力,拍面略前倾击球中部。

注意事项:同正手快点。

(3) 反手快带。

特点作用:同正手快带。

动作要领:前臂外旋使拍面前倾,减少引拍原位迎球,将球拍置于身体左前方。来球上升期,前臂伸入台内迎前带击,手腕保持相对固定不宜发力,球拍高于来球,击球中上部,以借力还击为主,可根据来球旋转的强弱适当加力。

注意事项:同正手快带。

(4) 反手拉球。

特点作用:旋转强、速度快、有攻击力,是反手回接下旋球或在相持中主动进攻的重要技术之一。

动作要领:右脚稍前,击球前,引拍至腹前偏左处,上臂与前臂夹角约 130 度,肘关节略向前,拍面略前倾。击球时,上臂贴近身体,前臂带动手腕向右上方挥动,在下降前期摩擦球的中下部。来球下旋时,拍面略稍后仰,击球中下部,手腕向右前上方摩擦;来球上旋时,拍面略前倾击球中部,手腕相对向前发力,减少向上摩擦。

注意事项:判断好来球的旋转,及时调整拍形和用力方向。

(5) 反手扣杀。

特点作用:动作较大、出手较快、力量重、攻击性强,是还击反手位半高球的有效方法,也是得分的重要手段之一。

动作要领:离台稍远站位,腰、髋向左转动,整个手臂尽可能向左后方引拍,引拍稍高。当来球至高点期,腰、髋向右转动,肘关节内收,上臂带动前臂在身前横摆,向前下加速挥动,拍面稍前倾击球中上部,触球瞬间用力集中,手腕控制拍面以提高命中率。

注意事项:① 高点时再出手击球,以免影响力量施展和命中率。② 扣杀近网半高球时不必向后引拍。

3. 侧身攻球技术

侧身攻球的特点是速度快、力量大、攻势强,它对步法和重心交换有更高的要求。侧身攻球既可以发挥整个身体的力量,又可以弥补反手进攻能力的不足,对方很难判断出攻球的线路。一定意义上,侧身攻球使用率的高低标志着进攻能力的强弱。侧身攻球的技术内容和动作要领与正手攻球相似，在站位、引拍方向和挥臂方向上根据来球有所调整，善于运用腰部发力。需要提示的是：

（1）掌握好侧身移步的时间，通常在对方球拍触球后快速判断。

（2）侧身步法要迅速，动作要干脆。

（3）明确侧身攻球的战术意识，避免盲目侧身或是习惯性侧身。

（4）侧身时应大胆果断，攻球必须有较大杀伤力。

4. 攻球的练习方法

（1）徒手模仿练习正、反手攻球动作，体会挥臂、腰部扭转和重心转换等动作要领。

（2）自抛自攻，练习正手时，近台站位，中线偏右自抛自攻至斜线，反手相反。找准击球点，体会前臂内收发力和手腕内（外）旋。

（3）两人对练，一人抛球，另一人回击，互换练习。

（4）两人对练，直线、斜线练习，熟练后一点对两点线路练习。

（三）推挡球

1. 推挡球技术

推挡球是我国近台快攻传统打法的独特技术之一，包括挡球、快推、加力推、推下旋、推侧旋、减力挡、搓中推、推挤等。

（1）挡球。

练习方法：离台 30—40 厘米左右，偏左三分之一处站位；两脚开立，比肩略宽，左脚稍前，右脚稍后，或两脚平行；上体稍前倾，身体重心在两脚间，双膝微屈；拍面呈半横状，拍形约成 90 度；握拍时食指稍用力拇指放松，上臂和肘部自然靠近身体右侧，上臂与前臂的角度约为 100 度，肩部放松。

动作要领：引拍时上臂靠近身体，食指用力，拇指放松，前臂前伸近球。

（2）快推。

特点是站位近，动作小，借力还击，速度快，线路变化多。适用于回击一般的拉球、推挡球和中等力量的攻球；在相持中能发挥回球速度快的优势，是推挡球最常用的一项技术。

动作要领：击球前上臂，前臂适当后撤引拍，在来球的上升期击球，触球一刹那前臂稍外旋，手腕外展，拍面击球中上部。

（3）加力推。

特点是回球力量重，球速快，落点变化强。适用于对付速度较慢、旋转较弱的上旋球或力量较轻的攻球及推挡。

动作要领：击球前，前臂提起，上臂后收，肘关节靠近身体，在上升期或高点期击球中上部，上臂、前臂和手腕加速向前下方推压，右脚蹬地转腰用力推压，拍面前倾击球中上部，中指用力顶拍。

（4）推下旋。

特点是回球下旋，弧线低，落点长。通常这项技术不宜发力，且用来对付旋转强的球，因此使用具有局限性，一般当作辅助技术使用。

动作要领：击球时拍面稍后仰，上臂后引，前臂上提，将球拍引至身体前方，在球的高点期击球中下部，向前下方用力推切，触球时保持拍形相对固定。

(5) 减力挡。

特点是回球弧线低、落点短、力量小。适用于对付弧圈球。

动作要领:手臂外旋,拍面稍前倾,不用引拍,击球前身体重心略升高,在上升期触球,触球中上部,手臂和手腕稍向后收使拍面略高,放至身前,以缓冲球撞击球拍的力量,借力回击。

2. 推挡球的练习方法

(1) 徒手做挡球、推挡球动作模仿练习,动作连贯,体会要点。

(2) 自抛自攻,体会击球点和动作的完整性。

(3) 两人对练,直线练习,要求动作规范且上台。

(4) 两人对练,限定路线,反手位站位并对推斜线、中路和直线。

(5) 熟练掌握动作后,进行加力推挡。

(四) 搓球

1. 搓球技术

搓球是回接下旋球的一种过渡性技术。其特点是站位近、动作小,回击多在台内进行,搓球可分为慢搓、快搓、摆短和劈长。

(1) 慢搓。

特点作用:动作大且缓慢,是掌握其他搓球技术的基础。慢搓一般适用于回接旋转较强、路线稍长的来球。

动作要领:① 正手慢搓:身体距球台端线约 40 厘米左右。两脚平行开立,两膝微屈并收腹,身体重心置于两脚之间,引拍时,右脚往右前方跨一小步,重心落在右前脚掌,手臂外旋拍面后仰,前臂向右后方引拍,击球下降期,前臂带动手腕向下发力时增加前送的幅度,击球中下部。② 反手慢搓:与正手相同,但方向相反。引拍时,左脚上步,重心下降,上臂向左摆动,前臂向左上方提臂使球拍至左胸高度,肘部自然弯曲,前臂与上臂夹角约 100 度,手腕随前臂自然上提,使拍形后仰,在下降期摩擦球的中下部。

注意事项:① 应根据来球调整球拍角度、触球部位和发力方向。② 注意前臂和手腕的配合,切忌滥用手腕发力。

(2) 快搓。

特点作用:动作小、回球速度快、旋转强,对搓中利用快搓变化击球节奏,创造主动条件。

动作要领:① 正手快搓:站位及击球方法与慢搓相同,与慢搓不同的是快搓动作小,击球上升期时,利用上臂前送的力量,前臂配合手腕,借力还击,击球中下部并向前下方用力摩擦。② 反手快搓:与正手基本相同,但方向相反。引拍时,右上臂向左前方迅速前迎,前臂跟随向前,肘部自然弯曲,前臂与上臂夹角约 130 度,拍形稍后仰,击球上升期时,用前臂和手腕向右前下方发力摩擦球的中下部。

注意事项:① 击球点要早。② 与慢搓区别是,快搓时手腕向前送的幅度相对较小。

(3) 摆短(以直板正手为例)。

特点作用:动作小、回球快、弧线低、落点近网,略有旋转且前进力小,可阻碍对手强攻,用以还击近网下旋短球。

动作要领:与快搓基本相同,但击球时间相对提前(上升前期)。触球时,手臂前伸,利用来球的反弹力，向前下方摩擦球的中下部，手腕有一定的减力动作。要判断好来球的旋转，当来球旋转强时需将球拍放平些，旋转弱或不转球时将球拍立起些。

注意事项：① 重心向前，手臂在台内迎球时近似与台面平行。② 借力缓冲，触球瞬间向下用力的成分多于向前。

（4）劈长（以直板正手为例）。

特点作用：速度快、线路长、旋转强、弧线低平，出手凶狠。高质量的劈长可以有效控制对方上手，搭配摆短效果佳。

动作要领：与一般搓球类似，但引拍稍高（必须高于来球），在上升后期或高点期触球，前臂带动手腕迅速向前下方砍击，发力集中，动作幅度较大，身体重心随摩擦球的方向跟出。

注意事项：劈长强调爆发力。劈长后应将身体重心还原，准备下一板的防守与衔接。

2. 搓球的练习方法

（1）徒手模仿搓球动作，掌握技术要领。

（2）自抛自打，将球搓过球网，体会击球点和触球摩擦用力方向。

（3）两人对练，练习发球与接发球，可一人发下旋球，一人搓球。

（4）两人对练，固定落点和线路，熟悉后全台练习。

（五）削球

1. 削球技术

削球具有球速慢、弧线长等特点，是一项重要的防守技术。削球能够通过改变旋转、落点直接得分，或在调动对方的情况下伺机反攻。削球的重点难点是手臂、腰、腹和腿的协调用力。

（1）远削。

特点作用：动作大、球速慢、弧线长、击球点低，以旋转变化为主，配合落点变化。主要用于在远台回接旋转强烈的弧圈球，是削球运动员掌握其他削球技术的基础。

动作要领：① 正手远削：两脚分开，右脚稍后，身体略向右转，双膝微屈，手臂向右后上方移动，前臂提起，球拍上举。当来球至下降后期，随着身体向左转，上臂带动前臂同时向左前下方用力。拍面后仰，击球中下部，手腕加速发力摩擦球。② 反手远削：基本同正手削球，但方向相反。右脚稍前，球拍随腰部的转动向左后上方引，手腕稍微翘起，引至左肩上方，拍面后仰，重心在左脚，当球弹起时手臂向右前下方挥动，同时转腰，在身体侧前方摩擦球中下部，身体重心随挥拍前压，触球时发力要集中。击球后，迅速还原成准备姿势。

注意事项：发力时，以手臂带动手腕，动作向前，用力充沛。

（2）近削。

特点作用：较近站位、动作较小、击球点高、回球速度快，配合落点变化可调动对方，伺机反攻或直接得分。主要在对手拉球旋转不强或攻球力量不大时使用。

动作要领：① 正手近削：与远削不同的是，向上引拍为主，拍形近似垂直或稍后仰，整个动作以向下为主，略带向前向左，在来球的上升后期或高点期击球中下部（比远削偏中部），动作速度比远削快。② 反手近削：与正手相同，但方向相反。引拍动作应适当加快，否则有来不及的感觉。

注意事项：与远削相比，近削时身体重心略高，挥拍的动作幅度稍小，击球速度略快，以前臂和手腕发力为主，应注意加大向下切削。

2. 削球的练习方法

(1) 徒手模仿动作，做好引拍、挥拍等动作。

(2) 两人对练，练习正手或反手削平击球。

(3) 两人对练，落点练习，削直线、斜线。

(4) 练习削中反攻、控制等。

五、乒乓球运动的基本战术

从狭义上讲，乒乓球战术主要指运动员在比赛中根据对方类型打法和技术特点，而采用各种技术的方法；从广义上讲，则是指运动员为争取比赛胜利，综合运用技术、心理和身体素质的方法。

常见的乒乓球战术有以下几种。

(一) 发球抢攻战术

发球抢攻是快攻型打法利用发球的旋转和落点争取主动和先发制人的主要手段。

注意事项：① 做好发球预判，注意与第三板的衔接。② 发球动作要正确且隐蔽性好。

(二) 接发球战术

接发球战术与发球抢攻战术相抗衡，目的是破坏对方发球抢攻，由被动变主动，改变场上局面。

注意事项：① 接发球抢攻时要判断好来球性质，采用合理的进攻手段抢攻。② 来球旋转强时，采用摆短或劈长有效控制对方抢攻，接球避免连续多板搓球。

(三) 相持战术

相持战术是指在多板回合中，利用速度、旋转、落点和力量的变化来抑制对方、争取主动的重要手段。

(1) 攻两角战术：攻压对方两个大角，适用于对付步法、动作较慢的选手。可利用两条斜线调动对方，也可以采用双边直线。

注意事项：要求角度大、充分发挥斜线的威力；直线要出手快，突然性强，落点准。

(2) 压一角变线战术：连续压对方正手或反手后变线，伺机抢攻对方空当；若对方侧身进攻，则可以先配合变线，以达到牵制对方的目的。

注意事项：压一角时要求角度大、速度快；变线时要质量高、突然性强；应主动变线，但要避免习惯性变线，以免被对方适应。

(3) 调右压左战术：将对手调动到正手位并压迫离台后，再打其反手位。此战术主要牵制侧身进攻的选手。

注意事项：调正手要凶狠，回反手角度要大，否则易遭对方攻击。

六、乒乓球双打

乒乓球双打由比赛双方各出两名运动员，按规则轮流击球，分为男子双打、女子双打和混合双打。其竞赛方法和比赛规则与单打基本相同，但双打在发球、接发球及击球的顺序上有特殊的规定。球台据中线分为左、右两个半区，双打比赛时，右半区为发球区。发球时,球的第一落点必须先落到本方右半台(或中线),第二落点到对方右半台(或中线),否则判为发球方失分。

1. 双打特点

一般来说,双打技术是建立在单打技术基础之上,但两个高水平运动员配对双打并不一定在比赛中取得最好的成绩,这是因为双打有以下特点。

(1) 双打配对应团结默契、互相信任、相互鼓励。

(2) 双打运动员应取长补短,充分发挥自己的优点攻击对方的弱点,为同伴创造机会,发挥优势。

(3) 双打运动员要具备灵活的步法以及在跑动中回击各种旋转球的能力,比赛中既不能妨碍同伴的动作和视线,又要有利于自己回击下一板来球。

2. 双打配对

双打要根据打法类型以及经验进行配对组合。

(1) 左右手配对。分别在球台两侧站位,跑位时互不影响且移动范围缩小。左右手配对是最理想的双打配对方式。

(2) 弧圈型和快攻型选手配对。一个近台快攻,另一个中远台弧圈,站位一前一后,节奏一快一慢。

(3) 两个削球型选手配对。一个以快削逼角为主,另一个以旋转变化削球为主。比赛中以削球为主,有前有后,伺机反攻。

(4) 快攻型和削球型选手配对。攻球手站位近台,削球手站位中远台,削球手通过旋转为攻球手创造进攻机会。

3. 几种常见的移位方法

(1) "八"字走位。

左右手配对常采用"八"字横向或斜向移动方法(如图 8 - 9 所示),站位时要保持略偏前、偏后的区分,击球后通常向自己的反手位移动,跑动中互不干扰,能给同伴留出足够的空间,同时利于正手攻球威力的发挥。

(2) 环形走位。

同侧手配对常采用环形逆时针或顺时针转位跑(如图 8 - 10 所示),能给同伴充分让出左半台。常在发球、接发球、连续进攻时运用。

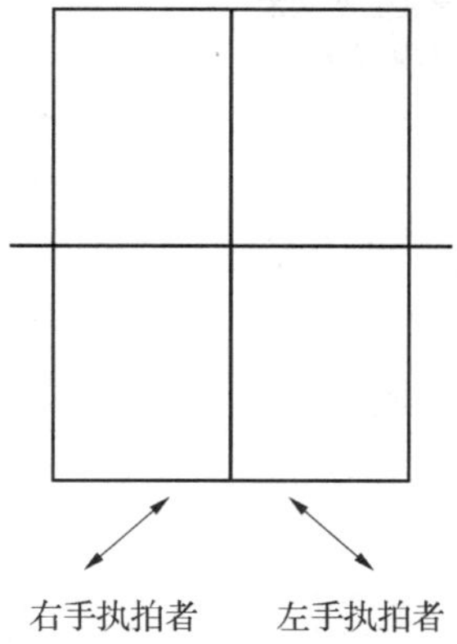

图 8 - 9

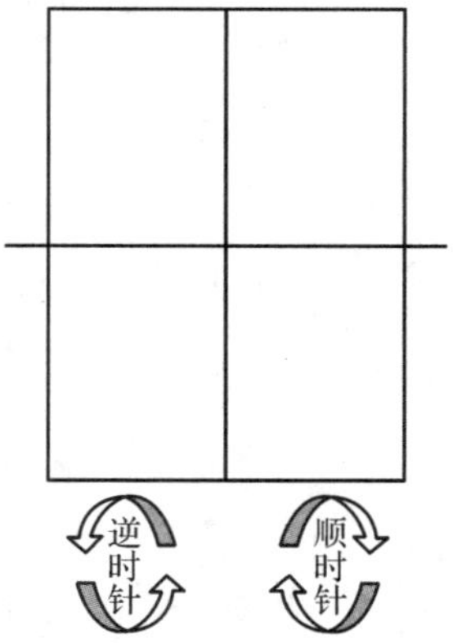

图 8 - 10

(3) “T”形走位。

快攻型选手常在近台左右移动，弧圈型选手在中远台前后移动。此方法也适用于一攻一削型选手配对。(如图 8－11 所示)

(4) “∞”形走位。

对方有意识地针对本方一名选手交叉打两角时，其移位路线多成“∞”形走位。(如图 8－12 所示)

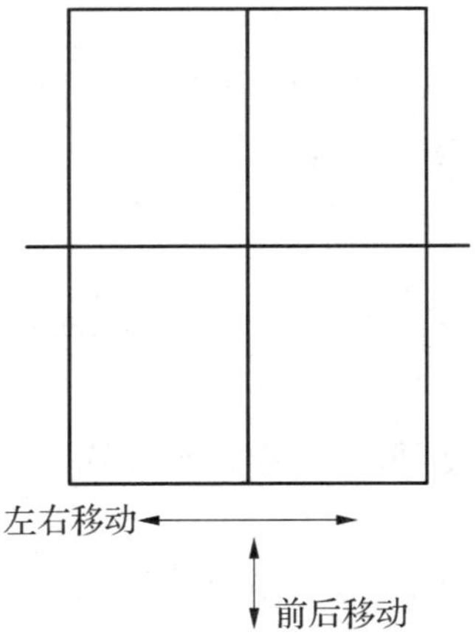

图 8－11

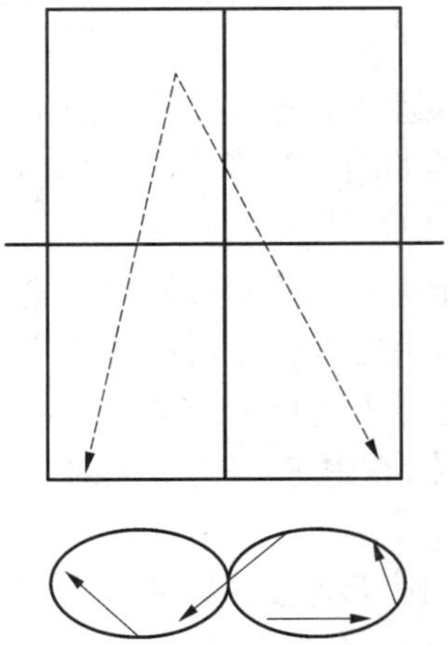

图 8－12

以上是双打移位的几种基本方法，乒乓球比赛场上瞬息万变，没有固定不变的跑位，需要双打运动员熟练配合并加以灵活运用。

课程资源

动作示范

乒乓球比赛基本规则简介

第九章　网球运动

第一节　概　述

网球运动是一项参与者手持运动器械、以得分为目的的隔网对抗性球类运动项目，与高尔夫、保龄球、桌球并称为世界“四大绅士运动”。网球运动是一项老少皆宜的体育项目和大众健身运动，有着较高的运动价值，对锻炼参与者的速度、耐力、灵敏性及柔韧性等具有积极的作用。

网球运动是一项历史悠久的运动。网球运动起源于法国，但近代网球却诞生在英国。1873 年，英国人温菲尔德改进了早期网球的打法，并将场地移向草地，提出了一套接近于现代网球的打法，并出版了《草地网球》小册子。1874 年，又规定了场地的尺寸和球网的高度，在英国创办了简易的草地网球比赛。1877 年，草地网球在英国进一步发展，并在温布尔顿举办了第 1 届草地网球锦标赛。至此，现代网球正式形成，并很快在欧美盛行起来，成为一项深受欢迎的球类运动。

1881 年，世界上第一个全国性网球协会——美国草地网球协会成立。1896 年，在雅典举行的第 1 届现代奥运会上，网球的男子单打与双打被列为正式比赛项目。1913 年 3 月，在法国巴黎成立了国际网球联合会(International Tennis Federation，简称 ITF)。它的成立为网球的进一步发展开辟了一条广阔的道路。此后，网球已经不再是少数人从事的乡村俱乐部运动，而开始面向大众，观看比赛的人也越来越多。后来由于国际奥委会和国际网球联合会在“业余运动员”问题上有分歧，奥运会的网球比赛被取消。直到 1984 年洛杉矶奥运会，网球才重新被列为奥运项目。1988 年汉城奥运会上，网球又重新被列为正式比赛项目。

20 世纪 70 年代以后，网球运动得到了进一步的发展。网球运动发展较快的主要原因有：第一，网球运动朝职业化、商业化方向发展，增加了大赛的激烈程度，从而促进了运动员技术水平的提高，激发了广大网球爱好者对该项运动的热情和观看、评论网球比赛的积极性；第二，科技在球拍等器材制造中的大量应用，促进了先进器材的生产，造就了一批年轻的优秀选手，有效地推动了网球训练的变革和竞技水平的提高，从而促进了网球运动的发展；第三，多媒体技术的产生与发展，让更多民众了解了网球。

第二节　网球运动的基本技术与基本战术

一、准备姿势

准备姿势是指比赛过程中，在发球、接发球、对手击球时所采取的身体动作姿势。下面主要介绍接发球、接对方回击球时的准备姿势。

动作要领：面对球网，两脚分开与肩同宽或比肩略宽，踝关节、髋关节、膝关节轻微弯曲，身体的重心落在两脚的拇趾上，用正手握拍法握住球拍，另一只手轻轻地扶住拍头的颈部，拍头指向前上方，同时双眼密切注意对方的击球动作，根据对方来球的方向和落点来进行身体的下一个动作。（如图 9－1、图 9－2 所示）

图 9－1

图 9－2

二、基本步法和站位

底线进攻型打法可分为反拍控制球然后正拍侧身攻球和正反拍两面攻球两种。

前一种打法的运动员以正拍进攻式侧身正拍进攻为主要得分手段，反手位的球大多用提拉式提削来控制落点，以便寻求正拍的进攻机会。因此，这种打法运动员的站位和基本活动区域是在场地底线附近偏左的范围。

后一种打法的运动员以正反拍两面攻为其主要得分手段，反手位的球用反拍进攻，有时也结合侧身正拍进攻。因此，两面进攻运动员的站位和基本活动范围是在底线附近中间稍偏左的范围。但这两种打法都以底线进攻为主，所以基本步法的移动也多有相同之处。

1. 基本步法

(1) 在来球角度不大的情况下，正反拍击球大多采用关闭式步法，即以前脚掌为轴，另一脚向前 45 度跨步，以形成击球步法。

(2) 在正拍击球时，还有一种步法叫开放式步法，即两脚平行站位，以右脚掌为轴，转胯转体形成底线正拍近身击球步法。

(3) 在来球速度较快、角度较大的情况下，击球时正反手拍的击球步法应是向来球方向斜插跑动。

以正拍为例：左脚随转体向右侧跨出，然后是右→左→右→左地向击球方向移动。正拍大角度击球步法分为开放式和关闭式，反拍击球的移动方式与正拍相同，也可采用开放式和关闭式步法击球。

(4) 在来球速度较慢、落点位于中场发球线附近时，大多采用跑动迎上的击球步法，正拍和反拍多采用关闭式。

2. 站位

站位应全面照顾正反手击球，使来球能在自己控制的范围内。

(1) 发球站位。单打发球多站在离中心点一步的距离，双打发球多站在离中心点两步的距离，要根据同伴的站位来选择。

(2) 接发球站位。接发球多站在靠近单打边线附近。

（3）击打来回球站位。当对方在右侧区击打球，应站在中心点右侧些；当对方在左侧区击打球，应站在中心点左侧些。

三、基本握拍法

在所有的网球技术中，最基本的是握拍法，它能直接影响球拍面接触球的角度。由于世界各地网球场的建造材料不同，每次的击球动作基本也不相同，而且每位球员的状况也不相同，所以对于握拍方法不必强求一致。

有关握拍方法，首先我们要了解网球拍拍柄顶端的八个面命名。一般将球拍拍面与地面垂直放置，将最上面的一个面命名为第一面，顺时针依次命名为第二面、第三面直至第八面。

（1）东方式正手：食指底部关节按在第三面上。（如图9－3所示）

（2）东方式反手：食指底部关节按在第一面上。

（3）大陆式：食指底部关节按在第二面的上部。

（4）西方式正手：食指底部关节按在第四面上。

（5）半西方式：食指关节按在第三面和第四面之间。

图9－3

四、底线正手击球技术

1. 正手击球动作

正手击球是网球运动中最重要的击球方式之一。对于所有球员来说，好的正手击球都可发展为强有力的武器。这种击球方式常用来迫使对手处于被动并控制比赛的节奏。

正手击球的步法分为开放式和关闭式。开放式是指双腿几乎和底线平行，关闭式是指双腿和底线有较大的角度。开放式多用在底线外，关闭式多用在场地内。

2. 底线正手击球

底线正手击球分为平击球击球法、上旋球抽击法和下旋击球法。这三种击法的效果是旋转和不旋转。基本要素：非持拍手辅助持拍；持拍手手臂弯曲；屈膝重心侧移；球拍底部对着来球；从下肢到腰再到上肢用力；手腕固定；击球点在身体前方；收拍要快，力量方向是前上方送出；重心前移。

（1）平击球击球法技术要领。

① 采用东方式握拍或东西方混合握拍法，以腰的扭转带动拉拍，动作放松，手腕控制好拍面。

② 充分利用腰回转和腿部的力量，整个手臂的挥动要快，用力要集中，球拍击球中部直接将球击出。

③ 挥拍动作不应过于向上，应几乎平行地向前挥动击球，这样便于压住球并控制好球过网的高度。

（2）上旋球抽击法技术要领。

① 握拍法应是东西方混合式。握拍时让左肩向前，上体扭转，以全身协调握拍，拍头下垂，手腕下转。

② 击球时，将腰扭转，左肩拉开，右肩推出，做到左右肩的交互变换，手腕与肘应稳定

地使用。

③ 击球后，把球拍挥至内侧，靠近身体。击球部位在球的中部偏上位置。

(3) 下旋击球法技术要领。

① 判断来球，及早做好准备，在球弹起后的上升期迎击球。后摆动作小，拍面略开，在击球瞬间，拍面应几乎垂直于地面。

② 击球点在身体的侧前方，击球时身体重心随挥拍动作一起向前，同时步法也相应跟上。

③ 来球是上旋球，跳得又高时，球拍应击球的中部，向前向下推动用力；如对方来球是下旋球，跳得又较低时，球拍应击球的中下部，向前并略向上推动。

五、底线反手击球技术

1. 反手击球动作

初学网球时，反手击球出现的错误应该少得多。因为反手击球时身体是比较闭合的，而且在反手侧比较容易建立良好的平衡，因此握拍手不要伸出去，非握拍手靠近身体以帮助保持平衡。由于底线反拍抽击球的力量比正拍小，故在比赛中往往都被对方当作弱点来对付。如果底线反拍抽击球技术掌握得好，就能在比赛中扭转被动挨打的局面，提高自信心。

2. 底线反手击球

底线反手击球分为单手（单反）和双手（双反），单手又分上旋球击球法和下旋球击球法。

动作基本要素：多采用关闭式站位；身体背向球网；持拍手臂紧贴身体；屈膝重心侧移；力量单反用臂，双反用腰；双反收拍要快，力量方向是前上方送出；单反双臂相向运动；重心前移。

(1) 底线反拍上旋球击球技术要领。

① 向后拉拍要早，持拍手肘关节微屈并靠近身体，向后引足拉拍。

② 击球时，球拍由后下方向前上方挥出，击球点在身体侧前方，击球时的拍面垂直地面，击球的中部偏下位置。

③ 击球后，重心由左脚移到右脚，同时正面对网，结束动作要放松并顺其自然。

(2) 底线反拍下旋球击球技术要领。

① 击球前的后摆动作是持拍手借助转肩侧身向后上方摆动球拍，拍头约与头部同高，右脚向前上方跨出，重心在左脚。

② 如果想打斜线，击球点要提前一些；如果想打直线，击球点可稍后一点。当向前挥拍击球时，可朝着球网回身转腰，肘关节外展，手臂伸直，重心前移，膝关节微屈。

③ 击球时拍面要微张开（后仰），球拍由后上方向前下方挥动做切削动作，击球后球拍的随挥动作应由下稍微向上成弧形挥动到肩或头部的高度并面向球网。

六、网前正反手截击球技术

1. 网前截击动作

截击球是在网前进行的一种攻击性击球方法，即球在落地之前，便将来球击回对方场区。在现代网球比赛中，一个突出的特点是“快”，而截击球具有速度快、力量大、威胁大的特点。因此，无论是在单打比赛还是双打比赛中，占据网上的有利位置，也就控制了整个局面。

2. 网前正手截击球动作要领

（1）眼睛看球。

（2）紧握球拍，绷紧手腕。

（3）保持拍头向上，置于胸前。

（4）用较短的撞击动作击球。

（5）击球点在前脚之前。

3. 网前反手截击球技术要领

（1）眼睛看球。

（2）手腕绷紧，手臂伸直。

（3）在身体前面击球。

（4）保持拍头向上，置于胸前。

（5）用短促侧撞击动作击球。

七、发球

在现代网球运动中，发球技术非常重要，是唯一由自己掌握的击球法。它可以不受对方制约，在较大程度上能够发挥出个人特点，有助于控制对方，为自己的进攻创造有利条件。因此，运动员必须比较全面地掌握各种发球技术，以在比赛中争取主动。

发球的站位要求在端线后，身体自然、舒适、放松地站好，两脚分开与肩同宽，前脚与端线呈 45 度，重心放在后脚上，后脚与端线平行，左肩侧对着球网，前脚距离端线 7—10 厘米。发球一般采用大陆式握拍法。

㈠ 发球的抛球技术

发球的关键是抛球，它是一个“释放”动作，只有掌握好手臂的惯性，使球平稳、缓和地离开手指，才能获得最佳的抛球效果。要避免用手臂手腕的突然动作，要用稳定、均匀的力量和动作将球抛出。

动作要领：用中指托住球，拇指和食指控制球，持球手手臂伸直，徐徐向上抬起，最后放松，尽可能让球垂直向上。球在身体前面放到球拍能达到的最高限度。抛球方向要根据发球方法而定，平击发球的抛球位置在头上 12 点钟方向，切削发球的抛球位置在头上 1 点钟方向，而上旋发球的抛球位置在头上 11 点钟方向。

㈡ 发球的整个技术

当抛球的手向上时，持拍手臂要大弧度地环绕向后拉拍。一旦球拍拉到身后，双膝微屈，腰成反弓形，球拍向前向上提升，身体像拉紧的弹簧，再利用腿部肌肉向前弹起的动力，使球拍头部十分迅速地打在球上。同时，肘与手腕向球下压。击球点是在球抛至最高点，尚未下降而停留的一瞬间。

向前挥拍击球时，重心应落在前脚，双肩与球网平行，抛球手收至身旁保持平衡。当击球后球拍下落时，应自然划弧，向抛球手一侧下方挥动。手要完全自然跟进，可快速上网，做好回击球的准备动作。

（三）发球的两种基本方法

1. 平击发球

平击发球是一种几乎不带旋转的大力发球，球的运行轨迹近于直线。发出的球力量大、速度快、落点深，给对方很大威胁。如果掌握合理，运用得法，可直接得分，素有“炮弹式”发球之称。但命中率较低，又消耗体力，一般用于第一发球。

平击球的技术要领如下。

（1）球要抛在握拍手的侧前上方。

（2）向上挥拍时，身体要像放开的弹簧。

（3）在身体前面击球，并使重心跟进。

（4）球拍应斜挥过身体，结束于持拍手异侧的身体下方。

2. 切削发球

切削发球是运动员经常使用的发球方法。它采用东方式反手握拍法，发球带有侧旋，以球拍头部在一定位置与球接触时，擦过球的背面，使球曲线进入发球区。这种发球安全率较高，可用于第一发球，也可用于第二发球。不过此种发球比平击发球速度要慢。

切削发球的技术要领如下。

（1）采用东方式反手握拍法。

（2）将球拍正确地拉至背后，并抬起肘关节。

（3）保持抬头，以便眼睛始终看球。

（4）击球时做扣腕动作。

（5）球拍斜挥至身体另一侧，完成随挥动作。

八、网球的双打技术

双打特点是谁控制了网前的制高点谁就有更多的得分机会。同时，双打对球员技术及各方面的要求也很高，诸如发球、接发球的水平，场上的反应判断能力，网前处理球的能力，进攻及防守反击的能力等。这些技术及各方面的能力都需要在平时加强训练和培养。

（一）双打的基本站位

双打中，两人应站位合理，移动迅速，配合默契，击球质量高，在比赛中就能占据主动位置。

1. 双打中发球员及其同伴的几种站位

（1）同伴站位在网前，发球员发球后立即上网。

（2）同伴在网前中线或靠近中线，发球员发球后根据同伴的要求进行上网。

（3）发球员的站位应根据网前同伴站位以及战术意图来及时调整，采用便于上网和便于封网的站位，以达到发挥自己的进攻优势、控制网前的目的。

2. 双打中接发球员及其同伴的站位

（1）前后站位。同伴站在发球线和球网中间，接发球员站在底线后或底线内。

（2）双底线站位。同伴与接发球员都站在底线。

接发球员与同伴的站位，应根据对方发球与网前的威胁及发球与网前的成功率进行调整，在接发球破网的防守反击中伺机上网，抢占网前的有利位置。

（二）双打的基本技术

1. 双打中的发球

双打中的发球一般应达到如下要求。

（1）提高第一发球的成功率和质量，用80%的力量发出平击、侧旋、上旋球，命中率达到70%以上；第二发球利用旋转，加强落点的控制，尽量减少第一发球和第二发球之间的差别，从而真正显示出发球在双打中的直接进攻优势。

（2）用不同的发球及变幻无常的落点，来控制发球局的主动权，使对方接发球员难以适应，以破坏对方接发球员的进攻节奏。

（3）根据同伴在网球封网的站位和对方接发球员的站位及技术特点来选择发球和发球落点，为网前同伴的抢网和发球上网截击得分创造有利条件。

由于双打中对手的不同，发球的旋转与落点的使用也不同。例如对方接发球员站位靠前，即站在端线以内，接发球以上网为主，攻势较强，那么发球员就应注重控制落点和旋转，一般以发侧旋球和上旋球为主，配合向中路发平击球，破坏对方接发球抢攻，争取发球局的主动。

2. 双打中的接发球

双打中的接发球原则是向前逼近，采取攻势，给对方发球者造成心理压力，为己方从被动转为主动和上网截击创造有利条件。

双打中的接发球应达到如下要求。

（1）面对发球员早做准备，站好位置，判断准确，胆大心细，向前迎击。动作小而快的接发球能提高接球的成功率和质量，使发球方处于困难的境地。

（2）双打中的接发球应有计划地向发球者进行回击，决不能轻易打给网前选手。判断出对方发球上网后，应立即迎上击球，用低球回击至对方脚下，然后随接发球上网。

3. 双打中的网前技术

双打中的网前技术，不仅要有良好的判断、快速的反应，还需要有敏捷的步法移动和娴熟的截击球技术，网前截击球要求干净、利落，并具有威胁力。

双打时的网前技术应达到如下要求。

（1）发球方。

① 如对方接发球没有上网，发球上网后的第一次截击球应截击至接发球员处，然后继续向网前贴近。要求截击拦得平而深，质量要高。

② 如对方接发球上网，发球上网后的中场第一拦应拦至对方上网者的脚下或两条双打线内。要求控制好球的力量，以便拦出好的落点。

③ 发球方同伴应根据发球员的发球质量及对方接发球的习惯进行抢网，干扰对方接发球。要求拦网球拦至对方脚下或两条双打线内。

（2）接发球方。

① 接发球上网后的网前截击球，应根据对方发球后的拦网质量，迎上截击或控制球截击，将球拦至对方脚下，或两人中间的空当，或两条边线区内。

② 如果发球质量较高，对方发上中场第一拦起高球，接发球员的同伴应立即抢网截

击，要求动作突然，击球凶狠。

4. 双打中的挑高球技术

挑高球技术在双打比赛中占有一定的地位和作用，如能挑出好的带进攻性的上旋高球，就能控制对方上网的速度，使对方上网后多一层心理顾虑，同时又能有效地变被动为主动。如在很被动的情况下，挑出高而深的防守性高球，同样也可以达到破坏对方进攻节奏的效果。

双打中挑高球应达到以下要求。

(1) 挑高球时动作要隐蔽，出手要快，尽量朝贴近网前的对手后面挑。

(2) 不要对方一上网就挑高球，要等对方拦了一板球后贴近了网前，再突然挑高球。

(3) 高球要挑到防守的后场，同时应立即上网抢占网前进攻位置。

5. 双打中的高压球技术

双打中的高压球与单打中的高压球一样，要求干脆果断，不拖泥带水。对于打高压球来说，力量不是主要的，更重要的是球的落点与角度。

双打中的高压球应达到以下要求。

(1) 如对方两人都站在底线不上网，高压球应压在落点深处，在对方两人的中间或压大角度至双打边线。

(2) 当对方有一人还在中场或网前，高压球应压到对方网前选手的脚下。

(3) 如防守高球挑得深，这时应注意先压成功率，把落点压深，以求得第二次进攻，如对方挑得浅，可上前一板将其扣死。

6. 双打中的底线抽击球技术

双打中的底线抽击球技术主要适用于接发球破网和底线破网，要变被动为主动，并能得分。

双打中的底线抽击球破网应达到以下要求。

(1) 底线破网要有成功率，力争每个球能回击过去，让对方网前出错误，然后再伺机进攻。

(2) 底线破网要凶、巧结合，平、高结合，即快打与软打相结合，平抽与挑高球相结合；使对手在网前因捉摸不透，判断不准而出错。

课程资源

动作示范

网球比赛基本规则简介

网球的“鹰眼”技术

第十章　羽毛球运动

第一节　概　述

羽毛球是一项在室内外都可以进行的体育运动。经常进行羽毛球运动，能促进人的力量、速度和耐力素质的提高，改善心血管系统的机能。此外，羽毛球运动要求练习者在短时间内对瞬息万变的球路做出判断，果断地进行反击，能够提高人体神经系统的灵敏性和协调性。因此，羽毛球运动既是一项技巧性很强的竞技运动，也是一种普及性的大众健身运动。

早在两千多年前，一种类似羽毛球运动的游戏就在中国、印度等国出现。现代羽毛球运动诞生于英国。1875 年，羽毛球运动正式出现于人们的视野中。1878 年，英国又制定了更趋完善和统一的规则。1893 年，英国的羽毛球俱乐部逐渐发展起来，成立了第一个羽毛球协会，并于 1899 年举办了第一次羽毛球锦标赛。1934 年，由加拿大、丹麦、英国、爱尔兰、荷兰、新西兰等国家发起成立了国际羽毛球联合会。随后羽毛球运动逐步流传到世界各地。

随着国际羽毛球联合会的成立，1948—1949 年举行了第 1 届“汤姆斯杯比赛”，1956—1957 年度举办了第 1 届“尤伯杯”比赛，1977 年举办了第 1 届世界羽毛球锦标赛，1979 年举办了第 1 届世界杯团体赛。这些就是当今羽毛球运动的四大国际比赛。羽毛球在 1992 年巴塞罗那奥运会上被列为正式比赛项目，设男女单打，男女双打比赛；在 1996 年亚特兰大奥运会上，羽毛球混双被列为比赛项目。从此，羽毛球运动进入新的发展时期。

20 世纪 20 年代初，羽毛球运动传入我国，主要在一些城市的教会学校开展。新中国成立后，羽毛球运动在我国得到了迅速的发展。20 世纪 70 年代以来，我国羽毛球队跻身世界强队之列，涌现出一大批优秀的羽毛球运动员。1982 年，我国男子首次参加第 12 届汤姆斯杯比赛并获得冠军，此后多次获“汤姆斯杯”冠军。1984 年，我国女子首次参加第 10 届尤伯杯比赛并获得冠军，此后也多次获得“尤伯杯”冠军。在 2008 年北京奥运会上，中国羽毛球队获得男子单打、女子单打、女子双打冠军。在 2012 年伦敦奥运会上，中国羽毛球队获得奥运会全部 5 枚羽毛球金牌。我国不仅在羽毛球运动和比赛中为世界羽毛球运动的发展做出了贡献，而且大力促进了群众羽毛球运动的发展，使羽毛球成为各个地区群众性运动的主要项目之一。

第二节　羽毛球运动的基本技术与基本战术

一、羽毛球运动的基本技术

羽毛球的基本技术包括握拍方法、发球方法和击球方法。击球方法中又包含高远球、平高球、吊球、挑球、扣杀球等。在学习羽毛球的基本技术中，应强调技术动作的规范化，特别应注重正手与头顶部位的高球、吊球、扣杀球技术的结构和相应的步法训练。

(一) 握拍方法

学会正确的握拍方法是掌握合理、准确、全面的击球技术的前提条件。握拍方法主要有正手握拍法和反手握拍法两种。

正手握拍法是虎口对着拍柄窄面的小棱边，拇指和食指贴在拍柄的两个宽面上，食指和中指稍分开，中指、无名指和小指并拢握住拍柄。（如图 10－1 所示）

反手握拍法是在正手握拍的基础上，将拍柄稍外旋，食指向中指靠拢，拇指内侧顶在拍柄的宽面，其余三指放松并拢握住拍柄，柄端靠近小指根，拍面稍后仰，掌心、拍柄、小臂间要留有空隙，以便发力。（如图 10－2 所示）

图 10－1

图 10－2

(二) 发球方法

1. 高远球

发高远球是把球发得又高又远，球的飞出方向与地面的夹角要大于 45 度。当球落到右臂向前下方伸直能够接触到球的刹那，紧握球拍，并利用手腕屈收的力量向前上方发力击球，然后顺势向左上方挥动缓冲。

2. 网前球

网前球是指球刚好越网而过，落在发球线附近的球。发球时，拍面从右向左斜向切击球托后部，使球尽量贴网而过，落在对方前发球线附近的发球区内。正手发网前球时，上臂动作要小，主要靠前臂带动手腕向前切送；反手发网前球时，球拍触球时拍面应呈切削状，手腕柔和发力，由后向前推送击球。

(三) 击球方法

1. 高远球

判断并注视来球，侧身移动调整人球位置关系，上臂往右上方抬起，前臂自然后摆，手腕尽量后伸外展。随后前臂急速内旋，快速往前上方挥动，在手臂自然伸直的最高点手腕发力击球，击球点在身体正上方。

2. 平高球

击平高球与击高远球的动作类似，只是在击球时，手腕是向前用力而不是向前上方用力。

3. 吊球

球下落到接近击球点高度时，右腿开始蹲伸，身体由右向左转动。腰腹协调用力，上臂带动前臂，利用伸肘关节、前臂旋内和屈腕的力量，向前下方轻击来球，或向左侧挥拍摩擦球托，击球点稍偏前。

4. 挑球

挑球是把对方击来的吊球或网前球挑高回击到对方后场去。击球前球拍后引，以肘关节为轴，屈臂内旋，握紧球拍，用食指及手腕的力量将球向前上方击出。

5. 扣杀球

击球时，先快速后退，向上架拍；然后在球开始下落时靠脚尖蹬地的力量起跳。击球时应充分利用腰腹力量，以大小臂带动手腕快速下扣。

羽毛球击球点包括三方面内容：一是拍和球的接触点距地面的高度；二是接触点距身体的前后距离；三是击球点距身体的左右距离。选择的击球点是否合适，决定着击球质量的好坏，影响着击球的力量、速度、弧线和落点，并最终决定击球的命中率。因此，选择合适的击球点至关重要。选择合适的击球点应做到以下三点：一是判断要准；二是步法要快；三是移动要到位。

二、羽毛球运动的基本战术

（一）发球抢攻战术

从发球的第一拍起，就争取控制对方，以攻杀得分。这种战术一般为发网前低球结合平快球、平高球，争取第三拍主动进攻。

（二）进攻后场战术

此战术是通过击高球、重复压对方的底线两角，造成对方被动，然后寻找机会进攻。对羽毛球初学者来说，这是较有威胁的基本打法。它的特点是通过高球把对方推到后场底线，使得对方回球不到位，伺机扣杀或打出短球。这种打法主要以力量制胜。运用这种打法首先要求自己的高球必须打到对方底线，同时也要有和对方进行后场对抗的能力。

（三）打四方球技术

打四方球是攻击对方场区的四个角落，以快速击球和准确的落点调动对方前后左右奔跑，打乱对方阵脚，待其来不及回中心位置或回球质量较差时，向其防守薄弱部位发动进攻。这种打法，要求具有快速、灵活的步法，稳健的防守，以及准确控制落点和强力进攻的能力。

（四）拉、吊上网战术

此战术是常用的一种积极主动的进攻打法。它的特点是以进攻性的平高球压制对方于后场两底角，而后吊球或劈杀引对方上网，再迅速上网控制网前，以网前搓球结合推后场底线制造对方回击的困难，从而创造中后场大力扣杀的机会。这一战术要求有较全面的技术，能攻善守，步法、手法快速灵活，特别是要有较细腻的控制网前的技术。学习者通常可以在掌握了解较全面的技术后使用。

(五) 打对角线战术

这种战术的目的很明确，主要用于对付身体灵活性差、转体较慢的对手，不论是进攻还是防守，均以打对角线球为主，从而有利于抓住合适的战机加以攻击。

课程资源

动作示范

羽毛球比赛规则简介

第十一章　垒球运动

第一节　概　述

垒球运动起源于美国，由棒球运动演变而来。由于棒球运动需要的场地太大，雨雪天气时无法在室外活动，1887 年在美国芝加哥，人们首先将棒球场缩小并移至室内进行，时称“室内棒球”，数年后又改在室外进行。1933 年，美国业余垒球协会成立，制定了统一的竞赛规则，并根据球的软硬程度，正式将这项运动命名为“softball”（垒球）。自此，垒球运动逐渐流行于世界各地。1952 年，国际垒球联合会（International Softball Federation，简称 ISF）成立，有力地促进了垒球运动的传播与发展。1996 年，垒球在亚特兰大奥运会上被列为正式项目，但只有女子项目，并于 2012 年退出奥运会。2016 年 6 月，垒球重返奥运会，于 2020 年东京奥运会上成为正式项目，这是继 2008 年北京奥运会之后，垒球时隔 12 年再次重返奥运大家庭。

垒球运动于 20 世纪初传入中国。新中国成立后，1959 年第 1 届全国运动会上有 21 个省、市的女子垒球队参加比赛。中国垒球协会成立于 1979 年，并于 1979 年 11 月正式加入国际垒球联合会。垒球运动在中国迅速发展，在亚洲一直处于领先地位，在第 11—13 届亚运会上中国女垒均获冠军。1996 年第 26 届亚特兰大奥运会上，中国女子垒球队一路闯关最后获得亚军，确立了中国女垒国际强队的地位。

垒球运动是一项集体性对抗运动。它的基本技术如传球、接球、击球和跑垒等，都是人们日常生活中常用的基本活动技能，动作自然舒展，比较容易掌握。比赛时，攻与守截然分开，运动量有张有弛，设备比较简易，场地可适当地扩大或缩小，各种年龄的人都可以参加这项运动。经常参加垒球运动，能发展传、投、击、跑等基本活动能力，培养灵活机敏、反应迅速、坚毅顽强的能力，全面增强体质。

第二节　垒球运动的基本技术

垒球基本技术是垒球运动中所需要的专门动作和方法的总称。从垒球运动的特点和比赛的方法来说，基本技术分防守和进攻两大类。其中，防守技术有传球、接球、投球、“封杀”、“触杀”、“夹杀”，进攻技术有击球、跑垒等技术。

一、传球技术

传球是防守队员有目的、有意识地互相配合，阻止对方进攻队员上垒、进垒、得分，迫使其出局的主要手段。在比赛中，守场员传球要准、快、稳。传球一般常用的方法有肩上传球、体侧传球和低手传球三种。

(一) 肩上传球

肩上传球的特点是从肩上传球，以肩部用力为主，传出的球，球路平直、有力，是最主要的传球技术。在比赛中，这种方法多用于内场手之间的中远距离传球。

1. 握球

垒球球体较大，一般用四指握球，即拇指、食指、中指、无名指。手指自然分开压在球的顶部球缝上，拇指第一关节托扣在球的左侧下方，小指弯曲贴球。握球时掌心要空出，虎口处可留有一定空隙。握球不能太紧或太松，过紧手腕僵硬影响传球的力量速度和准确性，过松则容易使球滑出或脱落。(如图 11－1 所示)

a　　　　b

图 11－1

2. 传球(以下均以右手传球为例)

(1) 传球前的准备姿势。准备传球时，可先向右转体，重心置于右脚，微屈膝，脚尖略偏向右侧。同时左脚向传球方向自然迈出半步，以前脚掌内侧着地、提踵、膝内扣稍屈。左肩正对传球方向，两肩要平，含胸、收腹，左臂自然屈于胸前，两眼始终注视传球目标。在左脚迈出的同时，持球手臂经体侧或肩侧向后引球，经肩上到耳上方。此时，上臂与肩齐平，屈臂，肘外展并与前臂约呈 90 度，手腕放松，掌心向前，身体自然舒展，准备传球。(如图 11－2 所示)

图 11－2

(2) 传球时，右脚伸蹬，推送臂部，上体重心向前平稳移动，左脚向前伸踏以全脚掌着地(落在右脚跟延长的左侧)，脚尖转向传球方向。当左脚迈出的同时，以髋带肩继续向左侧前转，右肘领先，前臂由后向前顺势引球，手腕后屈，掌心向上，在肩前上方随即甩摆前臂，以鞭打动作收腕，左膝微屈，球从食指、中指间拨离出手。远距离的传球，应采用幅度较大的摆臂动作。球出手后，上体顺势转向左侧前，手臂随身体惯性送出自然落下，右脚向前跟进一步，恢复到准备接球的姿势。

(二) 体侧传球

体侧传球，一般是在接得较低的球后，由于时间紧迫，来不及直体引臂，需要尽快传球时而采用的一种传球方法。其动作特点是以肩、肘关节用力为主，引球于体侧后，在体侧前出手，传球动作幅度小、球速快。

(三) 低手传球

低手传球以手腕用力为主，持球臂向后摆，动作快而简便，出球平稳。这种方法多用于在垒位附近的近距离“传杀”和“双杀”配合中。

二、接球技术

在比赛场上，防守队员一方面要积极主动截接对方击球员击出的各类球，另一方面还要准备稳妥地接好本方队员从不同位置、距离传来的球。接球本身是一项重要的防守技术，此外，它与传球、“触杀”等技术紧密结合，又是协同完成防守任务的重要组成部分。

(一) 接球的准备姿势与移动

1. 接球的准备姿势

两膝微屈稍内扣、收腹、上体自然前倾，身体重心置于两脚间，两手置于体前或膝上，面对来球方向，两眼平视前方。当击球员开始挥棒或传球队员挥臂传球时，接球者身体重心前倾，做好起动或接球准备。

2. 移动

能及时地移动是扩大防守范围的重要因素。击球员击出的球的方向、高度、速度变化莫测，防守队员必须随时做好向任何方向移动的准备。

(二) 接球的方法(以下均以左手接球为例)

根据来球的不同情况，有接平直球、地滚球、弹跳球、腾空球之分。比赛时，防守队员首先要带好手套，将左手五个手指伸入手套各个指鞘中，以舒适、伸屈转动自如为宜。

1. 接平直球

平直飞行或高度不超过头的腾空球均属平直球。平直球来得都比较快而猛，此时应左臂弯曲，左手置于胸前，掌心向前，手指向上自然伸展，右手自然屈指，拇指侧贴在手套拇指指鞘侧后。当球接近身体前，手套对准来球，双手前伸，用手套拇指与食指间靠近指根部位去接球，同时右手及时合手护球，两肘微屈后收以减缓来球的力量，紧接着持球后引，立即做好下一个传球动作的准备。

如来球低于腹部时，接球时要降低身体重心，两膝弯曲半蹲，两臂下垂稍屈，左肘内收，接手手指向下，掌心向前、右手小指附在手套小指指鞘侧后对准来球。球临近身前时，迎前用手套接球，右手翻手合拢护球，同时稍向后收以减缓来球力量。

2. 接地滚球

接球时首先要准确地判断球的方向，身体立即迅速移动，对准来球方向，两眼注视来球。当球接近身体前约 3 米左右时，右脚先垫半步，左脚随即向前迈出，两脚左右开立宽于肩，下蹲成“V”字形。左脚稍侧前，全脚掌着地，右脚提踵，重心在两脚间，上体前倾与地面接近平行，臀部降低，两臂下垂稍屈肘内收，手指向下，掌心向前接近地面。球近身前时，双手迎前接球，球触手套的同时，顺势后引减缓球的力量，右手翻手合拢护球。若球的速度快、力量大，左手与地面所成角度应接近 90 度。若球速慢，左手可稍放平一些，这样更有利于接稳球。

3. 接弹跳球

接球时主要是要盯准球，判断来球的高低、远近以及力量大小等。调整好接球的步伐与掌握接球的时机对接弹跳球来说非常重要。

4. 接腾空球

接球前先要准确地判断球飞行的方向，判断球的落点，并迅速移动到落点处。两脚开立与肩同宽，两膝微屈，两手放松置于身前，身体保持平衡。当球接近身前约 3—4 米时，伸出两臂，肘稍屈，两手举至头前上方，拇指靠拢，掌心向前，当球触手套时合手接球。若是直上、直下的球，也可用左手掌心向上，并与右手一起置于胸腹前，小指靠近，合手接球。接距离较远、难度较大的腾空球时，先转身快速跑动，到达球的落点附近时，跨步或转身，单臂伸出接球，接得球后，及时调整步伐，做好传球的准备。

三、投球技术

投球是垒球比赛的开始，也是比赛的关键。通过投球，可以遏制对方的进攻，限制对方上垒和得分。投球的变化，可以使防守方变被动为主动，并能有效控制比赛，取得胜利。

投手是防守队场上的核心队员，在比赛战略上，投手虽然处于防御地位，但却起着控制防守局势、控制对方攻势的作用。投手的强弱，关系着能否加强或消除对方攻势。比赛时，要求投手准确地投出好球，而且还要根据对方的情况和战术需要，准确地投出快慢不一，线路不同，以及变化多端的曲线球等。

(一) 准备动作

投球准备动作分为握球方法、踏板方式和身体姿势。

(1) 握球方法：握球时，在握球时要握得紧些，手指尽量压在球的缝合线上，可横向压线也可纵向压线，以拇指、中指和食指用力为主。

(2) 踏板方式：投球时，两脚要踏在投手板上，可平行站立，两脚踏触投手板前沿位置，两脚距离略小于肩宽。也可前后开立，左脚略靠后些。

(3) 身体姿势：准备投球时，身体自然直立，保持放松，两脚平行或前后站立于踏板，右手握球于手套中，两手置于胸腹间，两肩与一、三垒连线平行，目视接手。

(二) 后摆投球

后摆投球是垒球的投球方法之一，通过跨步、蹬地、摆臂等动作，来增大球的速度；通过手指的拨送，使球的运动轨迹发生变化，是一种有效的投球方法。后摆投球的动作方法如下。

(1) 投手持球两脚平行或前后站立于踏板上。

(2) 右臂直臂从体侧向后上方摆动，同时上体前倾，左肩向前，重心移至右腿。

(3) 右臂后摆接近最高点时，左脚向前跨出一大步，右脚蹬地，重心向左脚移动，同时转髋，上体带动手臂加速向前下方摆动，手臂贴近体侧前摆至体前，手指、手腕用拨送动作将球投出。

(4) 投球后身体跟进，上体前倾，做好防守准备。

(三) 绕环投球

绕环投球是目前垒球比赛中应用较多的投球方法，这种方法增大了绕环角度，使投出的球速度加快。同时这种方法也便于控制出球，能够投出多种变化球。其动作方法如下。

(1) 投手右手持球投球时，两脚前后站立于踏板上，重心在右脚，右臂沿体侧向后预摆，然后加速向前摆动。

(2) 右脚蹬地，左脚向前跨步，右臂以肩关节为轴绕环360度，摆至最高点后加速下摆。

(3) 肘关节、腕部和手掌外展，借助右脚蹬地、身体前移的力量，带动右臂加速前摆，摆至髋部时，手腕、手指拨送球。

(4) 投球出手，身体前移，做好防守准备。

四、"封杀""触杀"与"夹杀"

(一) "封杀"

1. "封杀"

进攻队员被迫进占前一个垒位或被迫返回原占垒位时为"封杀"局面，在他未进占或未返回原垒位之前，防守队员已持球触踏其应到达的垒位，判该跑垒员出局，这就叫作"封杀"。

2. "封杀"动作要领

"封杀"接球方法略同接平直球。接球时防守队员面向来球方向，先以一只脚前脚掌触踏垒垫的内角前沿，另一只脚向前跨一大步，上体前倾，两臂前伸，力争尽早接获来球。这种方法一般用于接较远距离传来的球。球若传偏时，应先去接球，再转回用单脚踏垒。

"封杀"的另一种步法：防守队员面对来球，两脚左右开立站在垒前一步左右的地方，当球接近身体时，探身、手臂前伸接球，同时以一只脚后伸，用前脚掌触踏垒垫。

(二) "触杀"

1. "触杀"

击跑员或跑垒员在跑垒途中，被防守队员用持球手触及身体任何部位而出局的防守动作，这就叫作"触杀"。

2. "触杀"动作要领

(1) 垒侧站位"触杀"法。

防守队员两脚左右开立约与肩宽，两膝微屈，上体前倾，同接平直球的准备姿势相同，面向传球和跑垒员跑进方向，站在垒位侧前方，接球后即顺势或反势向左(右)侧转体，以接球的手或前臂触碰跑垒员的下肢或身体其他部位；也可以将持球手直接置于垒垫前的跑垒员触踏、滑、扑垒必经之处，使跑垒员主动碰触持球手而出局。当持球手触及跑垒员后应立即收臂，并做好传球的准备。

(2) 跨立垒垫两侧站位"触杀"法。

防守队员面对跑垒员，两脚左右开立、屈膝、身体重心降低，跨立在垒垫前半步的两侧。接到传来的球后，立即顺势用持球手"触杀"滑垒的跑垒员，但是这种站法有时容易与跑垒员发生冲撞，造成伤害事故。

(三) "夹杀"

指跑垒员在两垒间正处于进退两难之际，受到防守队员的"追""夹"威胁，最后防守队员以"触杀"动作使其出局的全过程。在"追""夹"过程中，防守队员应活动在垒线的一侧(视线清楚、便于传球)，以单手持球、屈臂、高举肩上为宜，前臂可前后摆动，以困惑跑垒员，最后以"触杀"完成"夹杀"任务。

五、击球技术

击球是一项难度大而又极其重要的进攻技术。进攻由击球开始，击球员只有成功地将球击出，才能达到自己上垒并为同伴创造进垒、得分机会，为全队胜利创造条件的目的。

(一) 球棒的选择与握棒法

1. 选棒

球棒是击球的工具，比赛用的垒球棒的形状、质量、粗细等都有具体规定。每个击球员应根据自己的身高、体重、臂力强弱以及击球的特点和习惯，选用得心应手、挥动自如的球棒，为击好球创造条件。

2. 握棒法(均以右打者为例)

(1) 长握法。左手在下沿着球棒底部握棒，右手在上靠拢左手。这种握法，由于力矩长，摆幅大，击出的球有力量，打得远，臂力较好者可采用(如图 11－3a 所示)。

(2) 短握法。左手在下，距离球棒底部约一拳头的距离，右手在上，两手靠拢。这种握法，由于力矩短，起棒快，摆幅小，击中率较高，但力量较差。一般臂力较弱者或击快速球时采用这种握法。(如图 11－3b 所示)

a

b

图 11－3

(二) 击球的站位与站法

1. 站位

站位是指击球员站在击球区内时两脚的位置。一般分为远、近、前、后、中五个位置。远位与近位是指击球员两脚站立位置距本垒板中心线垂直距离的远近；前位与后位是指两脚站立位置在击球区内的前后；中位则是指居于两者之间的位置。站位的选择根据投球的变化和战术要求而定，一般来说远位便于击内角球；近位便于击外角球；前位便于击慢速球；后位便于击快速球；中位则比较灵活，在正常情况下和初学击球者多选择中位。

2. 站法

击球时除选择位置外，还有站法的问题。站法是指击球员击球时两脚所站的前后位置。站法有“封闭式”“开立式”“平行式”三种。击球员可根据情况和需要灵活运用。

3. 击球方法(以下均以右打者为例)

击球方法分为挥击法和触击法两种。

(1) 挥击法。

挥击(长挥)是指击球员全力挥棒击球的方法。

① 击球准备姿势。击球员进入击球区，侧向投手，选好站立位置，握好球棒。两脚左

右开立约与肩同宽或稍宽，身体重心置于两脚掌内侧，膝关节微屈稍内扣，收腹、含胸，两手将棒置于右肩前上方，棒头稍侧倾向左后上方，屈左臂（大于 90 度），右臂弯曲，肘自然斜垂，两肩要平，面部转向投手，下颌收回，两眼注视投手，全身放松、精神高度集中，做好击球准备。

② 击球动作要领。为了叙述方便，将击球的全过程分为引棒伸踏、挥棒击球和随摆起步三个部分。

引棒伸踏：当投手两手分开摆臂时，击球员就要开始将球棒随腰、肩的转动，稍向右后方伸引，身体重心移向右脚；左脚稍离地面，膝关节内扣，准备伸踏。要沿水平方向移动，尽量避免身体上下起伏。当投球手投球出手时，击球员左脚向击球方向伸踏一小步约 0.15 米左右，以脚掌内侧着地，平稳地过渡到全脚掌，左腿自然伸直支撑。引棒伸踏的目的，是把身体重心先后移，以便加大工作距离，充分发挥其力量。

挥棒击球：在向前伸踏的同时，右腿用力伸蹬，髋部急剧左转带动肩部开始起棒。当两臂伸直，球棒挥摆至本垒板前沿上空时，用最大的爆发力快速抽击球。要用“棒心”击中“球心”。

随摆起步：挥棒击球后，挥摆动作不应终止，球棒、两臂及上体都应随之向前继续推送，然后自然翻腕，身体重心逐渐移向左脚，棒头摆至左臂后上方，然后松开两手，把球棒放在左侧后（不要甩出），快速起步跑垒。

挥击法除长挥以外，还有一种短挥（轻击）的方法。这种方法是在对方内场手与外场手之间防守空隙较大，或临场战术变化时根据需要而采用。

轻击法握棒一般多采用短握法。它以上肢力量为主，起棒快，摆幅小，当棒击中球后即停止挥摆动作，随即放棒起步跑垒。

（2）触击法。

触击法不是挥棒动作，而是以球棒轻触投来的球或等球碰棒的一种击球方法。触击法在运用形式上有公开触击法和隐蔽触击法。公开触击法，即在投手投球前，击球员身体已转向投手，做出触击准备，向对方暴露击球意图。这种方法的握棒手形、动作要领与转体触击法有相似处。而隐蔽触击法又有转体触击法与腋下触击法之分。

六、跑垒

跑垒是击球员击球后进攻动作的延续。跑垒员必须依次安全地触踏各个垒位，最后回到本垒才能得分。有时要在同伴的密切配合下，牵制对方，打乱对方防守阵脚，才能达到保全自己的目的。

跑垒方法可归纳为击球后跑垒、跑一个垒和连续跑垒。

1. 击球后跑垒

击球员把球击出后，就成为击跑员跑向一垒。

动作要领：右打击球员挥棒后，身体在转向左侧时，双手脱棒，两眼注视一垒垫，以最快速度沿跑垒限制线冲向一垒，最好用左脚触踏垒垫外沿冲出场外。当击跑员踏垒后，身体重心向右侧前倾逐渐减速跑出 3—5 米，然后向左转身观察场上局势的变化，由垒线外回到垒位。

2. 跑一个垒

击跑员安全到一垒后即成为跑垒员。跑垒员要分别停留在一垒、二垒或三垒时，必须随时准备，机智地利用一切机会攻占前一个垒位。一方面是靠自己伺机主动进垒（所谓

“偷垒”);另一方面也要在同伴的配合下抢进垒,包括离垒疾跑与踏垒急停。

离垒疾跑动作要领:当投手踏上投手板准备投球时,跑垒员成站立式起跑姿势,两眼注视投手投球。当投手投球离手瞬间,起动离垒。

踏垒急停动作要领:跑垒员在接近要攻占的垒位前,步幅要稍小,先降低身体重心,控制身体平衡,在垒前以左脚为轴,急剧向左转体 90 度,提拉右膝,以右脚前脚掌内扣伸踏垒垫内沿急停。另一种急停方法是当左脚触踏垒垫后,随着前移的惯性,右脚继续向垒前跨出一步,用全脚掌着地,以缓冲前冲力量。此时,身体重心降低,屈膝成弓箭步,以左脚尖或脚背前端紧压垒垫,使脚不离开垒位。

3. 连续跑垒

击球员出击高远、有力的空当球,或防守队员接传球失误,球滚动较远时,击跑员或跑垒员,可继续跑垒。

动作要领:起动后直线加速跑,临近垒前约 5—6 米左右,先逐渐向外侧绕弧线,然后身体向里自然倾斜,减弱离心力,靠近垒位,用右脚外侧或左脚内侧触踏垒垫的内角,然后加速直线跑,向前一个垒急停或再绕弧线继续跑进。

第三节　垒球运动的基本战术

垒球战术是个人技术和行动方法的合理运用,是集体配合的综合体现。

一、防守战术

垒球防守战术包括:防守阵型、各守场员的防守任务与位置、基本防守配合、防击球的配合战术、“夹杀”配合、“双杀”配合、防双偷垒和满垒有跑垒员时的防守配合等。

(一) 防守阵型

垒球比赛中,在场上防守的 9 名队员,都有比较明确的基本分工,每人各分守一部分场区,但不是平排站立,也不能前后重叠,而是各区之间互有交叉,纵横交错,相互协作,彼此补空,全场防守队员都围绕着对方击球员击出的球,或本队队员之间传过来的球,或垒间跑垒员跑动的各种变化而有机地协调移动,力争严密无间,一球不漏。

(二) 各守场员的防守任务与位置

1. 投手

(1) 投手的主要任务。

投手在比赛中是防守的主要一员,其任务较重,除了投球之外,还要截接击球员击到自己防区的近击球、触击球及高飞球,还要和其他队员协同配合进行各种“传杀”、补漏及“夹杀”等防守活动。投手投球属于防守范畴,但又富有强烈的进攻性,所以投手要具备良好的战术意识,或者说是战术素养。投球任务:一要准确无误;二要快速有力;三要善于多变。

(2) 投手的防守范围。

投手的主要活动范围,一般在投手区附近,即投手板前后 8 米、两侧各 6 米左右。击到这个范围以外的球,尽可能由其他队员负责去接。

2. 接手

(1) 接手的主要任务。

接手在比赛中也是一名重要的防守队员，负有指挥和组织全体队员防守的责任。接手要根据不同情况，采取不同战术，及时提醒场上队员，协同完成各种防守任务。接手的头脑要清醒，要能冷静地思考问题，分析战局，掌握有利时机，及时采取有效措施。接手要全面发展身体素质，有充沛的精力，特别是腿部、臂部力量要强。

(2) 接手的防守范围。

接手的正常防区是接手区。投手投球时，接手必须站在接手区内，但本垒板前后和两侧的地区，不论界内和界外，都属于接手的主要防守范围，击到这个范围里的各种球，接手都要奋力接获。

3. 各垒手

(1) 一垒手。

一垒是对方击球员击球后，跑垒、得分首先必争的第一个关卡，只有进占一垒才有继续跑垒争取得分的可能，只要守场员把击球员击出的球传向一垒，一垒手就要尽力接住它，把对方"封杀"掉。但一垒手的任务和其他守场员一样，首先还是接获击到自己防区内的球。一垒手还要与二垒手、投手相互协同防守一、二垒，以及进行"双杀"或"夹杀"配合。

一垒手的防守位置：当击球员准备击球时，不论一垒有无跑垒员，在一般情况下，一垒手应站在一、二垒垒线后 1—2 米，朝二垒方向离一垒 2—3 米左右的地方，做好接球准备。

(2) 二垒手。

二垒是跑垒员跑垒的关键垒，如能进占二垒，得分就大有希望。所以，一般把二垒称为"得分球"。二垒手的主要任务：接获击球员向一、二垒之间和二垒前后的各种击球，"接杀"击跑员或"封杀"一垒跑垒员；协助一垒手，对一垒进行补位防守；与接手配合"杀"一垒跑垒员；与一、三垒手，投手及游击手相配合，进行"夹杀"等。二垒手的防守范围广，既是二垒手，又是一、二垒之间的"游击手"，所以要善于判断和分析战局，迅速果断地采取符合战术需要的行动。

二垒手的防守位置：在一般情况下，二垒手应站在二垒侧后方约 2—3 米，朝一垒方向离二垒约 4—5 米的地方；同一垒手协同防守一、二垒间的地滚球以及附近的高飞球。

(3) 三垒手。

三垒是跑垒员得分的最后一关，争夺十分激烈，多数击球员又都是右打者，距离三垒最近，击到三垒方向的球最多也最有力。这就对三垒手提出了更高的要求：反应要快，接传球要稳准，传接时的步法正确，动作敏捷，战术意识好。三垒手的主要任务，首先是接获击到自己防区内的各种球，如地滚球、平直球和高飞球，并且要准确迅速地处理好这些球；其次是"触杀"二垒跑垒员，还要做好补漏、接应及"夹杀"等配合。

三垒手的防守位置：一般应站在三垒垒位后方约 1—2 米，朝二垒方向离三垒约 2 米左右的地方。如果二垒有跑垒员，就靠三垒稍近些。如果击球员可能采用触击法时，就靠前站些。但不要向里离三垒太远，防止球从自己的右侧穿过去。

4. 游击手

(1) 游击手的主要任务。

游击手是内场防守的中坚队员，防区大，凡是二、三垒之间，二、三垒垒线前后的纵深地区，都属于防守范围。由于击到这个区域的球最多，因此游击手任务特别重。游击手游动于二、三垒之间，要同二垒手合作，有时代替二垒手，兼守二垒；有时三垒也需要去兼顾，经常还要到二垒或三垒后面去补漏，当出现“夹杀”局面时，要积极参与“夹杀”战术行动。所以游击手的技术必须全面熟练，要战术意识强，洞察力好，判断准确，行动敏捷，传接球巧妙适时，特别是接地滚球和肩上传球的技术应是全队最好者。同时还要有丰富的临场经验，善于分析、判断击球员与跑垒员的各种进攻意识和战略企图，主动采取防守对策。

(2) 游击手的防守位置。

在一般情况下，游击手应站在二、三垒之间但稍靠近二垒及二、三垒垒线之后3—4米处为宜。如果击球员是强打者，可适当后退一点；如果是弱打者，或有触击意图时，就向前压进垒线之内。若一垒有跑垒员，或是左打者击球时，可以向二垒靠近些。如果二垒有跑垒员，就稍靠向三垒一侧。

5. 外场手

(1) 外场手的主要任务。

外场手是防守的最后一道防线，如被突破，就会出现全线崩溃的局面，不可收拾。外场区的防守范围大，防守不易。

外场手的主要任务：接取击到外场的各种高远腾空球和内场漏过来的地滚球，还要到各垒后面去补接各种漏接球。三名外场手之间也要互相补漏。接到击出来或漏过来的球后，要及时准确地传回内场各垒位。外场手对时间和空间的判断力要好，要有接获任何高飞球的高超技术，根据不同方向，不受阳光照射的影响，用双手或单手在原地接，或朝不同方向在移动、跑动中去接球。外场手起动、冲跑速度要快，臂力要强，能把球传得远、传得平、传得准。

(2) 外场手的防守位置。

三名外场手分担的防区中，在一般情况下，中外场手的站位可以稍微远些，右外场手稍微近些，并且可略向里一点。三名外场手宁可站远一点而不可站得太近。同时，不要使中场空隙过大。然后根据击球员的击球特点及本队的战略部署临时再适当调整。

(三) 基本防守配合

1. 补漏、补垒和接应

(1) 补漏(或称保护)。

只要有守场员接球，不论是接击球或接传球，都必须有人去补漏。比如一垒手跑上前去接击出来的地滚球，二垒手就要立即跟进去补漏；三垒手去接地滚球，游击手就要去补漏；左外场手传球给三垒，或右外场手传球给一垒，接手就要去补漏。补漏时，要提前赶到接球人的后面，不能等出现漏接后再去补。补漏的距离也不要太近，要与来球及接球人成一直线。

(2) 补垒(或称补位)。

每当有空垒的时候，临近的场员就要去补守，防止跑垒员乘虚而入。比如三垒有跑垒员，接手漏接球，投手就要及时去补守本垒；当一垒手跑上前去接触击球时，二垒手就要去补守一垒；二垒手接球时，游击手应补守二垒。

（3）接应。

当传球距离太远，一次传球很难到位，中途需要有人去“接力”，或者是球在空中运行间，局势有了新的变化，急需改变传球目标时，在中途把球拦截下来，再改传到另外的目标，这种截接的配合，称为接应。凡需要接应的传球，要传得特别平直，至于要不要中途截住，或截住后改传哪里，都要听接手的“截住！”“传一垒！”“躲开！”等指挥，但凡遇有接应必要时，就必须有人去接应。

2. 接球时的简单配合

击在两人之间的球，应参照下列原则去接。

（1）来球离谁较近就由谁接。

（2）来球距离两人几乎相等，应由接球后传球较顺手者去接。比如击到游击手和三垒手之间的球，两人都可以接，假若接后要“传杀”跑向一垒的击跑员，就应由三垒手去接；假若要传本垒，最好由游击手去接。

（3）根据当时客观条件，如阳光等，由有利于接球者去接。例如击到游击手和三垒手之间的高飞球，应由侧向阳光照射的一人去接。

（4）根据当时跑垒员的动向，没有“接杀”跑垒员任务者，应积极去接。例如击到一、二垒间的地滚球，一、二垒手都可以接，但一般应由二垒手去接，一垒手回垒，准备接球“封杀”击跑员；如二垒有跑垒员时，击到游击手和三垒之间的地滚球，一般由游击手去接，三垒手回去守三垒。

（5）向前跑去接要比向后退着接容易得多，所以击到内外场之间的腾空球，一般应由外场手跑上来接。

以上是一般原则。在接球时，谁接谁就要大声喊：“我的！”“我接！”谁先喊就由谁接。声音要洪亮，语气要坚定，避免因抢接或互让而失误。

（四）防击球的配合战术

1. 投接手的配合战术

垒球比赛，在某种意义上讲，是投手和击球员的斗智比赛，击球员的目的是要击中投来的球，而投手则是不让他击中球。同时投手和接手的默契配合又是使击球员不易击中球及上垒的重要环节。投手和接手的配合技术很多，现仅就防击球的配合技术，分述如下。

（1）要了解对方击球次序排列的意图，观察每个击球员的特点，包括击球的准备姿势，击球的习惯和爱好，击球技术的水平，判断能力、临场经验和心理状态等，然后接手发出暗号和投手取得联系，用各种不同性质的球（快球、慢球、曲线球、下坠球、好球或坏球）来控制击球员，使他击不中，或把球击到界外，或击成高飞球，或只能击成高飞球而不能运用触击法击球等。

（2）投手可用“投坏球”战术，使击球员击球不中，破坏其抢分触击及“偷垒”等战术。

2. 防触击球的配合战术

防触击球战术的有效办法：一要提高防守中的战术意识，应高度警惕，做到预先有所准备，不致被对方的突然袭击打得措手不及；二是如有触击可能时，一、三垒手要大胆向前压缩，甚至可以压缩到垒线的二分之一的位置，这样既便于接取击出来的触击球，同时也给击球员施加压力，威胁其触击配合。

（五）“夹杀”配合技术

当垒上形成“夹杀”局面时，就要在垒间“触杀”跑垒员，至少也要逼跑垒员回到原垒去。首先应由距离跑垒员较近的守垒员进行持球“追杀”，当“追杀”不及时，就要在该跑垒员在接近垒前3—4米左右，将球传给该垒的守垒员进行“触杀”（传球后还要跟着跑垒员前进）。如果跑垒员又转身回跑，这时还是应该先持球“追杀”，或把球传给在途中跟进的守垒员在半路进行“堵杀”，或直接将球传出在垒前进行“触杀”。

在“夹杀”配合中，传球次数越少越好，争取一次传球就能完成，避免多次传接发生失误。另外补垒要及时，不要空垒；参与的人不要过多，避免形成混乱局面。

（六）“双杀”配合技术

“双杀”就是守队在一次连续“传杀”中，使对方两名跑垒员出局（也包括击跑员）的一种配合战术。有时一次可连续“杀”除对方三名跑垒员则称为“三杀”。

两人出局前，比赛场上一、二、三垒有跑垒员，这就形成了都被迫进垒局面，也就有了“双杀”（或“三杀”）的可能性。完成“双杀”的关键在于传接球要非常准确而及时，稍有耽误或差错就不易成功。被迫返垒时也可以“双杀”。

（七）防双偷垒和满垒有跑垒员时的防守配合

防止一、三垒偷垒的有效办法是假传二垒，二垒手拦接球后“传杀”本垒。接手接得投球后，向二垒传球，二垒手跑到投手身后拦接球，再传回本垒，“触杀”三垒跑垒员“传二杀三”的配合。这种情况也有可能形成“夹杀”局面。

当三个垒上都有跑垒员时，首先要选“杀”最前面（接近本垒）的跑垒员，不让他得分，或就近“传杀”，即接球后把球传到离自己最近的一个垒“封杀”跑垒员。如能接传迅速，也能形成“双杀”局面。

二、进攻战术

进攻战术包括击球次序的编排、击球战术、跑垒战术以及击球员与跑垒员的配合技术等。

（一）击球次序的编排

击球次序的编排，一般有分散法和集中法两种。分散法就是把全队中强有力的击球队员分为二或三组，其他队员分别适当地安排在各组，在对方防守力量较弱或势均力敌的情况下，这种排列方法可以使本队的弱打者在强打者的协助和掩护下安全进垒或得分，各组前呼后应，使对方防不胜防。集中法是集中本队优势兵力，把击球跑垒能力最强的队员排在一起，充分发挥他们的特长，最大限度地扩大战果，不至于孤军作战。这种排法是在对方防守力量较强情况下，为本方争取先得分的一种策略。

（二）击球战术

1. 击球方法的选择

击球方法有挥击法和触击法两种，挥击法又有重击（长挥）和轻击（短击）的区别。其中重击的威力最大。通常把是否善于重击看作一个球队或一名队员击球力量强弱的标志之一。

一般来说，当重击成功后，守队必然会向深广扩大防区，这时可以考虑用触击法把球击在近处，使对方远近难防，顾此失彼。当对方外场手后撤而内场手逼前，形成前后断线、中场出现空档时，就可选用轻击法，把球击到内外场之间，争取上垒。有时也可采用“假触真挥”或“假挥真触”等隐蔽性战术迷惑对方。总之，击球员要多动脑思考问题，积累临场经验，善于发现和分析对方弱点，灵活机动，多谋善断。

2. 触击战术

通常采用的触击战术有下列三种。

(1) 上垒触击战术。

上垒触击战术的目的在于击球员自己能上到一垒，所以触击要非常隐蔽，不能预先暴露自己的目的，以免被对方识破而失败。当对方防守站位较后或思想上和布防上没有防触击的准备，或投手球速较慢，或内场手不善于处理触击球，或者队员之间的配合意识较差时，选用这种战术比较容易成功。

(2) 牺牲触击战术。

牺牲触击战术是准备牺牲自己而掩护跑垒员进垒的一种进攻战术。当一垒或二垒有跑垒员，他们偷进二垒或三垒都比较困难，要求在击球员的配合下才能前进一垒时，就可以考虑选用这种战术。

(3) 抢分触击战术。

抢分触击战术的目的在于配合三垒跑垒员抢回本垒得分，自己争取上到一垒；也可能牺牲自己而形成抢分牺牲触击的局面。

(三) 跑垒战术

击球员完成击球任务后，就要跑向一垒，能安全进占一垒，就要利用一切有利时机继续跑垒，争取跑回本垒得分。至于如何跑垒，怎样才能得分，这就是跑垒的战术问题了。

1. 单偷垒战术

垒上跑垒员在投手投球离手瞬间抢进前面一个垒叫作偷垒。常用于一垒偷二垒，有时也用于二垒偷三垒。偷垒时事先要与击球员用暗号联系，密切配合，一定要掌握投手投球出手时机，以最快速度离垒，到垒前做好滑垒准备。这种战术在对方接手接球或向垒上传球技术较差时，或“传杀”跑垒员的意识不强，同守垒员的默契不够时，很容易获得预期效果。

2. 双偷垒战术

双偷垒战术是跑垒员之间相互配合的偷垒战术，比单偷垒战术复杂，但也比较容易成功。两个跑垒员前呼后应，都向各自前面的一个垒位偷进，使对方顾此失彼，以达到两人都能进垒的目的。双偷垒战术，通常在一、三垒有跑垒员时采用。

3. 腾空球的跑垒技术

跑垒员在守队队员合法接得击出的界内或界外腾空球之前已经离垒，在未返回原垒前或在前往欲占垒包的途中被守队队员持球触击身体时，判该跑垒员出局。根据这一规定，跑垒员在击球员击出腾空球时，要看具体情况，采取不同的跑垒战术。

如果腾空球的落点距离跑垒员欲占之垒较远，跑垒员就应踏住原垒不动，观察对方接球的情况，一旦球与守场员的手部接触，就立即离垒起跑。纵然球被合法接得，跑垒的时间仍然是比较充裕的。

当然，上述情况是只限于两人出局前的局面。假若已有两人出局，那就不必考虑对方能否接得，只有及早离垒，迅速前进。

(四) 击球员与跑垒员的配合技术

1. 击球员与一垒跑垒员的配合技术

一垒有跑垒员，就形成了被迫跑垒的局面，容易造成“双杀”，二垒是得分垒，守队必然严加防守，接手“传杀”二垒又比较方便，所以跑垒员进占二垒就相当困难。击球员必须主动配合，掩护跑垒员偷垒成功，以改变跑垒员被迫跑垒的紧张局面。

一般来说，一垒有跑垒员时，击球员不要急于击球，一方面可观察投手特点，另一方面也可给跑垒员以偷垒的机会。这种先不击球本身就是一种简单的击跑配合。但这还不够，还应采取其他更积极的措施。

(1) “坏球”坚决不打。对方投手为了接手接球后“传杀”二垒的方便起见，通常多投外角“坏球”。击球员对这种“坏球”要严格判断，坚决不去击打。如果投手有了两个甚至三个“坏球”，就会变得被动起来；如果再投一个“坏球”，对攻队就更为有利。

(2) “好球”可以虚晃一棒，甚至站位也可以靠后一点，逼使对方接手后退，给其接传球制造困难。

(3) 在两人出局前，还可选用牺牲触击战术，如果触击得当，也可以双双进垒(参看触击战术部分)。

2. 击球员与三垒跑垒员的配合战术

三垒有跑垒员时，击跑配合有两种方案。

(1) 当比分相等，比赛将要结束，为了夺取关键的一分，在两人出局前，可采取抢分触击战术，击球员把球触击成沿一垒线的地滚球，三垒的跑垒员可趁机抢占本垒而得分(参看触击战术部分)。也可以与牺牲触击战术结合，让一垒手跑上来接球，并引诱他在中途持球“触杀”自己，或转身回垒踏垒，为三垒跑垒员跑回本垒争取时间。另外还可以选用牺牲腾空球战术。

(2) 如果不急于得分，而是争取击球员能上到一垒，那么三垒跑垒员要起积极配合作用。击球员把球触击到三垒方向，三垒手跑前去接，三垒跑垒员离垒牵制，使他传球犹豫，影响他的传球时间和传球准确性，以争取时间，掩护击跑员安全上到一垒。假若他把球传向一垒，那么三垒跑垒员也可以直冲本垒得分。

上述两种战术均须预取得默契，一致行动，才能成功。

3. 满垒时的击跑配合战术

三个垒上都有跑垒员时，对双方来说都是一个较紧张的局面，攻方有可能连得二分、三分，但也有可能遭到“双杀”，甚至“三杀”。

这时，击球员要特别严格选球。首先争取“四坏球”保送上垒，可获得一分。其次要争取安打，自己能上到一垒或二垒，其他跑垒员能安全取得一分或二分。如果在两人出局前，也可选用牺牲腾空球战术，牺牲自己，掩护三垒甚至二垒跑垒员跑回本垒得分。这时，切忌使用触击战术。

课程资源

动作示范

垒球的比赛方法

垒球比赛规则简介

第十二章　健美操

第一节　概　述

健美操是一项普及性强，集音乐、舞蹈、体操、健身、娱乐于一体，包含徒手或采用手持轻器械和专门器械等形式，深受广大群众喜爱的操类运动。健美操可以达到健身、健美和健心的目的，是具有竞技性、娱乐性和观赏性的新兴体育项目。

古印度很早就流行一种瑜伽术，它把姿势、呼吸和意念紧密结合起来，通过调身、调息、调心，运用意识对肌体进行自我调节，健美身心，达到延年益寿的功效。瑜伽术健身动作包括站立、跪、坐、卧、弓步等。这些动作与当前流行的健美操所常用的基本动作是一致的。古代人对健身健美的追求，以及提倡体操与音乐相结合的主张是现代健美操形成与发展的基础。

现代健美操起源于20世纪60年代的美国，最早是由美国太空总署库帕博士为太空人设计的一套设计的体能训练内容。20世纪80年代初，美国涌现了一批健美操代表人物，好莱坞影星简・方达就是其中一位。她根据自己的亲身实践与健身经验编写了《简・方达健身体操》一书，推动了健美操在世界范围内的传播。随着遍及全球的健身热和娱乐体育的发展，健美操以其强大的生命力成为风靡世界的体育运动。1983年，美国举行了首届健美操比赛。每年国际上举办的赛事有健美操世界锦标赛、世界杯赛、世界冠军赛、世界巡回赛等。

1992年，中国健美操协会在北京成立；同年，全国健美操邀请赛改名为全国健美操锦标赛，并成为每年举办的传统赛事。1995年，国务院颁布实施《全民健身计划纲要》，健美操成为全民健身的重要项目之一；1998年，国家体育总局制定并颁布了《健美操运动员技术等级标准》；1999年，国家体育总局颁布了《大众健美操锻炼标准》六套等级动作。这些都标志着我国健美操运动逐渐深入发展。

健美操主要分为健身性健美操、表演性健美操和竞技性健美操。目前，健美操已成为我国各级各类学校体育活动中一个深受师生欢迎的项目。

第二节　健美操的基本动作

一、基本动作的特点与作用

1. 基本动作的特点

(1) 健美操基本动作是健美操动作中最小的运动单元，是健美操动作组成的基础，它代表一类动作中最典型、最核心的部分，所有复杂的动作或组合都是在基本动作的基础上发展和变化出来的。

（2）健美操基本动作的基本技术较单纯。健美操基本动作比较简单，因此基本技术往往较单纯，运动方向和参与运动的肌肉较少，更易于练习者理解和掌握。

（3）健美操基本动作是保持健美操运动风格的要素。健美操基本动作必须保持健美操运动的特有风格，因此在基本动作的基础上变化、重组出的新动作都能表现出健美操的项目特点。

2. 健美操基本动作的作用

（1）拥有良好的基本动作技术是健美操练习者功底扎实的表现。

（2）学会正确的肌肉发力方式和控制肢体的能力，达到更好的练习效果。

（3）掌握健美操的基本动作，可以使练习者更快、更好地掌握较复杂的组合动作。

（4）掌握正确的动作技术要领，可避免因不正确的技术动作导致运动损伤的发生。

二、健美操的基本动作

1. 健美操站立姿态（如图 12－1 所示）

（1）面对正前方。

（2）两脚并拢，脚尖正对前方。

（3）双膝收紧，双腿挺直。

（4）提臀、收腹、立腰。

（5）肩膀稍下沉。

（6）微收下颌，目视前方。

（7）肩线、耳线、腰线在同一垂直面上。

（8）双臂自然放于身体两侧。

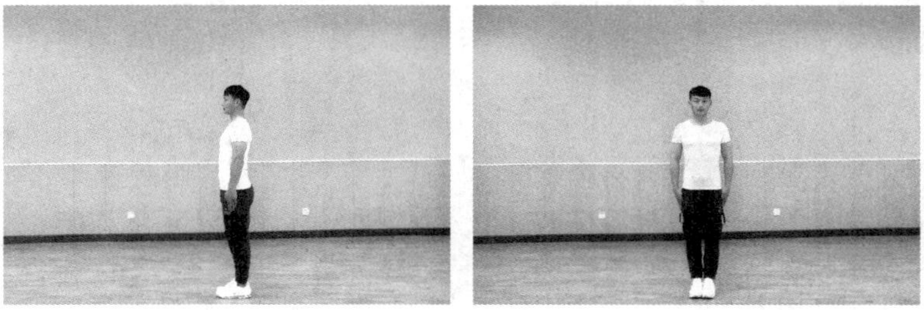

a　　　　b

图 12－1

2. 健美操基本手形

（1）并掌（如图 12－2 所示）。

动作要领：五指并拢伸直，指关节不能弯曲。

（2）开掌（如图 12－3 所示）。

动作要领：五指用力分开。

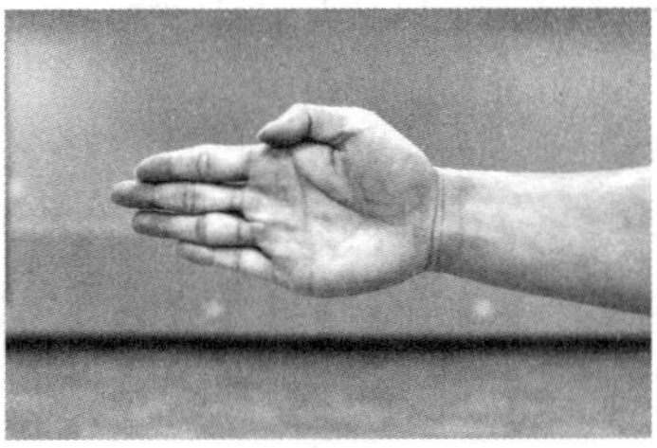
图 12－2

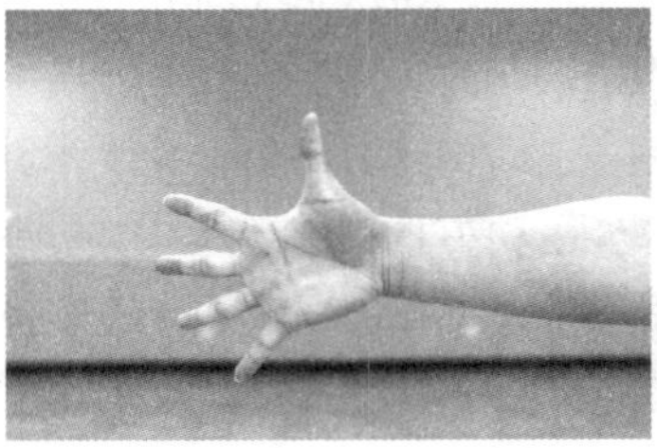
图 12－3

(3) 花掌(如图 12－4 所示)。

动作要领:在分掌的基础上,从小指、无名指及中指依次上翘与食指形成一个扇面。

(4) 立掌(如图 12－5 所示)。

动作要领:手腕用力向上翘,五指指关节自然弯曲。

图 12－4

图 12－5

(5) 一指(如图 12－6 所示)。

动作要领:在握拳的基础上,食指伸直。

(6) 剑指(如图 12－7 所示)。

动作要领:无名指、小指半屈,拇指压在两指上,中指与食指并拢伸直。

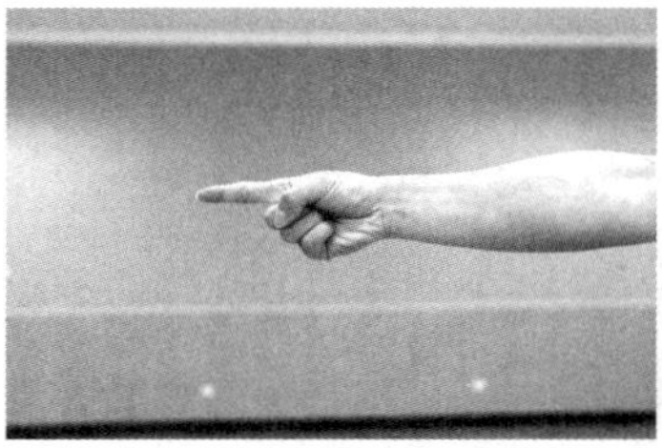
图 12－6

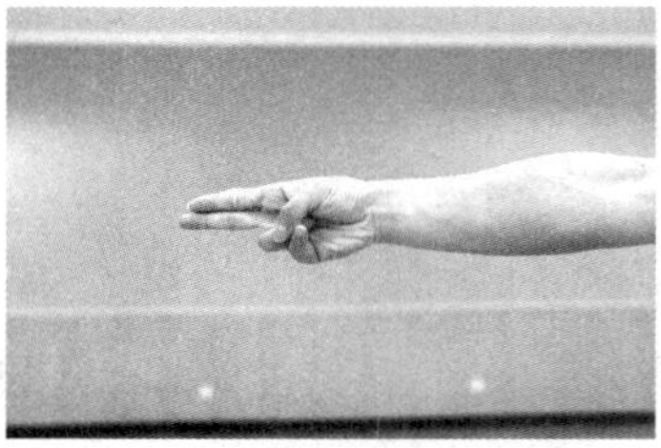
图 12－7

(7) 响指(如图 12－8 所示)。

动作要领:无名指、小指弯曲收于掌心,拇指与中指用力摩擦打响。

(8) 拳(如图 12－9 所示)。

动作要领:四指弯曲收于掌心,拇指第一关节扣压在食指与中指的第二关节处。

图 12－8

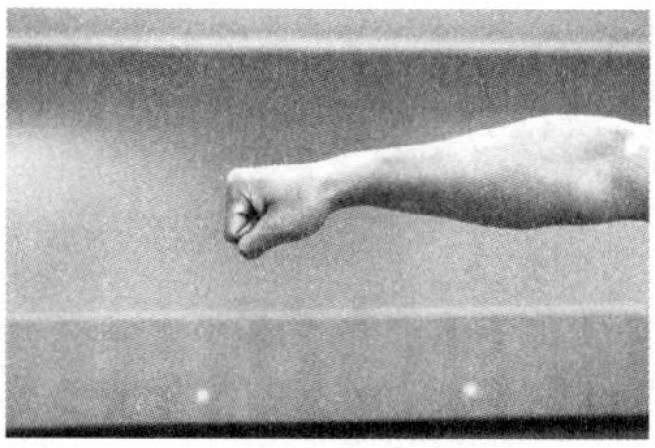

图 12－9

3. 健美操基本手臂动作

（1）臂屈伸。主要有下举臂屈伸（如图 12－10 所示）、前举臂屈伸（如图 12－11 所示）、侧举臂屈伸（如图 12－12 所示）。

动作要领：大臂保持不动，屈时肱二头肌收缩，使关节角度减小；伸时肱三头肌收缩，使关节角度增大。手臂的屈伸练习可锻炼肱二头肌和肱三头肌。

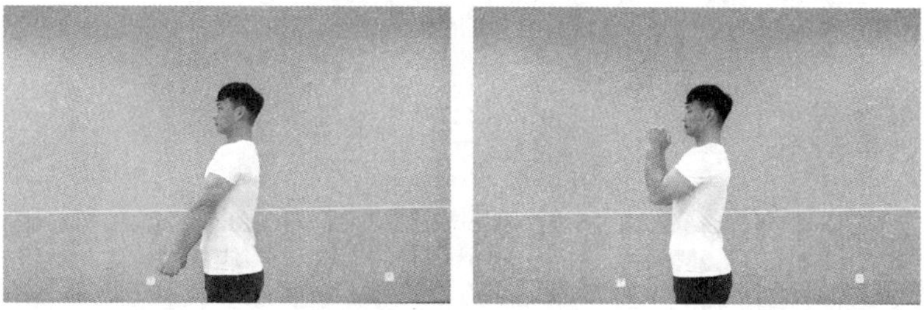

a　b

图 12－10

a　b

图 12－11

a　b

图 12－12

(2) 上提。主要有屈臂提拉(如图 12－13 所示)、直臂提拉(如图 12－14 所示)。动作要领:屈臂或直臂由下举提至胸前或至体侧,可锻炼三角肌。

a

b

图 12－13

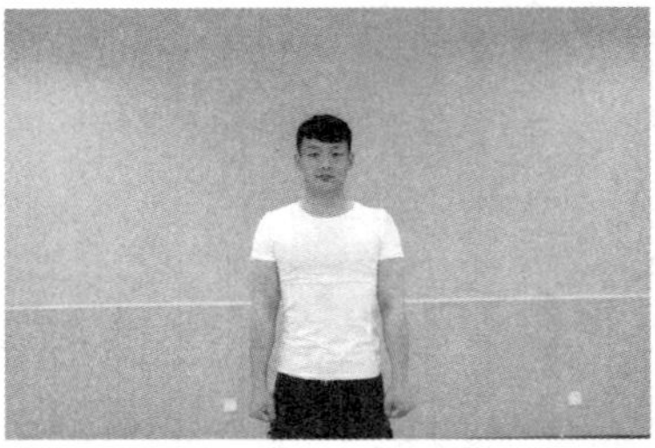
a

b

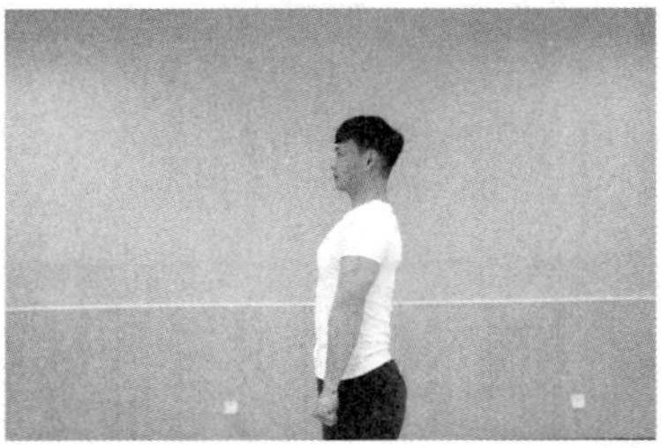
c

d

图 12－14

(3) 下拉。主要有上举下拉(如图 12－15 所示)、侧上举下拉(如图 12－16 所示)。动作要领:直臂由上举或侧上举拉至体侧髋部,可锻炼背部的大部分肌肉。

a

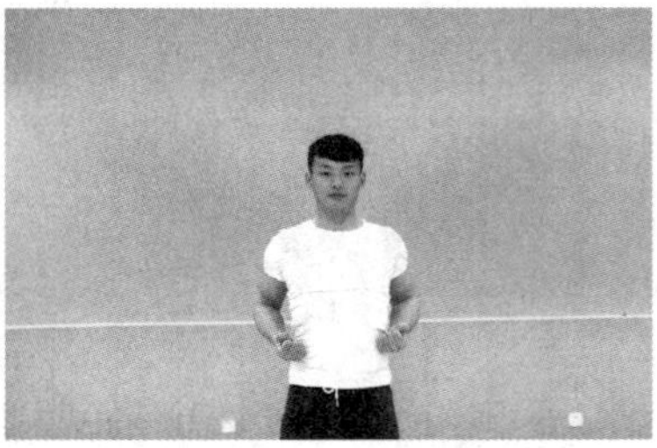
b

图 12－15

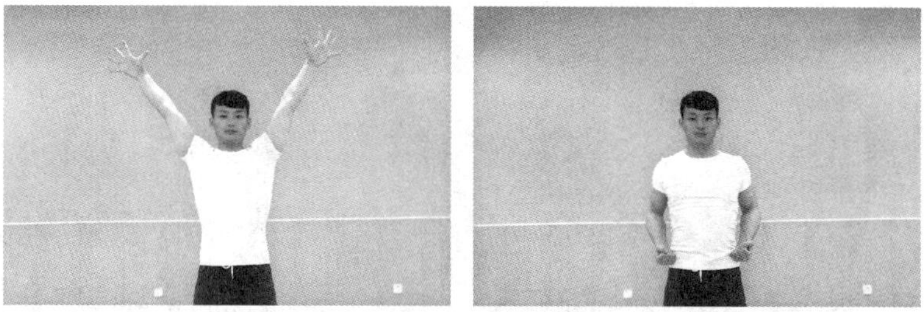

a　　　　b

图 12 - 16

(4) 推。主要有胸前平推(如图 12 - 17 所示)、肩上推(如图 12 - 18 所示)。

动作要领:胸前平推是屈臂于肩前用力推至前举,可锻炼胸大肌和三角肌前部。肩上推是屈臂于肩侧向上用力推出至上举,可锻炼三角肌中部和背部肌肉。

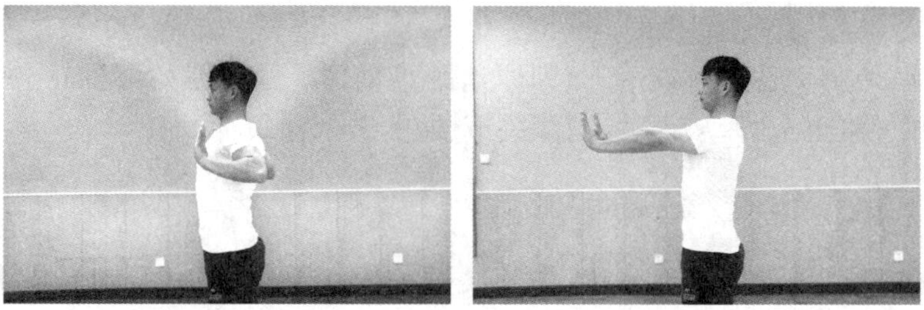

a　　　　b

图 12 - 17

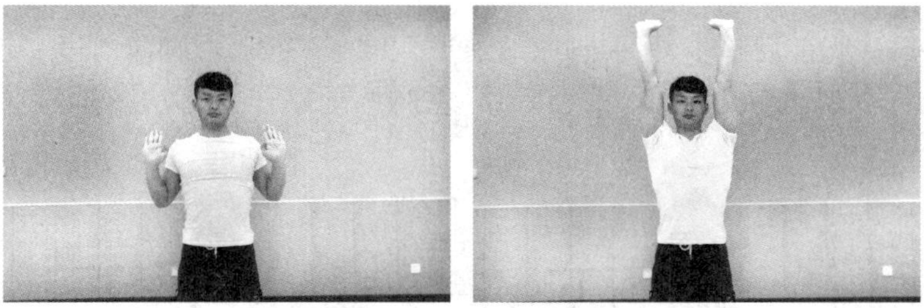

a　　　　b

图 12 - 18

(5) 冲拳。主要有向上冲拳(如图 12 - 19 所示)、向前冲拳(如图 12 - 20 所示)。

动作要领:屈臂握拳,由腰间用力向前或向上冲拳。

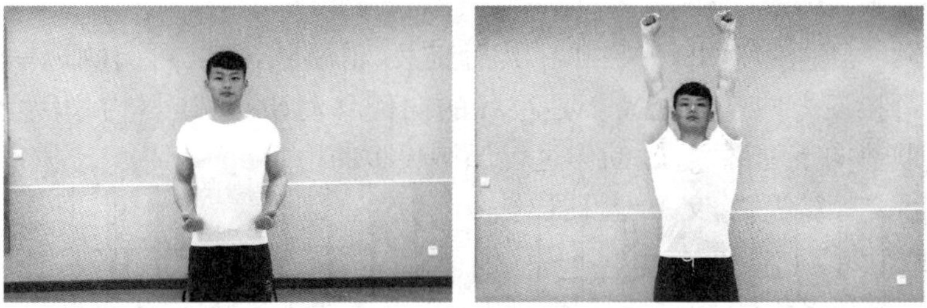

a　　　　b

图 12 - 19

a

b

图 12－20

4. 健美操基本步法

(1) 交替类动作。

动作特点:双脚呈左右左右或右左右左交替进行抬起或落下。

① 踏步。

动作要领:两脚交替抬起或落下,即原地踏步动作。踏步时始终保持膝关节弹动,前脚掌先落地并过渡至全脚,从踝关节、膝关节、髋关节依次缓冲。

动作变化:走步。

② 一字步。

动作要领:两脚依次向前迈一步,再依次退一步,还原。每次落地下肢关节依次顺势缓冲。

动作变化:"V"字步、"A"字步。

③ 曼步。

动作要领:一脚前后踏步,另一脚原地踏步;以右脚为例,右脚向前迈一步,重心前移,左脚原地踏步;右脚向后迈一步,重心后移,左脚原地踏步。每次落地膝关节都要注意缓冲。

动作变化:小曼步。

(2) 迈步类动作。

动作特点:第一拍为迈步,并步类呈右左左右或左右右左循环,交叉步呈右左右左左右左右或左右左右右左右左循环。

① 并步。

动作要领:一腿先迈出一步,同时移重心,另一腿可做点、抬、并、屈、踢等动作。

动作变化:迈步前点地、迈步后点地、迈步吸腿、迈步后屈腿、迈步踢腿。

② 交叉步。

动作要领:一腿向侧迈出,另一腿在其后交叉,稍屈膝,随之再向侧迈一步,另一脚点地并拢,然后可接反方向。侧交叉步是很好的向侧移动步伐,应尽力增大完成动作的幅度,落地时应顺势向下屈膝缓冲,动作过程保持腰腹的稳定。

动作变化:交叉步吸腿、交叉步后屈。

(3) 点地类动作。

动作特点:第一拍是点地动作。要与迈步类点地动作区分,迈步类点地动作第一拍为迈步。

① 脚尖前点地、脚尖侧点地、脚尖后点地。

动作要领：以右脚为例。右脚脚尖向前、向右或向后点地，左腿稍屈膝站立，然后还原，反方向动作相同。重心始终在支撑腿上，腰腹保持稳定。

② 脚跟前点地、脚跟侧点地。

动作要领：以右脚为例。右脚脚跟向前或向右点地，左腿稍屈膝站立，然后还原，反方向动作相同。重心始终在支撑腿上，腰腹保持稳定。

（4）抬腿类动作。

动作特点：第一拍为抬腿动作，然后吸腿、后屈腿或踢腿。要与迈步类抬腿动作区分，迈步类抬腿动作第一拍为迈步。

① 吸腿。

动作要领：一腿支撑地面，另一腿屈膝向上抬起，还原，反方向动作相同。保持支撑腿的弹性缓冲及身体稳定。

② 后屈腿。

动作要领：一腿支撑地面，另一腿小腿向后抬起，还原，反方向动作相同。保持支撑腿的弹性缓冲及身体稳定。

③ 踢腿。

动作要领：一腿支撑地面，另一腿膝盖伸直并向前向上踢，还原，反方向动作相同。保持支撑腿的弹性缓冲及身体稳定。

（5）双腿类动作。

动作特点：双腿类动作是指双腿同时开始又同时结束的动作。

① 开合跳。

动作要领：两腿并拢跳起，落下时分腿，再跳起，落下时并腿，每次落地经屈膝缓冲，空中保持身体姿势。

② 弓步跳。

动作要领：两腿并拢跳起，落下时前后弓步，再跳起，落下时并腿，双腿弓步交替进行，每次落地经屈膝缓冲，空中保持身体姿势。

③ 分腿半蹲。

动作要领：两腿分开，屈膝半蹲时膝盖对准脚尖，髋稍前倾使臀部向后下方运动，腰腹收紧保持上体姿势。

④ 箭步蹲。

动作要领：两腿前后分开站立，后腿用前脚掌站立，两脚尖向前、脚跟向后，重心在两腿之间，当屈膝下蹲时，前面腿的膝盖对准脚尖，后面腿的膝盖对准地面。

⑤ 提踵。

动作要领：脚跟向上提起，然后还原。始终保持腰腹收紧。

第三节　《全国健美操大众锻炼标准》第三套大众一级动作

本节通过学习《全国健美操大众锻炼标准》第三套大众一级动作，帮助学生更深入地认识和了解健美操，使学生感受健美操运动的魅力和活力，熟悉并掌握健美操的基本动作技术和练习方法，提高专项技术技能。

一、组合一

1. 第 1 个 8 拍动作

下肢动作：右脚开始一字步 2 次。

上肢动作：第 1—2 拍，双臂胸前屈；第 3—4 拍，后摆；第 5 拍，胸前举；第 6 拍，上举；第 7 拍，胸前举；第 8 拍，放于体侧。

2. 第 2 个 8 拍动作

下肢动作：第 1—4 拍，右脚向前三步吸腿；第 5—8 拍，左脚后退三步吸腿。

上肢动作：第 1 拍，双手前平举；第 2 拍，双手放于体侧；第 3 拍，侧弯举；第 4 拍，双手胸前击掌；第 5—8 拍同第 1—4 拍。

3. 第 3 个 8 拍动作

下肢动作：第 1—2 拍，右脚侧并步；第 3—4 拍，左脚侧并步；第 5—8 拍，右脚向右连续两个侧并步。

上肢动作：第 1 拍，右臂侧弯举；第 2 拍，还原；第 3 拍，左臂侧弯举；第 4 拍，还原；第 5 拍，双臂胸前平举；第 6 拍，还原；第 7—8 拍同第 5—6 拍。

4. 第 4 个 8 拍动作

下肢动作：第 1—4 拍，左脚十字步；第 5—8 拍，踏步 4 次。

上肢动作：第 1—4 拍，双臂自然摆动；第 5 拍，击掌；第 6 拍，还原；第 7—8 拍同第 5—6 拍。

5. 第 5—8 个 8 拍动作

同第 1—4 个 8 拍动作，但方向相反。

二、组合二

1. 第 1 个 8 拍动作

下肢动作：第 1—8 拍，右脚开始前点地 4 次。

上肢动作：第 1 拍，双臂屈臂右摆；第 2 拍，还原；第 3 拍，双臂屈臂左摆；第 4 拍，还原；第 5 拍，右摆成右臂侧斜上举，左臂胸前平屈；第 6 拍，还原；第 7—8 拍同第 5—6 拍，但方向相反。

2. 第 2 个 8 拍动作

下肢动作：第 1—4 拍，右脚开始弧形走 270 度；第 5—8 拍，并腿半蹲 2 次。

上肢动作：第 1—4 拍，双臂自然摆动；第 5 拍，双臂前举；第 6 拍，右臂胸前平屈同时上体右转；第 7 拍，双臂前举；第 8 拍，放于体侧。

3. 第 3 个 8 拍动作

下肢动作：第 1—4 拍，左脚上步吸腿同时转体 90 度；第 5—8 拍，右脚上步吸腿。

上肢动作：第 1 拍，双臂前平举；第 2 拍，屈臂后拉；第 3 拍，双臂前平举；第 4 拍，还原；第 5—8 拍同第 1—4 拍。

4. 第 4 个 8 拍动作

下肢动作：第 1—2 拍，左脚后屈腿；第 3—4 拍，右脚后屈腿；第 5—8 拍同第 1—4 拍。

上肢动作：第1—8拍，双臂自然摆动。

5. 第5—8个8拍动作

同第1—4个8拍动作，但方向相反。

三、组合三

1. 第1个8拍动作

下肢动作：第1—4拍，右脚交叉步；第5—8拍，左脚半蹲后并拢。

上肢动作：第1—3拍，双臂经侧向上举；第4拍，胸前平举；第5—6拍，双臂前平举；第7—8拍，放于体侧。

2. 第2个8拍动作

下肢动作：第1拍，右脚侧点地；第2拍，还原；第3拍，左脚侧点地；第4拍，还原；第5—8拍，右脚连续2次侧点地。

上肢动作：第1拍，右手直臂左前拳，左臂屈肘于腰间；第2拍，双臂屈肘于腰间；第3—4拍同第1—2拍，但动作相反；第5—8拍同第1—2拍，重复2次。

3. 第3个8拍动作

下肢动作：第1—4拍，右脚开始向前走三步吸腿；第5—6拍，原地吸左腿；第7—8拍，原地吸右腿。

上肢动作：第1拍，双臂侧弯举；第2拍，胸前交叉；第3拍同第1拍；第4拍，击掌；第5拍同第1拍；第6拍，左腿下击掌；第7—8拍同第3—4拍。

4. 第4个8拍动作

下肢动作：第1—4拍，右脚开始向后走三步吸腿；第5—6拍，原地吸左腿；第7—8拍，原地吸右腿。

上肢动作：第1拍，双臂侧弯举；第2拍，胸前交叉；第3拍同第1拍；第4拍，击掌；第5拍同第1拍；第6拍，左腿下击掌；第7—8拍同第3—4拍。

5. 第5—8个8拍动作

同第1—4个8拍动作，但方向相反。

四、组合四

1. 第1个8拍动作

下肢动作：第1—4拍，右脚开始“V”字步；第5—8拍，“A”字步。

上肢动作：第1拍，右臂侧斜上举；第2拍，双臂侧斜上举；第3—4拍，击掌2次；第5拍，右臂侧斜下；第6拍，双臂侧斜下；第7—8拍，击掌2次。

2. 第2个8拍动作

下肢动作：第1—2拍，右脚弹踢腿；第3—4拍，左脚弹踢腿；第5—8拍，右脚连续2次弹踢腿后并脚。

上肢动作：第1拍，双臂前平举；第2拍，下摆；第3—4拍同第1—2拍；第5拍同第1拍；第6拍，胸前平屈；第7—8拍同第1—2拍。

3. 第3个8拍动作

下肢动作：第1—8拍，左脚开始曼步2次。

上肢动作:第 1—8 拍,双臂自然摆动。

4. 第 4 个 8 拍动作

下肢动作:第 1—8 拍,迈步后点地 4 次。

上肢动作:第 1 拍,右臂胸前平屈;第 2 拍,右臂左下压;第 3—4 拍同第 1—2 拍,但动作相反;第 5 拍,右臂侧斜上举;第 6 拍,右臂左下压;第 7—8 拍同第 5—6 拍,但动作相反。

5. 第 5—8 个 8 拍动作

同第 1—4 个 8 拍动作,但方向相反。

【知识链接】

《大众健美操》成套动作评分标准

等　级	技术要求	分　值
优秀	整套动作熟练、规范、有力度,音乐节奏感好,动作与音乐协调一致	90—100 分
良好	整套动作熟练、较规范、较有力度,音乐节奏感好,动作与音乐协调一致	80—89 分
一般	整套动作较熟练,有些动作不太规范,较有力度,音乐与动作有不协调、不合拍之处,个别动作有漏缺	70—79 分
及格	整套动作不太熟练,动作力度较差,音乐与动作有不合拍之处,有个别遗忘现象,但能独立完成,动作有漏缺	60—69 分
不及格	整套动作不熟练,动作力度较差,音乐与动作不合拍,遗忘现象较多,动作有多处漏缺	60 分以下

课程资源

动作示范

第十三章　健身交谊舞

第一节　概　述

健身交谊舞又叫交际舞、交谊舞、社交舞等，是由起源于欧洲的交谊舞演变而成。交谊舞传入我国以后，爱好者们不仅改编了国外传入的慢三步舞、慢四步舞、探戈、伦巴、吉特巴舞等，还创编了具有自主知识产权的健身交谊舞，例如“北京平四”“武汉三步踩”“天津吉特巴”等。由于健身交谊舞群众基础广泛，各个地区也有自己的特色，即便同一个舞蹈，在叫法与展现方式上都不尽相同，因此健身交谊舞和社会舞蹈委员会（以下简称委员会）对健身交谊舞进行了规范推广，并在 2003 年举办了第 1 届全国健身交谊舞锦标赛。

为了使健身交谊舞跟上舞蹈发展的潮流，在不改变健身交谊舞原则的基础上，委员会把体育舞蹈嫁接到健身交谊舞中，并逐步融合民族民间舞甚至现代舞，使健身交谊舞在更广泛的人群中传播发展。在第 9 届全国健身交谊舞锦标赛上，赛事增加了高等院校组，共 7 所高校的学生们参加了比赛。可见，健身交谊舞已经不再是人们传统观念中的毫无技术含量的老年健身舞，不再是群众简单的自娱自乐，而是向着更加艺术化、专业化、规范化的方向健康发展。

第二节　健身交谊舞的基本动作

作为一种舞蹈，健身交谊舞遵循基本的舞步动作，并结合音乐编排成套。本节主要介绍交谊舞的一些基本动作。

一、健身交谊舞的基本姿势和舞姿种类

1. 基本站立姿势

两脚并拢，脚尖向前，身体直立，同时收腹、立腰、展胸、扩背、沉肩、顶颈。

2. 交手姿势

两脚并拢，男士右脚尖对准对女士方的两脚尖中间，男、女舞伴之间的距离约 2—3 拳（30 厘米左右）。在此基础上，男女头部稍向左转，女士下颌微微抬起。

男、女舞伴交手时有四个接触点，各接触点有其特有的作用。

第一接触点：男士左手、女士右手掌心相对，两手互握（女士四指搭在男士虎口上），位置在两人侧面身体垂面的中间；高度在女士右耳处。男士左臂抬起，肘稍低于肩，大、小臂夹角稍大于 90 度。男士领舞时，女士右臂的大臂、小臂夹角不能改变。

第二接触点：男士右手五指并拢，放在女士肩胛骨的外侧（手低于肘，肘低于肩）。

第三接触点：女士左手四指并拢，拇指张开，放在男士右臂三角肌部位。若男士身材高大，女士左手可向下移动至男士大臂处，若男士身材较矮，女士左手可向后延伸。

第四接触点：男士右小臂、女士左大臂重叠。男士右肘关节不可下垂，否则少一个接触点。

3. 舞姿种类

舞厅交谊舞的舞姿共有三类，即合位舞姿、开位舞姿、错位舞姿。

(1) 合位舞姿。同“交手姿势”，即男、女舞伴面对面站立。（如图 13－1、图 13－2 所示）

(2) 开位舞姿。在合位舞姿的基础上，男士向左、女士向右（或男士向右、女士向左）转体 45 度，一侧靠近，一侧打开，成“V”字形。

开位舞姿主要有两种。

一是正开位舞姿，即男、女舞伴都面向舞程线，女士位于男士右外侧，成“V”字形的一种舞姿。（如图 13－3 所示）

图 13－1

图 13－2

图 13－3

二是反开位舞姿，即男、女舞伴都面向舞程线，女士位于男士左侧，成“V”字形的一种舞姿。（如图 13－4 所示）

(3) 错位舞姿。男、女舞伴互为外侧的舞姿。

错位舞姿有两种。

一是左错位舞姿，即男、女舞伴互为左外侧，左肩对左肩为左错位舞姿。（如图 13－5 所示）

二是右错位舞姿，即男、女舞伴互为右外侧，右肩对右肩为右错位舞姿。（如图 13－6 所示）

图 13－4

图 13－5

图 13－6

第三节　健身交谊舞的种类及精选舞步介绍

目前健身交谊舞的种类有慢三步舞、快三步舞、吉特巴、伦巴、探戈、“北京平四”等。本节选取慢三步舞和“北京平四”进行介绍。

一、慢三步舞

慢三步舞也称华尔兹，以“舞中皇后”而著称。其舞蹈风格是动作优美、起伏流畅、华贵典雅、柔和舒展。

(一) 慢三步舞的基本节奏

1. 基本节奏

慢三步舞的音乐节奏为3/4拍，速度为每分钟32—34小节，每小节3拍。音乐的每第一拍为重音，第二、三拍为轻音，即“强、弱、弱”。其基本节奏为一拍一步，无快慢之分。每小节的第一步必须踏在强拍上。因此，其音乐节奏为“蓬、嚓、嚓”。

2. 运步方法及基本技巧

慢三步舞风格的形成，不是单纯以膝关节的屈伸所形成的，而是对正确的运步方法、步幅大小的变化以及升降与摆荡技巧的合理运用。

正确的运步方法：前进为“跟、掌——由脚跟过渡到脚掌；掌——前脚掌着地；掌平——由前脚掌过渡到全脚掌”；后退为“掌、跟、掌；掌；掌平”。

步幅的大小：第一步大，第二步小一些，第三步小一些。即三步为大、小、小。

体现出升降：第一步重心最低，结尾时重心开始上升；第二步上升；第三步上升完后重心又下降。同时，进、退时还应有像荡秋千般的“摆荡”感。

(二) 慢三步舞的基本舞步

1. 前进步

由合位开始。

1×3拍　男士进左脚、进右脚、进左脚。
　　　　女士退右脚、退左脚、退右脚。

2×3拍　男士进右脚、进左脚、进右脚。
　　　　女士退左脚、退右脚、退左脚。

2. 后退步

动作同前进步，唯动作相反。

3. 左转步

1×3拍　男士进左脚，身体稍向左转；左转90度同时右脚横步；并左脚。
　　　　女士退右脚，身体稍向左转；左转90度同时左脚横步；并右脚。

2×3拍　男士退右脚，身体稍向左转；左转90度同时左脚横步；并右脚。
　　　　女士进左脚，身体稍向左转；左转90度同时右脚横步；并左脚。

4. 右转步

1×3拍　男士进右脚，身体稍向右转；右转90度同时左脚横步；并右脚。

女士退左脚，身体稍向右转；右转 90 度同时右脚横步；并左脚。

2×3 拍　男士退左脚，身体稍向右转；右转 90 度同时右脚横步；并左脚。

女士进右脚，身体稍向右转；右转 90 度同时左脚横步；并右脚。

5. 前进波纹步（左错位开始）

1×3 拍　男士：第 1 拍，左脚向女士左外侧 1 点方向上步；第 2 拍，右脚上步，脚尖指向 12 点方向（变向）；第 3 拍，身体左前转，面向 11 点方向，左脚上步至女士右外侧。

女士：第 1 拍，面向 1 点方向右脚后退；第 2 拍，面向 12 点方向，左脚在右脚旁稍后退，脚尖外展指向 11 点方向；第 3 拍，面向 11 点方向退右脚。

2×3 拍　男士：第 1 拍，右脚向女右外侧 11 点方向上步；第 2 拍，左脚上步，脚尖指向 12 点方向（变向）；第 3 拍，身体稍右转，面向 1 点钟方向，右脚上步至女士左外侧。

女士：第 1 拍，面向 11 点方向，左脚退；第 2 拍，面向 12 点方向，右脚在左脚旁稍后退同时脚尖外展指向 1 点方向；第 3 拍，面向 1 点方向退左脚。

口诀：男士左脚开始，进、变向、进，进、变向、进；女士右脚开始，退、变向、退，退、变向、退。

6. 后退波纹步

男士背向 1 点方向，左错位开始；步法同前进波纹步，男士做后退步法，女士做前进步法。

口诀：男士右脚开始，退、变向、退，退、变向、退；女士左脚开始，进、变向、进，进、变向、进。

7. 合位变错位（由合位开始）

1×3 拍　男士进、进、退。

女士退、退、进。

2×3 拍　男士：第 1 拍，右脚直退；第 2 拍，左脚向左后方退，同时转向 1 点方向；第 3 拍，面向 1 点方向，进右脚。

女士：第 1 拍，左脚直进；第 2 拍，右脚向右前方进，同时转向 1 点方向；第 3 拍，面向 1 点方向，退左脚。

8. 小组合

主要包括合位前进步、合位变左错位与前进波纹步。

9. 前进波纹步变后退波纹步（由左错位开始）

1×3 拍　男士面向 1 点方向，左脚开始，进、进、退，变成后退步。

女士面向 1 点方向，右脚开始，退、退、进，变成前进步。

10. 波纹步后退变前进

1×3 拍　男士面向 1 点方向，右脚开始，退、退、进，变成前进步。

女士面向 1 点方向，左脚开始，进、进、退，变成后进步。

（三）基本花步

1. 左错位踌躇步（左错位开始）

1×3 拍　男士进左脚、进右脚、退左脚。

女士退右脚、退左脚、进右脚。

2×3 拍　男士退右脚、退左脚、进右脚。

女士进左脚、进右脚、退左脚。

口诀:男士进、进、退,退、退、进;

女士退、退、进,进、进、退。

2. 左错位踌躇步 360 度拎手转(左错位开始)

1×3 拍　男士进左脚,右手抓握女士左肘;进右脚;退左脚。

女士退右脚,退左脚,进右脚。

2×3 拍　男士退右脚;退左脚;右手推女士右转,进右脚。

女士进左脚,脚尖内扣,身体右转 360 度;上右脚,退左脚,与男士成左错位。

3×3 拍、4×3 拍　波纹步(男士进,女士退)。

3. 左错位踌躇步背手花拎手转

1×3 拍　左错位。男士面向 1 点方向进左脚踌躇步,右手捏住女士左手指。

女士退右脚踌躇步。

2×3 拍　男士面向 12 点退右脚同时举左手;左转 90 度左脚左横步同时右手在腰间引带女士右转,腰间手不松开,使女士成左臂在后的背手花;右脚原地点踏。

女士面向 1 点方向进左脚,脚尖内扣同时转体 180 度;右脚向 12 点方向侧出同时右转面向 9 点方向,和男士面对;左脚原地点踏。

3×8 拍　男士面向 1 点进左脚,波纹步。左手引领女士左转后成右错位。

女士向 6 点方向进右脚同时脚尖内扣转体 180 度面向 12 点;左转面向 1 点方向同时左脚向 5 点方向后退(同男士成右错位);右脚退。

4×8 拍　波纹步(男士进右脚,女士退左脚)。

(四) 花步组合

蝴蝶步(由左错位开始)。

1×3 拍　男士前进,波纹步。

女士后退,波纹步。

2×3 拍　男士面向 11 点方向,进、进、退。

女士面向 11 点方向,退、退、进。

3×3 拍　男士面向 11 点方向退;面向 12 点方向退;面向 11 点方向进左脚,和女士成开位。

女士面向 11 点方向进右脚;左脚向 12 点方向进转,转向反向 12 点方向;面向 1 点方向进右脚,与男士成开位。

4×3 拍　男士进右脚;左脚进至女士两脚中间同时脚尖稍左转;转体 180 度,右脚向右横步,把女士左脚放在两脚中间位置。

女士进左脚同时脚尖稍左转;左转 180 度同时右脚向右横步;向左转体 180 度同时左脚进小步。

5×3 拍　男士退左脚；右脚在左脚后跟处横步（脚尖向左），同时上体稍左转；左转 180 度同时进左脚，与女士形成开位。
女士右脚开始，进、进、进，与男士形成开位。

6×3 拍　开位，男士右脚开始，进、进、退。
女士左脚开始，进、进、退。

7×3 拍　男士左脚开始退、退、进，同时左手向左侧打开，手臂侧波浪。
女士右脚开始退、退、进，同时右手向右侧打开，手臂侧波浪。

8×3 拍　男士右脚开始进、进、进，第一拍进在女士脚后面，第二拍进在女士两脚中间。
女士稍向左前方进，同时脚尖左外展；左转 180 度同时右脚向右横步；左转 180 度同时左脚进。

9×3 拍　男士重复女士 8×3 拍的动作；女士重复男士 8×3 拍的动作。

10×3 拍　男士面向 11 点方向右脚开始进、进、退，与女士成右错位。
女士左脚向 11 点方向进，同时脚尖左外展；向 11 点方向进右脚同时转体 180 度，转到反向 11 点方向，和男士成右错位；向 11 点方向进左脚。

11×3 拍　男士面向 11 点方向开始前进，波纹步。
女士面向 11 点方向开始后退，波纹步。

二、"北京平四"

"北京平四"是传统交谊舞"吉特巴舞"向群众性、自娱性舞蹈演变的一种形式。它简化了"吉特巴舞"较为复杂的六步"点踏"舞步，而采用一种简单的四步步法。它的手拉换位、开合变化则类似"吉特巴舞"，同时嫁接了多民族的舞蹈和民俗的生活片段。"北京平四"花样繁多，变化多端，动作轻盈，运动量较大，是特别适合年轻人跳的一种风格欢快活跃的交谊舞。

(一)"北京平四"的基本节奏

"北京平四"的音乐为 4/4 拍，速度较快，每分钟 44 小节左右。其舞步节奏无快慢之分，一拍一步。起步时男进左脚、女退右脚。

概括起来，"北京平四"包括三种基本步法和四种基本手法。尽管"北京平四"舞花样变化较多，但都是由这三种步法和四种手法演变而来。熟练掌握了基本步法，就可以不用考虑脚的动作而尽情表现手上的花样。基本步练习起来很枯燥但是很重要，因此要重视基本步的练习。

(二)四种拉手形式

1. 同侧单手拉手

即男左手女右手或男右手女左手互拉。（如图 13－7 所示）

2. 异侧单手拉手

即斜单手拉，男左手拉女左手或男右手拉女右手。（如图 13－8 所示）

3. 双手平行拉手

即男左手拉女右手，同时男右手拉女左手的双手平行拉手。

4. 双手交叉拉手

即斜双手拉，男左手拉女左手，同时男右手拉女右手的交叉拉手。（如图 13－9 所示）

图 13－7

图 13－8

图 13－9

(三) 基本步法

1. 原位基本步

男步：

第 1×2 拍　进左脚，右脚原地踏步。

第 3×4 拍　退左脚，右脚原地踏步。

口诀：进—踏步—退—踏步。

女步：

第 1×2 拍　进右脚，左脚原地踏步。

第 3×4 拍　退右脚，左脚原地踏步。

口诀：进—踏步—退—踏步。

2. 左转步

男步：

第 1 拍　进左脚，脚尖外展。

第 2 拍　进右脚，脚尖内扣，左转 180 度。

第 3 拍　左脚后退。

第 4 拍　右脚原地踏步。

口诀：进—进转—退—踏步。

女步：

第 1 拍　进右脚，脚尖内扣，左转 180 度。

第 2 拍　退左脚。

第 3 拍　退右脚。

第 4 拍　左脚原地踏步。

口诀：进转—退—退—踏步。

3. 右转步

男步：

第 1 拍　进左脚，脚尖内扣，右转 180 度。

第 2 拍　退右脚。

第 3 拍　退左脚。

第 4 拍　右脚原地踏步。
口诀:进转—退—退—踏步。
女步:
第 1 拍　进右脚,脚尖向外。
第 2 拍　进左脚,脚尖内扣,右转 180 度。
第 3 拍　退右脚。
第 4 拍　左脚原地踏步。
口诀:进—进转—退—踏步。

(四) 花步组合

1. 起步——叉型步

1×4 拍　男士进左脚,右脚向右横步,左转 90 度同时退左脚,右脚原地点踏。与女士形成开位。
女士退右脚,左脚向左横步,右转 90 度同时退右脚,左脚原地点踏。

图 13 - 10

2×4 拍　男士左脚进至女士两脚中间,左转 90 度同时右脚向右横步,退左脚,右脚原地点踏。与女士形成右错位。
女士左转 180 度同时右脚向右横步,左转 90 度同时左脚向左横步,右脚向左前方进至男士右脚外侧,左脚原地点踏。(如图 13 - 10 所示)

3×4 拍　男士进左脚,右脚向右横步,左转 90 度同时后退左脚,右脚原地点踏。与女士形成开位。
女士退右脚,左脚向左横步,右转 90 度同时右脚后退,左脚原地点踏。

2. 单手拉花(以男左手拉女右手开始为例)

(1) 单人钻。

1×4 拍　男士原位基本步同时举左手,右手推女士肩部使女士右转。
女士右转步从男士臂下钻过,成单手拉。(如图 13 - 11 所示)

2×4 拍　男士右转步,左手向右经过女士前绕女士左转。
女士左转步。

3×4 拍　男士左转步同时举左手从臂下钻过。
女士右转步。

4×4 拍　男士右转步,左手向右经过女士面前绕女士左转。右手前伸接女士左手成双手拉。
女士左转步。

图 13 - 11

3. 双手拉花——同侧双手拉

(1) 腰间花。

1×4 拍　男士原位基本步,双手拉女士双手指尖,左手向左引带女士,右手向左然后小臂向右引领女士后背手；女士右转步。

2×4 拍　男士原位基本步，左臂推女士后背，引领女士转身；女士左转步。

3×4 拍、4×4 拍　动作同 1×4 拍、2×4 拍，方向相反。

(2) 左右套环。

1×4 拍　男士原位基本步，左手向左，右手将女士套环在男士左侧；女士右转步。

2×4 拍　男士原位基本步，右手向左引带女士左转步，解套回原位成双手拉。

3×4 拍、4×4 拍　动作同 1×4 拍、2×4 拍，方向相反。

(3) 反弹琵琶。

1×4 拍　男士左转步同时举左手，引领女士右转步，从臂下钻过，形成反弹琵琶造型。(如图 13－12 所示)

2×4 拍　男步右转步，左手向右引带女士左转步，从臂下钻回。

3×4 拍、4×4 拍　动作同 1×4 拍、2×4 拍，方向相反。(如图 13－13 所示)

图 13－12

图 13－13

(4) 套环转＋荷花转。

1×4 拍　男士举右手，掌心向上，屈肘向左同时左转步，手臂从女士头上落下，套在胸前，松腰间的左手，转身后接女士的右手；女士右转步走男士身后。

2×4 拍　男士左手向右引领女士左转步，左手经女士胸前绕至女士头顶落下，松腰间的右手，接女士的左手；女士左转步。

3×4 拍、4×4 拍　动作同 1×4 拍、2×4 拍、4×4 拍的第 4 拍，男士松右手后，右手斜上举，女士左手斜上举。

5×4 拍　男士左脚并上，右手放下贴于体侧，左手高举经体前、侧、后、左绕动，引领女士围绕男士走四步，女士从男士右侧走至左侧。第 4 拍男士左臂伸直向前，手心朝上，托女士右手在掌心；女士左手斜向下，右手在男士引领下斜向上，四步前进环绕至男士左侧。

6×4 拍　男士左转步，左手引带女士右转步。第 2 拍，男士右手经女士左臂下搭放在女士右肩胛骨处；第 3 拍，左手向侧打开。

7×4 拍　男士左脚开始进，动作为进—进—向左进转—退—原地踏点。
女士右脚横步同时左转 180 度，面向男士；以右脚为轴继续左转 180 度后左脚进；右脚进；左脚进转；退右脚；点踏。

8×4 拍　重复 7×4 拍的动作。

9×4 拍　男士左脚开始，进，同时右手拨转女士左转 180 度；进，同时拨转女士左转 180 度；右转 90 度同时，左脚向左横步引带女士左转 90 度后松开双手；右转 90 度同时退右脚，双手接女士成基本搭手姿态。
女士左转 180 度同时右脚向右横步；以右脚为轴左转 180 度同时左脚向前；向左转 90 度同时右脚向右横步；以右脚为轴左转 270 度面向男士同时进左脚。

(5) 斜单手——后单手抱腰。

1×4 拍　男士原位基本步引领女士成开位。
女士退，左脚原地转 180 度，退右脚，左脚点踏。

2×4 拍　男士原位基本步引领女士右转步单人钻，同时换成右手接右手；女士右转步。

3×4 拍　男士右转步反手引领女士左转步单人钻，女士左转步从男士臂下钻过。

4×4 拍　男士原位基本步，引领女士左转步，左手在前接女士左手，右手在后成后单手抱腰；女士左转步。(如图 13－14 所示)

图 13－14

5×4 拍　男士原位基本步，左手经女士面前引带女士右转步，然后送右手；女士右转步。

6×4 拍　男士原位基本步，左手引领女士右转步同时右手在前面接女士右手；女士右转步。

7×4 拍　男士原位基本步，右手引领女士左转步，松左手换成手心相对握变斜双手；女士左转步。

(6) 斜双手——双人钻。

1×4 拍　男士左转步，斜双手引领女士右转步从双臂下钻过；女士右转步。

2×4 拍　男士右转步引领女士左转步从斜双臂下钻过；女士左转步。

3×4 拍　男士右转步走右侧从斜双臂下钻过；女士左转步。

4×4 拍　男士右转步引领女士左转步从斜双臂下钻过；女士左转步。

课程资源

动作示范

第十四章　拉丁舞

第一节　概　述

一、拉丁舞的起源与发展

拉丁舞是一项新兴的体育项目，是体育与舞蹈的结合，具有运动与艺术的双重性。它既是一种表现美的艺术，更是一项健身运动，能够充分释放情绪、减轻压力、消耗大量的脂肪，对腰、腹、臀曲线的塑造有明显的效果。拉丁舞形式多样，内容丰富，运动量可以调节，同时不受场地、气候的限制。

拉丁舞全称拉丁美洲舞，是流行于拉丁美洲的民间舞蹈。最早起源于非洲，早在16世纪时，欧洲的征服者们为了得到充足的劳动力而把大批的非洲黑人引入美洲大陆，到了17、18世纪，来自这三个洲的文化已在美洲大陆上逐步融合，随着后来欧洲宫廷舞蹈元素的流入，这些民间舞又有了进一步的规范、衍变和完善。第二次世界大战后，美国人将这些舞蹈传播到世界各地，尤其在欧洲广为流行。1925年，经过英国皇家舞蹈教师协会(Imperial Society of Teachers of Dancing，简称ISTD)的统一规范，拉丁舞比赛发展为一种国际赛事，并延续至今。1960年，拉丁舞正式成为世界锦标赛比赛项目，其中比较有名的赛事有英国"黑池"舞蹈节、英国UK国际锦标赛、德国世界舞蹈运动锦标赛等。拉丁舞包含伦巴、桑巴、恰恰舞、斗牛、牛仔五个舞种。

拉丁舞于20世纪30年代传入中国，而竞技性体育舞蹈则在20世纪80年代才开始在中国发展。从目前的体育舞蹈竞技水平、社会普及程度、组织完善程度等方面而言，我国体育舞蹈已迈入历史新阶段，成为国际上一支不可忽视的主力军。

二、拉丁舞的方向、路线和角度

拉丁舞起舞的方向和路线，可根据舞蹈编排的需要或舞厅场地条件灵活变化。

(一) 赛场规格

国际标准交谊舞的比赛场地要求地面光滑、平整，长23米，宽15米。

(二) 舞程向、舞程线

为了让国标舞的动作自然、流畅，减少舞者之间的相互碰撞，舞者必须按逆时针方向行进，这个行进方向称为舞程向；这种逆时针方向运行的路线，称为舞程线。

(三) 角度

国标舞对一个组合或套路中每一舞步在开始和结束时所站立的方位以及运步的方向和旋转的角度都有严格的规定。

旋转的角度有两种计算方法。一种是以 360 度为一周，它的旋转角度是以几分之几周计算；另一种的旋转角度是以度数计算。角度上由小到大分为 45 度(1/8 周)、90 度(1/4 周)、135 度(3/8 周)、180 度(1/2 周)、225 度(5/8 周)、270 度(3/4 周)、315 度(7/8 周)、360 度(1 周)。记录旋转时，要先标明旋转的方向，再标明角度。

(四) 方位

国际标准交谊舞对动作的准确度是十分讲究的，为了准确地把握好舞蹈动作的流程和旋转角度，它确定了各种不同位置的方位。一般情况下，多以乐队演奏台中心为基准，定为“1 点”(也可在场地中任一个面定位“1 点”)。沿着顺时针方向转动，每转 45 度所对应的方位，依次定为“2 点”“3 点”“4 点”“5 点”“6 点”“7 点”“8 点”。

(五) 八条线

国标舞以男士面对舞程线方向为基准，对舞步的行进方向规定了八条线。只要舞者沿着舞程线行进，无论到哪个点上，都可以按八条线来区分方位和角度。(如图 14 - 1 所示)

(1) 男士面向的是舞程线。

(2) 男士背向的是逆舞程线。

(3) 男士右肩所向即右转 90 度所向为四壁，称为壁线。

(4) 男士左肩所向即左转 90 度所向为舞池中央，称为中央线。

(5) 男士右前方即右转 45 度后的方向朝壁线倾斜，称为壁斜线。

(6) 男士左前方即左转 45 度后的方向朝中央线倾斜，称为中央斜线。

(7) 男士右后方即右转 135 度后的方向朝壁线逆向倾斜，称为逆壁斜线。

(8) 男士左后方即左转 135 度后的方向朝中央逆向倾斜，称为逆中央斜线。

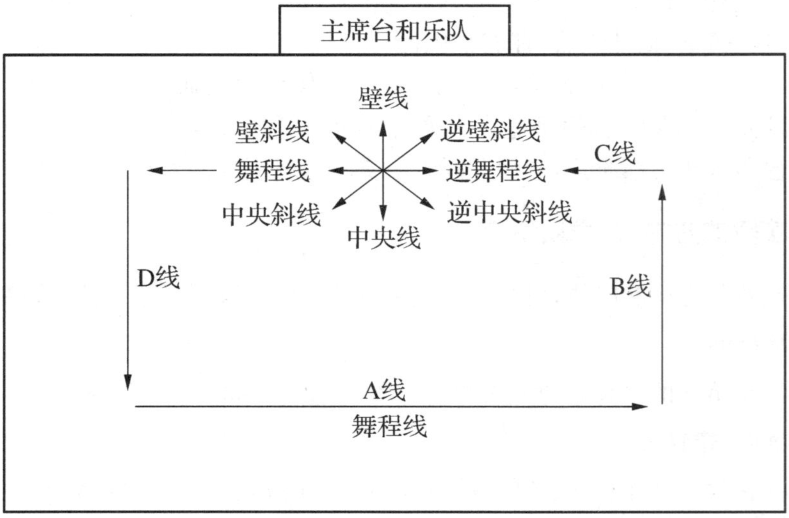

图 14 - 1

三、拉丁舞的基本姿势

(一) 拉丁舞的基本站立姿势

两脚自然放松原地站立，脚跟相靠，脚尖外开 25 度至 30 度，成小外八字。身体尽量站直，头、肩、髋在同一垂直面上，两眼平视，立颈收颌。挺胸使两肩胛骨向后向内关闭，沉肩收腹、中腰拨起，臀部夹紧。两条大腿要稍内收，双膝要绷直，不可弯曲，大腿和小腿的肌肉要收紧，感觉是向反方向拉紧。

(二) 拉丁舞的基本位置

1. 闭握式位置

男、女舞伴面对面站立，相距约 15 厘米，且女士略靠男士的右侧。男士重心在右腿，女士重心在左腿，另一脚向外打开，脚尖内侧着地。男士左前臂上举，手腕平直，左手虎口打开后轻握女伴右手，男士左臂与右臂高度相互对齐，上臂略向内靠，小臂与上臂约成 90 度，女士右手四指轻放在男士的手掌虎口处，双方的手轻轻扶握，手的位置在两人身体垂面的中间，高度与女伴眼睛齐平。男伴右手扶在女伴左肩胛骨下半部，整个手臂成弧形，轻柔微屈拥住女伴，手肘高度约与女伴胸齐；女伴左手臂则顺此弯曲柔顺轻靠在男伴右臂上。(如图 14－2 所示)

a

b

图 14－2

2. 分式位置

男、女舞伴面对面站立，分开约一臂距离的身体位置，相互对视，任意脚为重心，但男、女舞伴重心脚相反。有三种分式位置握手方法。

(1) 男士左手握女士右手或男士右手握女士左手。

(2) 男士右手握女士右手。

(3) 不握手。

在男、女舞伴握手时，相握手臂稍回收弯曲，双手位置略低于胸，另一手侧伸并略下收弯曲，与肩成一柔和曲线。男、女舞伴双手分开不握时，双手向前，手臂下垂，双肘靠在身体两侧。(如图 14－3 所示)

a

b

c

图 14－3

3. 侧行位置

在闭握式的基础上，男士上身连同头部稍向左转 1/8，女士上身连同头部稍向右转 1/8，男士右外侧(腰胯部)与女士左外侧紧密接触，两人身体的另一侧向外展打开成“V”形，两人眼睛通过相握的手臂向同一方向看，形成将要侧行态势的站立或行进的身体位置。(如图14－4、图 14－5 所示)

图 14－4

图 14－5

4. 相对侧行位置

在闭握式的基础上，男士上身连同头部稍向右转 1/8，女士上身连同头部稍向左转 1/8，男士身体的左侧与女士身体的右侧靠近或靠紧，两人身体的另一侧略向外打开成倒“V”形站立。(如图 14－6 所示)

图 14－6

5. 并退位置

男士的左脚和女士的右脚向后各退一步，男、女身体所形成的角度一般不超过 1/4(男士左转 1/8，女士右转 1/8 或 1/4)，男士身体右侧与女士的身体左侧靠近或靠紧。

图 14 - 7

6. 分式并退位置

以男士的左手握女士的右手为例，男士向右、女士向左各转1/4，男士的右脚和女士的左脚向后各退一步，男士身体左侧与女士的身体右侧靠近或靠紧。男士左手、女士右手向前推出略下收，手位低于胸，而男士右手、女士左手向外侧伸与肩同高。由于肩部动作使得身体微倾，外侧手臂（男士右手臂、女士左手臂）看起来比内侧相握的手臂高。（如图 14 - 7 所示）

7. 并肩位置

在拉丁舞中，以男士为基准，男士左肩与女士右肩相并的叫左并肩位；男士右肩与女士左肩相并的，叫右并肩位。

8. 影子位置

女士在男士的前方偏左或偏右位置，并靠近男伴，这就是影子位舞姿。女士居前偏右的是右影位，居前偏左的是左影位。可以成单手握持的舞姿，也可以成双手环绕相拉的舞姿。这种身体位置一般以女士居前常见。（如图 14 - 8 所示）

图 14 - 8

图 14 - 9

9. 扇形位置

女士在男士左侧相距一个半手臂的距离，女士身体与男士身体呈直角，并转向男方。女士左脚在后，重心坐落在左脚上；男士右脚向侧并稍微向前，重心落在右脚上。女士两脚站位的延长线与男士两脚站位的延长线是平行线，相距约 15 厘米，目的是留出空间让女士行进。男士左手心向上，女士右手心向下，男士左手在女士右手下，用大拇指扣住女士右手手背。男、女相握的手臂屈肘，低于肩。空出的手向侧伸展，与肩呈柔和曲线，目视前方。（如图 14 - 9 所示）

第二节　恰恰舞

恰恰舞（ChaCha）是一种踏步式的舞步，强调支撑腿跳舞，要求臀部向斜后方摆动明显。其风格特点是舞曲诙谐风趣、节奏感强，舞姿花俏轻巧，舞步利落紧凑。

一、恰恰舞的舞步风格与特点

恰恰舞强调的是内部扬脚步，舞蹈结构的编排要求不可过多长距离地移动，并在组合舞中包含直接面对现场观众舞蹈的舞步，因此每个动作节拍的配合相当重要。

恰恰舞的动作节奏为：2、3、4&1(1、2、3、4&)，每小节4拍，强拍落在第1拍，习惯第2拍动脚，第4拍被分成两个半拍完成恰恰追步(时间值各占1/2)，是4拍跳5步(2、3、4&1)的舞蹈，身体不可有起伏。

恰恰舞的音乐节拍为4/4拍，有时是2/4拍，速度每分钟30—31小节，每小节4拍，强拍落在第1拍，起跳应从每小节的第1拍开始。

节拍数法为："慢、慢、快快、慢""踏、踏、恰恰、踏"或"2、3、4&1"。

音乐值：1　2　3　4　&

或：　s　s　s　Q　Q

节奏值：1　1　1　1/2　1/2

步序：　1　2　3　4　5

二、恰恰舞的基本舞步和技术

(一) 恰恰舞的基本元素练习

1. 侧向追步(Chasse)

男士与女士的舞步动作如表14-1。

表14-1　恰恰舞侧向追步舞步动作(以左恰恰追步为例)

步　序	节　奏	时　值	步　位	步　法	使用动作	身体转度
1	4	1/2	左脚向侧	掌、跟	左膝弯曲，胯部开始移至左边	根据舞步所需而定
2	&	1/2	右脚向左脚半并合	掌、跟	双膝弯曲，胯部移回中间	
3	1	1	左脚向侧	掌、跟	双膝伸直，胯部向左移	

右恰恰追步动作同左恰恰追步，但方向相反。

2. 时间步(Time Step)

(1) 男士舞步动作如表14-2所示。

表14-2　时间步男士舞步动作

步　序	节　奏	时　值	步　位	步　法	使用动作	身体转度
1	1	1	右脚向侧	掌、跟	侧向步	—
2	2	1	左脚向右脚半并合	掌、跟	两脚合并，重心转移	—
3	3	1	右脚原地	掌、跟	原地换重心	—

续　表

步　序	节　奏	时　值	步　位	步　法	使用动作	身体转度
4	4	1/2	左脚向侧	掌、跟	向左侧恰恰追步(左右左)	—
5	&	1/2	右脚向左脚半并合	掌、跟		—
6	1	1	左脚向侧	掌、跟		—
7	2	1	右脚向左脚半并合	掌、跟	两脚合并，重心转移	—
8	3	1	左脚原地	掌、跟	原地换重心	—
9	4	1/2	右脚向侧	掌、跟	向右侧恰恰追步(右左右)	—
10	&	1/2	左脚向右脚半并合	掌、跟		—
11	1	1	右脚向侧	掌、跟		—

注：舞步也可从第 2 步开始，任意反复跳。男士开始的位置：拉丁基本站位，以左腿为重心，右脚向侧打开。1 点落脚、重心转移、移胯。

(2) 女士舞步动作如表 14－3 所示。

表 14－3　时间步女士舞步动作

步　序	节　奏	时　值	步　位	步　法	使用动作	身体转度
1	1	1	左脚向侧	掌、跟	侧向步	—
2	2	1	右脚向左脚半并合	掌、跟	两脚合并，重心转移	—
3	3	1	左脚原地	掌、跟	原地换重心	—
4	4	1/2	右脚向侧	掌、跟	向右侧恰恰追步(右左右)	—
5	&	1/2	左脚向右脚半并合	掌、跟		—
6	1	1	右脚向侧	掌、跟		—
7	2	1	左脚向右脚半并合	掌、跟	两脚合并，重心转移	—
8	3	1	右脚原地	掌、跟	原地换重心	—
9	4	1/2	左脚向侧	掌、跟	向左侧恰恰追步(左右左)	—
10	&	1/2	右脚向左脚半并合	掌、跟		—
11	1	1	左脚向侧	掌、跟		—

注：舞步也可从第 2 步开始，任意反复跳。女士开始的位置：拉丁基本站位，以右腿为重心，左脚向侧打开。1 点落脚、重心转移、移胯。

(二) 恰恰舞的基本舞步和动作

1. 前进锁步(*右左右*)(Forward Lock)

男士与女士的舞步动作如表 14－4 所示。

表 14-4 前进锁步舞步动作

步序	节奏	时值	步位	步法	使用动作	身体转度
1	4	1/2	右脚前进，右肩带领	掌、跟	右膝弯曲，胯部开始移至右边	根据舞步所需而定
2	&	1/2	左脚交叉于右脚后	脚尖	两膝弯曲，胯部移回中间成拉丁交叉	
3	1	1	右脚前进，右肩带领	掌、跟	两膝伸直，胯部向右移	

2. 前进锁步（左右左）（Forward Lock）

动作同“右左右”，方向相反。

3. 后退锁步（左右左）（Backward Lock）

男士与女士的舞步动作如表 14-5 所示。

表 14-5 后退锁步舞步动作

步序	节奏	时值	步位	步法	使用动作	身体转度
1	4	1/2	左脚后退，脚尖外转	掌、跟	左膝伸直，胯部开始移至左边	根据舞步所需而定
2	&	1/2	左脚交叉于右脚后	脚尖	两膝弯曲，胯部移回中间成拉丁交叉	
3	1	1	左脚后退，左肩带领	掌、跟	两膝伸直，胯部向左移	

4. 后退锁步（右左右）（Backward Lock）

动作同“左右左”，方向相反。

注意：在跳前进和后退锁步时所做的肩带领，不要太夸张，在跳下一步时，要马上停止。另外，若是有转动的锁步，切不可使用肩带领。

5. 划圆追步（Ronde Chasse）

男士与女士的舞步动作如表 14-6 所示。

表 14-6 划圆追步舞步动作

步序	节奏	时值	步位	步法	使用动作	身体转度
1	4	1/2	左脚交叉于右脚后面	掌、跟	延迟后退走步，稍微划圆，两膝弯曲，胯部移回中间成拉丁交叉	根据舞步所需而定
2	&	1/2	右脚向侧（从原来位置踏一个小的侧向步）	全足	两膝弯曲，胯部稍微向右	
3	1	1	左脚向侧	掌、跟	两膝伸直，胯部向左	

6. 扭臀追步(Hip Twist Chasse)

男士与女士的舞步动作如表 14－7 所示。

表 14－7　扭臀追步舞步动作

步　序	节　奏	时　值	步　位	步　法	使用动作	身体转度
1	4	1/2	右脚横过身体前进	脚尖、脚跟	延迟前进走步，膝盖紧缩臀部向左移	根据舞步所需而定
2	&	1/2	左脚并合右脚	掌、跟	两膝紧缩，臀部移回中央	
3	1	1	右脚向侧稍前	掌、跟	两膝伸直，臀部向右移	

注：髋部的转量比肩多一些。身体的转动是从前一拍开始的。男士可以使用扭臀追步来取代所有以扇形位置结束的最后 3 步的舞步。

7. 古巴断步(Cuban Breaks)

男士与女士的舞步动作如表 14－8 所示。

表 14－8　古巴断步舞步动作

步　序	节　奏	时　值	步　位	步　法	使用动作	身体转度
1	2	1/2	左脚越过右脚，小步向前	掌、跟	抑制前进走步	右转 1/8
2	&	1/2	右脚原地	掌、跟	原地重心转移	左转 1/8
3	3	1	左脚向侧	掌、跟	两膝伸直，重心回到左脚	
4	4	1/2	右脚越过左脚，小步向前	掌、跟	抑制前进走步	左转 1/8
5	&	1/2	左脚原地	掌、跟	原地重心转移	右转 1/8
6	1	1	右脚向侧	掌、跟	两膝伸直，重心回到右脚	

8. 闭式基本步(Close Basic Movement)

(1) 男士舞步动作(如表 14－9 所示)：从闭式位开始，脚分开，重心在右脚。

表 14－9　闭式基本步男士舞步动作

步　序	节　奏	时　值	步　位	步　法	使用动作	身体转度
1	2	1	左脚前进，脚尖外转	掌、跟	抑制前进走步	—
2	3	1	右脚原地	掌、跟	原地重心转移	略向左转
3	4	1/2	左脚向侧并稍后退	掌、跟	向左侧恰恰追步(左右左)	左转 1/8 或 1/4
4	&	1/2	右脚向左脚半并合	掌、跟		
5	1	1	左脚向侧稍后退	掌、跟		
6	2	1	右脚后退	掌、跟	后退走步(退截步)	—

续 表

步　序	节　奏	时　值	步　位	步　法	使用动作	身体转度
7	3	1	左脚原地	掌、跟	原地重心转移	略向左转
8	4	1/2	右脚向侧并稍前进	掌、跟	向右侧恰恰追步(右左右)	左转 1/8 或 1/4
9	&	1/2	左脚向右脚半并合	掌、跟		
10	1	1	右脚向侧稍前进	掌、跟		

(2) 女士舞步动作(如表 14－10 所示):从闭式位开始,脚分开,重心在左脚。

表 14－10　闭式基本步女士舞步动作

步　序	节　奏	时　值	步　位	步　法	使用动作	身体转度
1	2	1	右脚后退	掌、跟	后退走步(退截步)	—
2	3	1	左脚原地	掌、跟	原地重心转移	略向左转
3	4	1/2	右脚向侧并稍前进	掌、跟	向右侧恰恰追步(右左右)	左转 1/8 或 1/4
4	&	1/2	左脚向右脚半并合	掌、跟		
5	1	1	右脚向侧稍前进	掌、跟		
6	2	1	左脚前进,脚尖外转	掌、跟	抑制前进走步	略向左转
7	3	1	右脚原地	掌、跟	原地重心转移	左转 1/8 或 1/4
8	4	1/2	左脚向侧并稍后退	掌、跟	向左侧恰恰追步(左右左)	
9	&	1/2	右脚向左脚半并合	掌、跟		
10	1	1	左脚向侧稍后退	掌、跟		

注:男士与女士的整个身体转量可以向左转 1/8,也可以向左转 1/4,最多不超过 1/2。由于后退走步和抑制前进走步并非吻合式的相反,所以在跳闭式基本步时,男、女之间的距离会时大时小。

9. 扇形步(Fan)

(1) 男士舞步动作(如表 14－11 所示):从闭式位开始,脚分开,重心在左脚。

表 14－11　扇形步男士舞步动作

步　序	节　奏	时　值	步　位	步　法	使用动作	身体转度
1	2	1	右脚后退,舞伴外侧在左边	掌、跟	后退走步	—
2	3	1	左脚原地	掌、跟	原地重心转移	左转 1/8
3	4	1/2	右脚向侧并稍前进	掌、跟	向右侧恰恰追步(右左右)	
4	&	1/2	左脚向右脚半并合	掌、跟		
5	1	1	左脚向侧稍前进	掌、跟		

(2) 女士舞步动作(如表 14－12 所示):从闭式位开始,脚分开,重心在右脚。

表 14－12　扇形步女士舞步动作

步　序	节　奏	时　值	步　位	步　法	使用动作	身体转度
1	2	1	左脚前进,舞伴外侧在左边	掌、跟	前进走步	—
2	3	1	右脚后退并稍侧	掌、跟	前进转动走步	左转 1/8
3	4	1/2	左脚后退	脚尖	后退恰恰锁步(左右左)	左转 1/4
4	&	1/2	右脚交叉于左脚前(右脚向左脚半并合)	掌、跟		
5	1	1	左脚后退	掌、跟		

注:第 1 步以闭握式开始,然后男士左臂降下。第 2 步男士右手松握。第 5 步以扇形位结束。

10. 曲棍步(Hockey Stick)

(1) 男士舞步动作(如表 14－13 所示):开始于扇形位。

表 14－13　曲棍步男士舞步动作

步　序	节　奏	时　值	步　位	步　法	使用动作	身体转度
1	2	1	左脚前进,脚尖外转	掌、跟	抑制前进走步	—
2	3	1	右脚原地	掌、跟	原地重心转移	—
3	4	1/2	左脚向右脚几乎并合	掌、跟	小步恰恰追步(左右左)	—
4	&	1/2	右脚向左脚半并合	掌、跟		—
5	1	1	左脚小步向侧	掌、跟		—
6	2	1	右脚后退	掌、跟	后退走步	右转 1/8
7	3	1	左脚原地	掌、跟	原地重心转移	
8	4	1/2	右脚向前	脚尖	前进恰恰锁步(右左右)	
9	&	1/2	左脚向右脚半并合	掌、跟		
10	1	1	右脚前进	掌、跟		

注:第 1 步以扇形位开始。第 3—5 步时,男士引导女士向前并抬高左臂;女士右手屈肘向前上举,形成小窗口。两人的脸都转向窗口,男士第 6—10 步向右转 1/8 并引导女伴左转,结束在开式位。

(2) 女士舞步动作(如表 14－14 所示):开始于扇形位。

表 14－14　曲棍步女士舞步动作

步　序	节　奏	时　值	步　位	步　法	使用动作	身体转度
1	2	1	右脚向后靠近左脚	掌、跟	右脚收回换重心	—
2	3	1	左脚前进	掌、跟	前进走步	—

续 表

步 序	节 奏	时 值	步 位	步 法	使用动作	身体转度
3	4	1/2	右脚前进	掌、跟	前进恰恰小锁步(右左右)	—
4	&	1/2	左脚交叉于右脚脚后	脚尖		—
5	1	1	右脚前进	掌、跟		—
6	2	1	左脚前进	掌、跟	前进走步	左转 1/8
7	3	1	右脚小步前进继续左转	掌、跟	前进且转走步	左转 1/2
8	4	1/2	左脚后退	脚尖	向左侧恰恰追步(左右左)	
9	&	1/2	右脚交叉于左脚前	掌、跟		
10	1	1	左脚后退	掌、跟		

注:第 1 步从扇形位开始。女士在第 6—8 步向左转 5/8,最后女士在第 8—10 步向斜前方以分式相对侧行位结束;女士也可以在第 7 步时向前,于后半时完成向左转 1/2。

11. 纽约步(New York)

(1) 男士舞步动作(如表 14 - 15 所示):开始于分式相对侧行位。

表 14 - 15 纽约步男士舞步动作

步 序	节 奏	时 值	步 位	步 法	使用动作	身体转度
1	2	1	在分式相对侧行位中,左脚前进,脚尖外转	掌、跟	抑制前进走步	右转 1/4 成并肩位
2	3	1	右脚原地	掌、跟	原地重心转移	左转 1/4
3	4	1/2	左脚向侧	掌、跟	向左侧恰恰追步(左右左)	
4	&	1/2	右脚向左脚半并合	掌、跟		
5	1	1	左脚向侧	掌、跟		
6—10	动作同 1—5,左右交换					

注:第 1 步男士放开右手,用左手引导女士左转,在第 5 步经环握后放开左手,用右手引导女士右转,第 10 步恢复环握。第 1 步以男士左手握女士右手的分式相对侧行位开始,第 5 步以男士右手握女士左手的分式位结束。

(2) 女士舞步动作(如表 14 - 16 所示):开始于分式相对侧行位。

表 14 - 16 纽约步女士舞步动作

步 序	节 奏	时 值	步 位	步 法	使用动作	身体转度
1	2	1	在分式相对侧行位中,右脚前进,脚尖外转	掌、跟	右脚向前做切克步	左转 1/4 成并肩位

续　表

步　序	节　奏	时　值	步　位	步　法	使用动作	身体转度
2	3	1	左脚原地	掌、跟	原地重心转移	右转 1/4
3	4	1/2	右脚向侧	掌、跟	向右侧恰恰追步(右左右)	
4	&	1/2	左脚向右脚半并合	掌、跟		
5	1	1	右脚向侧	掌、跟		
6—10	2	1	动作同 1—5,左右交换			

12. 手对手步(Hand to Hand)

(1) 男士舞步动作(如表 14－17 所示):开始于面对面双手环握。

表 14－17　手对手步男士舞步动作

步　序	节　奏	时　值	步　位	步　法	使用动作	身体转度
1	2	1	分式并退位,左脚后退	掌、跟	后退走步	左转 1/4
2	3	1	右脚原地	掌、跟	原地重心转移	—
3	4	1/2	左脚向侧	掌、跟	向左侧恰恰追步(左右左)	右转 1/4
4	&	1/2	右脚向左脚半并合	掌、跟		
5	1	1	左脚向侧	掌、跟		
6—10	动作同 1—5,左右交换					

(2) 女士舞步动作(如表 14－18 所示):开始于面对面双手环握。

表 14－18　手对手步女士舞步动作

步　序	节　奏	时　值	步　位	步　法	使用动作	身体转度
1	2	1	分式并退位,右脚后退	掌、跟	后退走步	右转 1/4
2	3	1	左脚原地	掌、跟	原地重心转移	—
3	4	1/2	右脚向侧	掌、跟	向右侧恰恰追步(右左右)	左转 1/4
4	&	1/2	左脚向右脚半并合	掌、跟		
5	1	1	右脚向侧	掌、跟		
6—10	2	1	动作同 1—5,左右交换			

注:第 1 步男士放开左手,用右手引导女士右转,在第 5 步经环握后放开右手,用左手引导女士左转。

13. 定点转(Spot Turn)

(1) 男士舞步动作(如表 14－19 所示):开始于分式位。

表 14－19 定点转男士舞步动作(以定点转右转步为例)

步 序	节 奏	时 值	步 位	步 法	使用动作	身体转度
1	2	1	左脚前进且转,越过身体以左脚后面稍旁结束	掌、跟	前进且转步	右转 1/4
2	3	1	右脚原地	掌、跟	原地重心转移	右转 1/2
3	4	1/2	左脚向侧	掌、跟	向左侧恰恰追步(左右左)	右转 1/4
4	&	1/2	右脚向左脚半并合	掌、跟		
5	1	1	左脚向侧	掌、跟		

定点转左转步动作同右转步,左右交换。

(2) 女士舞步动作(如表 14－20 所示):开始于分式位。

表 14－20 定点转女士舞步动作(以定点转右转步为例)

步 序	节 奏	时 值	步 位	步 法	使用动作	身体转度
1	2	1	右脚前进且转,越过身体以右脚后面稍旁结束	掌、跟	前进且转步	左转 1/4
2	3	1	左脚原地	掌、跟	原地重心转移	左转 1/2
3	4	1/2	右脚向侧	掌、跟	向右侧恰恰追步(右左右)	左转 1/4
4	&	1/2	左脚向右脚半并合	掌、跟		
5	1	1	右脚向侧	掌、跟		

注:男士第 2 步和女士第 2 步的脚在第 1 步时应在原地不动。

定点转左转步动作同右转步,左右交换。

第三节 牛仔舞

一、牛仔舞的舞步风格与特点

牛仔舞(Jive)的舞步由追步形成,舞姿较为松弛和自由,所有的舞步都用脚掌来跳,舞步较小,步与步之间往往由踝膝关节的弹动来连接,重心始终保持在脚趾上,腰和胯部向反方向做钟摆式自然摆动。舞者不断与舞伴换位转圈,强烈的扭摆动作和持续快速的旋转使人眼花缭乱,具有亢奋热烈的风格。

牛仔舞的动作节奏为:1、2、3&4、5&6。3、5 占用 3/4 拍的时间,& 占用 1/4 拍的时间。因此,牛仔舞的舞步是 6 拍跳 8 步。

牛仔舞的音乐节拍为 4/4 拍,每小节强拍落在第 2 和第 4 拍上,每分钟 42—44 小节。

音乐值:1　2　3　&　4　5　&　6

或:　Q　Q　Q　&　Q　Q　&　Q

节奏值:1　1　3/4　1/4　1　3/4　1/4　1

1. 牛仔舞的基本站立姿势

两脚原地站立，脚跟相靠，脚尖外开 25 度至 30 度成小外八字。双膝自然放松，颈正收颌、沉肩收腹、肩胛骨内收并沉肩，中腰拨起，臀部夹紧，大腿内收，头、肩、髋在同一垂直面上。重心在支撑脚的全脚掌上，同时脚趾用力抓地。

2. 牛仔舞闭式位握持方法

面对舞伴站好，相距约 15 厘米。男士应把右手放在女士后背，在左肩胛骨下方。男士左手握住女士右手，手臂和缓地弯曲，手的高度正好在腰部上方。女士要把左臂放在男士的右臂上，顺着男士的手臂与肩部形成曲线。

3. 牛仔舞的胯部律动

腰部摇摆是周期性左右交替的钟摆式横向运动。切记要留住胯位，在身体屈伸弹动的基础上最后摇摆胯位。

二、牛仔舞的基本舞步和技术

(一) 牛仔舞的基本元素练习

1. 膝关节、踝关节原地弹动的律动练习

姿势：身体朝正前方。两脚全脚掌着地，两脚跟靠拢，脚尖外开 25 度至 30 度成小外八字，双膝自然放松微屈。两臂屈肘侧前伸，略低于肩；小臂稍高、手腕内扣放松；手心向下，眼睛平视前方。

技术要领：两腿大腿内侧加紧，膝盖稍内扣，原地做弹动练习。① 两膝盖向下屈伸幅度小(轻拍)；② 两膝盖向下屈伸幅度大(重拍)。要求膝关节和踝关节保持放松状态。

2. 原地站摇摆步律动练习

姿势：身体朝正前方。两脚全脚掌着地，两脚跟靠拢，脚尖外开 25 度至 30 度成小外八字，双膝自然放松微屈。两臂屈肘侧前伸，略低于肩；小臂稍高、手腕内扣放松；手心向下。眼睛平视前方，摆胯动作从右侧静止状态开始。

技术要领：1 点左腿屈，两腿大腿内侧加紧，膝盖稍内扣，左脚前掌内侧着地成虚点步，同时重心移至左脚，膝直，同时出左胯。2 点右脚大脚趾内侧压地，重心移至右脚。同时左腿屈，大腿内侧加紧，膝盖稍内扣。右脚前掌内侧着地成虚点步，出右胯。以此类推。

3. 倒步的律动练习

姿势：同动作 1。

技术要领：男步，1 点左腿屈稍抬起，小腿下垂，出右胯，左脚向右脚后退一小步，交叉于右脚后，重心移到左脚，由前脚着地过渡到全脚掌着地，直膝。后半拍出左胯。同时右腿屈稍抬起，小腿下垂。2 点右脚原地踏下，重心移到右脚，由前脚着地过渡到全脚掌着地，直膝。后半拍出右胯。女步同男步，动作相同，方向相反。

4. 牛仔舞左右追步

(1) 左右左追步(如表 14 - 21 所示)。

表 14－21　左右左追步动作

步　序	节　奏	时　值	步　位	步　法	使用动作	身体转度
1	Q	3/4	左脚向侧	脚掌	左膝弯曲，胯部向右	根据舞步所需而定
2	&	1/4	右脚向左脚半并合	脚掌	双膝弯曲，臀部开始向左移	
3	Q	1	左脚向侧	掌、跟	左膝伸直，臀部向左	

（2）右左右追步（如表 14－22 所示）。

表 14－22　右左右追步动作

步　序	节　奏	时　值	步　位	步　法	使用动作	身体转度
1	Q	3/4	右脚向侧	脚掌	右膝弯曲，胯部向右	根据舞步所需而定
2	&	1/4	右脚向左脚半并合	脚掌	双膝弯曲，臀部开始向右移	
3	Q	1	右脚向侧	掌、跟	右膝伸直，臀部向右	

5. 牛仔舞的四拍练习法

男士与女士的舞步动作如表 14－23 所示。

表 14－23　四拍练习法舞步动作

步　序	节　奏	时　值	步　位	步　法	使用动作	身体转度
1	Q	1	左脚后退	脚掌	脚跟着地，左膝伸直，重心在左腿，胯部向左，右膝弯曲，脚尖点地	根据舞步所需而定
2	Q	1	右脚原地	脚掌	重心回右腿，膝部伸直，臀部开始向左移	
3	Q	3/4	左脚向侧	脚掌	向左侧追步（左右左）	
4	&	1/4	右脚向左脚半并合	脚掌		
5	Q	1	左脚向侧	掌、跟		
1	Q	1	右脚后退	脚掌	右脚后退，脚跟着地，重心在左腿，胯部在右	根据舞步所需而定
2	Q	1	左脚原地	脚掌	重心回右腿，膝部伸直，臀部开始向右移	
3	Q	3/4	右脚向侧	脚掌	向右侧追步（右左右）	
4	&	1/4	右脚向左脚半并合	脚掌		
5	Q	1	右脚向侧	掌、跟		

6. 牛仔舞的六拍练习法

（1）男士舞步动作如表 14－24 所示。

表 14－24　六拍练习法男士舞步动作

步　序	节　奏	时　值	步　位	步　法	使用动作	身体转度
1	Q	1	左脚后退	脚掌	摇摆步	—
2	Q	1	右脚原地	脚掌		—
3	Q	3/4	左脚向侧	脚掌	向左侧追步(左右左)	—
4	&	1/4	右脚向左脚半并合	脚掌		—
5	Q	1	左脚向侧	掌、跟		—
6	Q	3/4	右脚向侧	脚掌	向右侧追步(右左右)	—
7	&	1/4	左脚向右脚半并合	脚掌		—
8	Q	1	右脚向侧	掌、跟		—

(2) 女士舞步动作如表 14－25 所示。

表 14－25　六拍练习法女士舞步动作

步　序	节　奏	时　值	步　位	步　法	使用动作	身体转度
1	Q	1	右脚后退	脚掌	摇摆步	—
2	Q	1	左脚原地	脚掌		—
3	Q	3/4	右脚向侧	脚掌	向右侧追步(右左右)	—
4	&	1/4	左脚向右脚半并合	脚掌		— —
5	Q	1	右脚向侧	掌、跟		
6	Q	3/4	左脚向侧	脚掌	向左侧追步(左右左)	—
7	&	1/4	右脚向左脚半并合	脚掌		—
8	Q	1	左脚向侧	掌、跟		—

(二) 牛仔舞的基本舞步和基本技术

1. 并退摇摆步(Fallaway Rock)

(1) 男士舞步动作(如表 14－26 所示):开始、结束于闭式位。

表 14－26　并退摇摆步男士舞步动作

步　序	节　奏	时　值	步　位	步　法	使用动作	身体转度
1	Q	1	并退位,左脚后退	掌、跟	摇摆步	左转 1/8
2	Q	1	右脚原地	掌、跟		右转 1/8
3	Q	3/4	左脚向侧	脚掌	向左侧追步(左右左)	
4	&	1/4	右脚向左脚半并合	脚掌		
5	Q	1	左脚向侧	掌、跟		

续 表

步 序	节 奏	时 值	步 位	步 法	使用动作	身体转度
6	Q	3/4	右脚向侧	脚掌	向右侧追步(右左右)	—
7	&	1/4	左脚向右脚半并合	脚掌		—
8	Q	1	右脚向侧	掌、跟		—

(2) 女士舞步动作(如表 14－27 所示):开始、结束于闭式位。

表 14－27　并退摇摆步女士舞步动作

步 序	节 奏	时 值	步 位	步 法	使用动作	身体转度
1	Q	1	并退位,右脚后退	掌、跟	摇摆步	右转 1/4
2	Q	1	左脚在地	掌、跟		左转 1/4
3	Q	3/4	右脚向侧	脚掌	向右侧追步(右左右)	
4	&	1/4	左脚向右脚半并合	脚掌		
5	Q	1	右脚向侧	掌、跟		
6	Q	3/4	左脚向侧	脚掌	向左侧追步(左右左)	—
7	&	1/4	右脚向左脚半并合	脚掌		—
8	Q	1	左脚向侧	掌、跟		—

2. *从右至左的换位*(Change of Places Right to Left)

(1) 男士舞步动作(如表 14－28 所示):开始于闭式位。

表 14－28　从右至左的换位(男士舞步动作)

步 序	节 奏	时 值	步 位	步 法	使用动作	身体转度
1	Q	1	并退位,左脚后退	掌、跟	摇摆步	左转 1/8
2	Q	1	右脚原地	掌、跟		—
3	Q	3/4	侧行位,左脚向侧	脚掌	斜进追步(左右左)	—
4	&	1/4	侧行位,右脚向左脚半并合	脚掌		—
5	Q	1	侧行位,左脚向侧	掌、跟		—
6	Q	3/4	右脚前进	脚掌	前进追步(右左右)	左转 1/8
7	&	1/4	左脚向右脚半并合	脚掌		
8	Q	1	右脚前进	掌、跟		

注:男士在第 5 步抬高左臂,引导女士右转,第 6—8 步完成向右转,并以男士左手握女士右手的开式位结束。

(2) 女士舞步动作(如表 14－29 所示):开始于闭式位。

表 14－29　从右至左的换位(女士舞步动作)

步　序	节　奏	时　值	步　位	步　法	使用动作	身体转度
1	Q	1	并退位,右脚后退	掌、跟	摇摆步	右转 1/4
2	Q	1	左脚原地	掌、跟		左转 1/4
3	Q	3/4	右脚向侧	脚掌	向右侧追步(右左右),最后一步猛向右转	
4	&	1/4	左脚向右脚半并合	脚掌		
5	Q	1	右脚前进,然后猛向右转	掌、跟		
6	Q	3/4	左脚斜退	脚掌	向左侧追步(左右左)	右转 3/8
7	&	1/4	右脚向左脚半并合	脚掌		
8	Q	1	左脚后退	掌、跟		

3. 从左至右的换位(Change of Places Left to Right)

(1) 男士舞步动作(如表 14－30 所示):开始、结束于开式位。

表 14－30　从左至右的换位(男士舞步动作)

步　序	节　奏	时　值	步　位	步　法	使用动作	身体转度
1	Q	1	左脚后退	掌、跟	摇摆步	—
2	Q	1	右脚原地	掌、跟		—
3	Q	3/4	左脚斜前进	脚掌	前进追步(左右左),最后一步猛向左转	右转 3/8
4	&	1/4	右脚向左脚半并合	脚掌		
5	Q	1	左脚横步	掌、跟		
6	Q	3/4	右脚前进	脚掌	前进追步(右左右)	—
7	&	1/4	左脚向右脚半并合	脚掌		—
8	Q	1	右脚前进	掌、跟		—

(2) 女士舞步动作(如表 14－31 所示):开始、结束于开式位。

表 14－31　从左至右的换位(女士舞步动作)

步　序	节　奏	时　值	步　位	步　法	使用动作	身体转度
1	Q	1	右脚后退	掌、跟	摇摆步	—
2	Q	1	左脚原地	掌、跟		—
3	Q	3/4	右脚向侧	脚掌	前进追步(右左右),最后一步猛向右转	左转 1/2,大部分在第 5 步转
4	&	1/4	左脚向右脚半并合	脚掌		
5	Q	1	侧行位,左脚向侧	掌、跟		

续 表

步 序	节 奏	时 值	步 位	步 法	使用动作	身体转度
6	Q	3/4	左脚斜进	脚掌	后退追步(左右左)	左转 1/8
7	&	1/4	右脚向左脚半并合	脚掌		
8	Q	1	左脚后退	掌、跟		

注:男士在第 3 步抬高右臂提示女士左转,第 5 步女士左转,第 8 步以男士左手握女士右手的开式位结束。

4. 美式旋转步(American Spin)

(1) 男士舞步动作(如表 14－32 所示):开始、结束于开式位。

表 14－32 美式旋转步男士舞步动作

步 序	节 奏	时 值	步 位	步 法	使用动作	身体转度
1	Q	1	左脚后退	掌、跟	摇摆步	—
2	Q	1	右脚原地	掌、跟		—
3	Q	3/4	左脚稍微前进	脚掌	几乎原地追步(左右左)	—
4	&	1/4	右脚向左脚半并合	脚掌		—
5	Q	1	左脚稍微前进	掌、跟		—
6	Q	3/4	右脚稍微前进	脚掌	几乎原地追步(右左右)	—
7	&	1/4	左脚向右脚半并合	脚掌		—
8	Q	1	右脚稍微前进	掌、跟		—

(2) 女士舞步动作(如表 14－33 所示):开始、结束于开式位。

表 14－33 美式旋转步女士舞步动作

步 序	节 奏	时 值	步 位	步 法	使用动作	身体转度
1	Q	1	右脚后退	掌、跟	摇摆步	—
2	Q	1	左脚原地	掌、跟		—
3	Q	3/4	右脚稍微前进	脚掌	前进追步(右左右),最后一步猛向右转	—
4	&	1/4	左脚向右脚半并合	脚掌		—
5	Q	1	右脚前进再猛向右转	掌、跟		右转 3/4
6	Q	3/4	左脚向侧	脚掌	向左侧追步(左右左)	右转 1/4
7	&	1/4	右脚向左脚半并合	脚掌		
8	Q	1	左脚后退	掌、跟		

注:第 1 步换成男士左手握女士右手分式位开始,第 5 步松握并引导推转女士向右转,第 8 步以男士右手握女士右手的分式位结束。美式旋转步也可以不需要男方在跳前一个舞步时改变握手方式,在这种情形下转动动作要靠女方撑住男方的左臂来完成,男方也可以选择左转 4/4 或不转。

5. 背后换手(Change of Hands Behind Back)

(1) 男士舞步动作(如表 14－34 所示):开始、结束于开式位。

表 14 - 34　背后换手男士舞步动作

步　序	节　奏	时　值	步　位	步　法	使用动作	身体转度
1	Q	1	左脚后退	掌、跟	摇摆步	—
2	Q	1	右脚原地	掌、跟		—
3	Q	3/4	左脚前进并稍向侧	脚掌	前进追步(左右左)	左转 1/8
4	&	1/4	右脚向左脚半并合	脚掌		
5	Q	1	左脚前进	掌、跟		
6	Q	3/4	右脚向侧并稍后退	脚掌	向右侧追步(右左右)	左转 3/8
7	&	1/4	左脚向右脚半并合	脚掌		
8	Q	1	右脚后退	掌、跟		

(2) 女士舞步动作(如表 14 - 35 所示):开始、结束于开式位。

表 14 - 35　背后换手女士舞步动作

步　序	节　奏	时　值	步　位	步　法	使用动作	身体转度
1	Q	1	右脚后退	掌、跟	摇摆步	—
2	Q	1	左脚原地	掌、跟		—
3	Q	3/4	右脚前进	脚掌	前进追步(右左右)	—
4	&	1/4	左脚向右脚半并合	脚掌		—
5	Q	1	右脚前进	掌、跟		右转 1/8
6	Q	3/4	左脚向侧并稍后退	脚掌	向左侧追步(左右左)	右转 3/8
7	&	1/4	右脚向左脚半并合	脚掌		
8	Q	1	左脚后退	掌、跟		

注:第 1 步以男士左手握女士右手的分式位开始,第 3 步换成男士右手握女士右手,但左手仍保持握持,第 5 步松握,第 6 步男士将左手移到后背,第 7 步男士左手在背后握女士右手,但右手仍保持握持,第 8 步以男士左手握女士右手的分式位结束。

6. 西班牙手臂(Spanish Arms)

(1) 男士舞步动作(如表 14 - 36 所示):开始、结束于环握位。

表 14 - 36　西班牙手臂男士舞步动作

步　序	节　奏	时　值	步　位	步　法	使用动作	身体转度
1	Q	1	左脚后退	掌、跟	摇摆步	—
2	Q	1	右脚原地	掌、跟		—
3	Q	3/4	左脚前进	脚掌	前进追步(左右左)	右转 1/4
4	&	1/4	右脚向左脚半并合	脚掌		
5	Q	1	左脚斜进	掌、跟		

续 表

步 序	节 奏	时 值	步 位	步 法	使用动作	身体转度
6	Q	3/4	右脚前进	脚掌	前进且向右侧追步(右左右)	右转 1/8
7	&	1/4	左脚向右脚半并合	脚掌		
8	Q	1	右脚前进	掌、跟		

注:第 3—5 步男士抬右手臂,引导女士左转,第 5 步结束时,男士右手轻拉女士,引导女士右转,第 6—8 步男士放低手臂。男士在第 6—8 步中向右转 1/4 时,女士要同时右转 3/4。

(2) 女士舞步动作(如表 14-37 所示):开始、结束于环握位。

表 14-37 西班牙手臂女士舞步动作

步 序	节 奏	时 值	步 位	步 法	使用动作	身体转度
1	Q	1	右脚后退	掌、跟	摇摆步	—
2	Q	1	左脚原地	掌、跟		—
3	Q	3/4	右脚前进	脚掌	前进且向右侧追步(右左右)	2—5 左转 1/4,5 结束时右转 1/2
4	&	1/4	左脚向右脚半并合	脚掌		
5	Q	1	右脚斜进	掌、跟		
6	Q	3/4	左脚向侧并稍退后	脚掌	后退且向左侧追步(左右左)	右转 1/8
7	&	1/4	右脚向左脚半并合	脚掌		
8	Q	1	左脚后退	掌、跟		

注:第 3—5 步时男士抬起右臂,女士左臂于腰前绕过身体左转,第 5 步结束时,女士身体右转回来,结束于男士身前稍右侧。

7. 绕转步(Whip)

(1) 男士舞步动作(如表 14-38 所示):开始于闭式位。

表 14-38 绕转步男士舞步动作

步 序	节 奏	时 值	步 位	步 法	使用动作	身体转度
1	Q	1	右脚交叉于左脚后	脚尖	形成拉丁交叉	右转 3/4+
2	Q	1	左脚向侧	掌、跟	侧向步	—
3	Q	3/4	右脚向侧	脚掌	向右侧追步(右左右)	—
4	&	1/4	左脚向右脚半并合	脚掌		
5	Q	1	右脚向侧	掌、跟		

(2) 女士舞步动作(如表 14-39 所示):开始于闭式位。

表 14-39 绕转步女士舞步动作

步 序	节 奏	时 值	步 位	步 法	使用动作	身体转度
1	Q	1	左脚向侧并稍后退	脚尖	前进走步且猛向右转	右转 3/4+
2	Q	1	右脚前进并越过左脚	掌、跟		

续　表

步　序	节　奏	时　值	步　位	步　法	使用动作	身体转度
3	Q	3/4	左脚向侧	脚掌	向左侧追步(左右左)	—
4	&	1/4	右脚向左脚半并合	脚掌		
5	Q	1	左脚向侧	掌、跟		

注：“+”表示在跳前一拍时，身体就已经在转了，男士要做卷曲步绕转步，而女士不用。可以开始于环握位，结束于闭式位；也可以都开始、结束于闭式位。

8. 侧行走步(Promenade Walks)

(1) 男士舞步动作(如表 14－40 所示)：开始于闭式位。

表 14－40　侧行走步男士舞步动作

步　序	节　奏	时　值	步　位	步　法	使用动作	身体转度
1	Q	1	并退位，左脚后退	掌、跟	摇摆步	1/8 左转+
2	Q	1	右脚原地	掌、跟		—
3	Q	1	侧行位，左脚向侧	掌、跟	脚延迟放下，前进走步时每一步移动的脚扫过另一只不动的脚	—
4	Q	1	侧行位，右脚向左脚半并合	掌、跟		—
5	Q	1	侧行位，左脚向侧	掌、跟		—
6	Q	1	侧行位，右脚向左脚半并合	掌、跟		—

(2) 女士舞步动作(如表 14－41 所示)：开始于闭式位。

表 14－41　侧行走步女士舞步动作

步　序	节　奏	时　值	步　位	步　法	使用动作	身体转度
1	Q	1	并退位，右脚后退	掌、跟	摇摆步	1/4 右转+
2	Q	1	左脚原地	掌、跟		1/4 左转
3	Q	1	侧行位，右脚向侧	脚尖	延迟前进步	
4	Q	1	侧行位，左脚前进，膝盖稍微弯曲	脚掌	向右扭转再前进步	1/4 右转
5	Q	1	右脚左脚几乎并合	脚尖	向左扭转再延迟前进步	1/4 左转
6	Q	1	侧行位，左脚前进，膝盖稍微弯曲	脚掌	向右扭转再前进步	1/4 右转

注：第 1 步以闭式位开始，再换以并退位，第 3 步换成侧行位，第 6 步以侧行位结束。前进的侧行走步可以做成 4 个快步，也可以做成 2 个慢步加 4 个快步。

9. 停和走(Stop and Go)

(1) 男士舞步动作(如表 14－42 所示)。

表 14－42　停和走男士舞步动作

步　序	节　奏	时　值	步　位	步　法	使用动作	身体转度
1	Q	1	左脚后退	脚掌平伏	牛仔摇步	—
2	Q	1	右脚原地	脚掌平伏		—
3	Q	3/4	左脚前进	脚掌	前进的牛仔追步（左右左）	—
4	&	1/4	右脚半并向左脚	脚掌		—
5	Q	1	左脚前进	脚掌平伏		—
6	Q	1	右脚前进，脚尖外转	脚掌平伏	前进抑制步	—
7	Q	1	左脚原地	脚掌平伏	原地重心转移	—
8	Q	3/4	右脚后退	脚掌	后退的牛仔追步（右左右）	—
9	&	1/4	左脚半并向右脚	脚掌		—
10	Q	1	右脚后退	脚掌平伏		—

（2）女士舞步动作（如表 14－43 所示）。

表 14－43　停和走女士舞步动作

步　序	节　奏	时　值	步　位	步　法	使用动作	身体转度
1	Q	1	右脚后退	脚掌平伏	牛仔摇步	—
2	Q	1	左脚在原地	脚掌平伏		—
3	Q	3/4	右脚前进	脚掌	牛仔追步（右左右），在第 5 步上强烈向左转	向左转 1/2
4	&	1/4	左脚半并向右脚	脚掌		
5	Q	1	右脚后退	脚掌平伏		
6	Q	1	左脚后退	脚掌平伏	牛仔摇步	—
7	Q	1	右脚在原地	脚掌平伏		—
8	Q	3/4	左脚后退	脚掌	牛仔追步（左右左），在第 10 步上强烈向右转	向右转 1/2
9	&	1/4	右脚半并向左脚	脚掌		
10	Q	1	左脚后退	脚掌平伏		

课程资源

动作示范

恰恰舞推荐动作组合

牛仔舞推荐动作组合

体育舞蹈竞赛基本规则简介

第十五章 中华五禽操

第一节 概 述

2011年，教育部体育卫生与艺术教育司经过缜密的调查与研究，依托徐州地区汉文化研究背景的优势，结合国家文化发展的长远目标，以传承中华优秀文化与增强学生体质健康相结合的教育战略思想，委托江苏师范大学研发符合时代发展特色的"五禽戏"，并命名为"中华五禽操"。

"中华五禽操"是以古代导引图作为主要参考依据，对《三国志・华佗传》中记载的"五禽戏"关于虎、鹿、熊、猿、鸟的先后顺序进行合理创编，并添加起势和收势部分的动作，在功能方面起到了导入与还原的效果，使得"中华五禽操"与传统"五禽戏"相比，具有明显的完整性。其次，充分考虑运动强度的叠加效应，以及锻炼效果的全面性，动作数量和难度也是根据不同年龄阶段的学生身心特点而有所区别，并在操化的过程中加入了吟诵等内容，体现了中华传统文化的传承性和时代特征。

"中华五禽操"对于响应传承创新传统文化的时代呼唤，弘扬中华民族的养生精华，促进学生体质健康起到了积极的推动作用。

第二节 "中华五禽操"说明及图解

(一)"中华五禽操"的特点及创新

1."中华五禽操"的特点

(1) 以"五禽"——虎、鹿、熊、猿、鸟五种动物为原型，进行仿生设计。

"中华五禽操"依据古人养生精华，撷取五种动物的典型特征动作，对习练者的身心具有良好的锻炼作用。

(2) 形式上以融合诗词朗诵的配乐引导动作节奏。

"中华五禽操"在演练过程中，配以古典音乐，同时吟诵诗词来引导动作节奏。

(3) 将仿生动作与现代健身形式相结合，展现自然情趣。

"中华五禽操"将五种动物的典型仿生动作与现代健身形式相结合，易学、易练，并能激发习练者的学习兴趣。

2."中华五禽操"的创新

(1) 古为今用，撷五禽动作精华，多视角论证研发，传承传统文化。

"中华五禽操"以虎、鹿、熊、猿、鸟五禽的经典形态特征和行为特点为素材，重视动物的自然活动，从体育学、生理学、心理学、哲学、文化学、美学等多种视角综合开发、组织动作，从而充分发挥“五禽操”的健身功效。

（2）去粕存精，将古代健身方式融入现代体育文化教育之中。

“中华五禽操”的研发汲取了传统“五禽戏”的精华，在研发过程中遵循由形及神、循序渐进的规律，同时进行了操化处理，适合习练者演练。

（3）回归自然，仿生动作纯朴有趣、连贯流畅，融形、神、气、意于一体。

“中华五禽操”以模仿动物嬉戏为载体，充分利用复合动作，注重形神兼备和内脏功能的积极参与，强调内外合一的功效。

（4）动作细腻，锻炼全面，强化弱小肌群，全方位提升身体机能。

“中华五禽操”强调在自然动作中锻炼关节与肌肉，注重对习练者身体发展不平衡的肌肉群和日常体力活动中使用较少的肌肉群的锻炼，并充分利用各种不同的动作尽可能多地动用多种肌肉的活动方式、全面提高机体机能。

（二）“中华五禽操”的基本手型、步型

在创编过程中，为了体现中华民族的传统文化、弘扬华夏民族的优良传统，在每套操的起势节和收势节融入了古时汉民族的基本礼仪——拱手礼。

拱手礼动作要领：立正站立，两臂合拢向前伸直，右手虚握，左手附其外（女子右手盖左手），双手与胸平，拇指微上翘，如图15-1a所示。

1. 基本手型

（1）虎爪：虎口撑圆，五指张开，第一、二指关节弯曲内扣，如图15-1b所示。

（2）鹿角：拇指伸直外张，食指、小指伸直，中指、无名指弯曲内扣，如图15-1c所示。

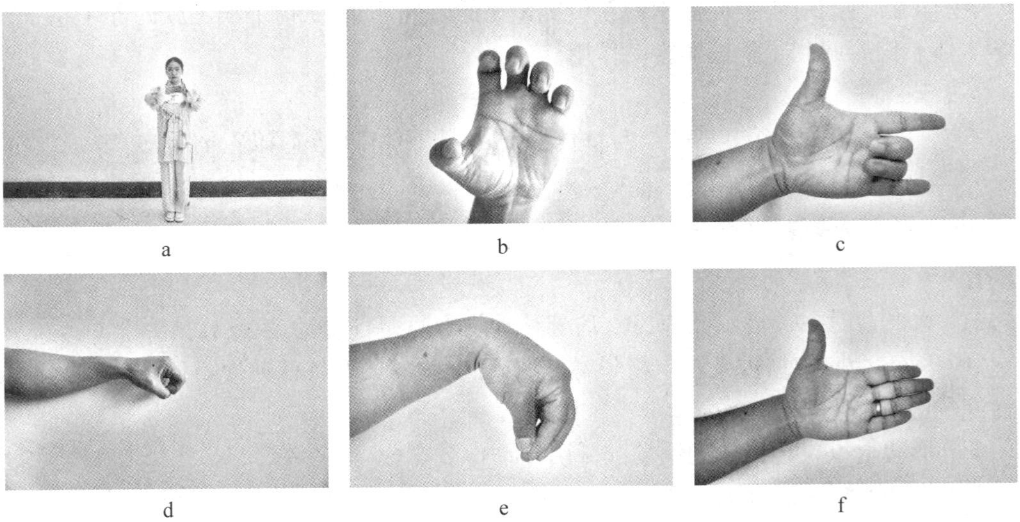

图15-1

（3）熊掌：拇指压在食指指端上，其余四指并拢弯曲，虎口撑圆，如图15-1d所示。

（4）猿钩：五指捏拢，屈腕，如图15-1e所示。

（5）鸟翅：五指伸直，拇指张开，其余四指并拢，如图15-1f所示。

2. 基本步型

（1）开立步：左脚向左开步约与肩同宽，两脚平行，两膝微屈，松静站立，重心在两脚

之间，如图 15 - 2a 所示。

（2）弓步：两腿前后分开一大步，横向之间保持一定宽度，前腿屈膝前弓，膝与脚尖上下相对，脚尖微内扣，后腿自然伸直，脚跟蹬地，脚尖稍内扣，全脚掌着地，重心前七后三，如图 15 - 2b 所示。

（3）虚步：一腿屈膝下蹲，脚尖外展 45 度；另一腿微屈膝，脚尖内侧虚点面；重心落于后脚，如图 15 - 2c 所示。

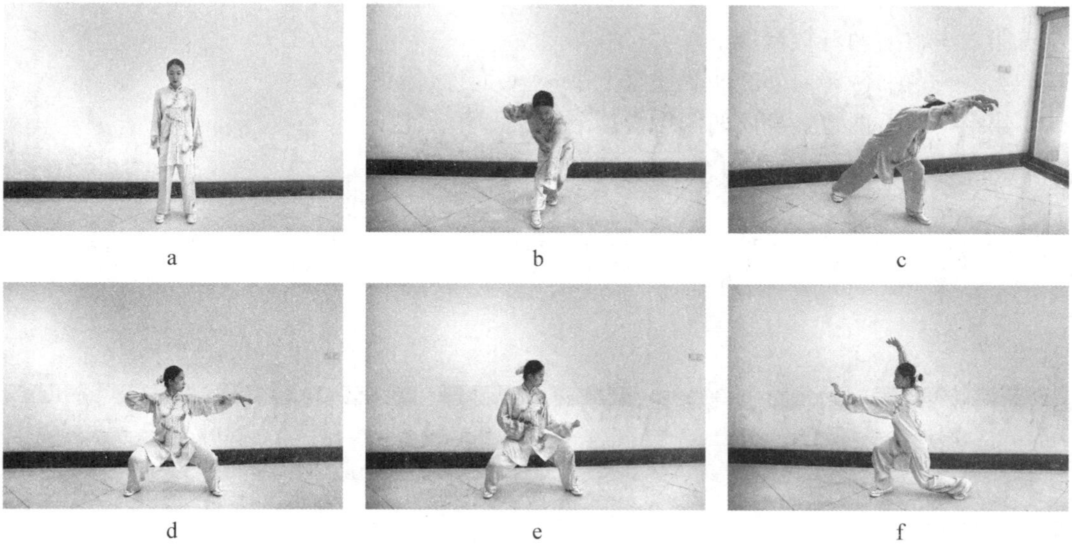

图 15 - 2

（4）马步：开步站立，两脚间距约二至三脚，屈膝半蹲，大腿接近水平，重心在两脚中间，如图 15 - 2d 所示。

（5）半马步：将马步的一只脚外展 45 度，重心偏移另一脚，身体随之侧转约 45 度，如图 15 - 2e 所示。

（6）跪步：一腿屈膝前弓，另一腿屈膝下跪，膝关节不触地，如图 15 - 2f 所示。

（三）“中华五禽操”图解

1. 预备节：起势（4 个 8 拍）

（1）行汉礼（1 个 8 拍）。

如图 15 - 3 所示。

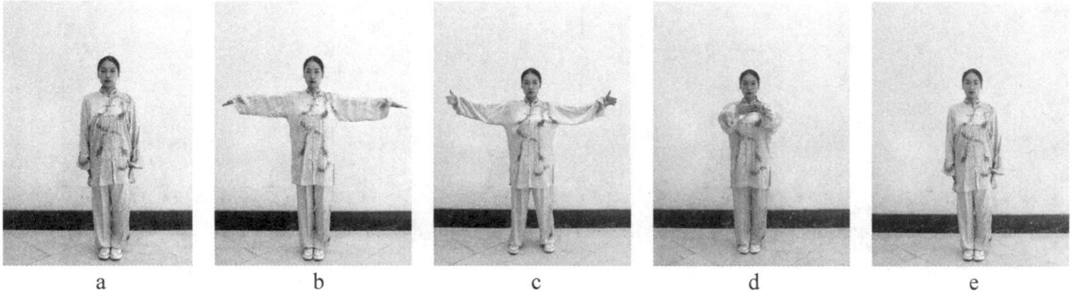

图 15 - 3

第1—2拍:两臂前侧方抬起(掌心向下)至水平部位。

第3—4拍:两臂翻转,掌心向前,大拇指竖起。

第5—6拍:两手向内摆至胸前,两手重叠(男左手在外,女右手在外),拇指微上翘。

第7—8拍:两手臂缓慢落下,直立。

(2) 第1个8拍。

如图15-4所示。

第1—2拍:左脚向左迈一步成开立,两手缓慢向前抬起至平举,圆臂,掌心向下。

第3—4拍:两臂缓慢落下。

第5—6拍:两臂向外经两侧摆至上举,掌心向内,抬头。

第7—8拍:两臂经身体两侧缓慢落下。

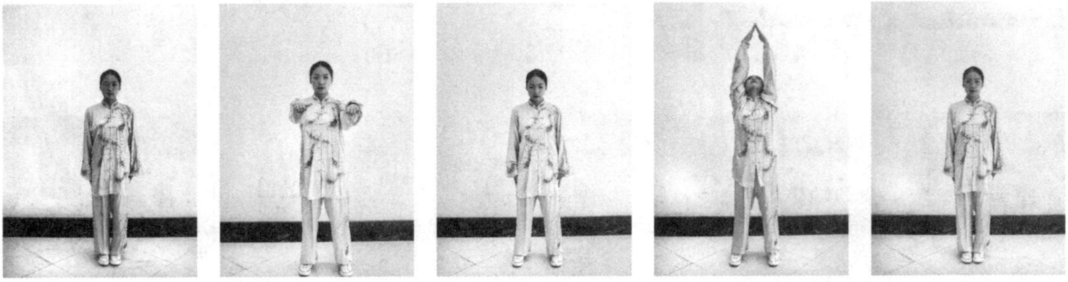

a b c d e

图15-4

(3) 第2个8拍。

如图15-5所示。

第1—2拍:两臂腹前内旋,手背相贴,同时以肘为轴向内绕至前伸托掌,两手小指紧靠。

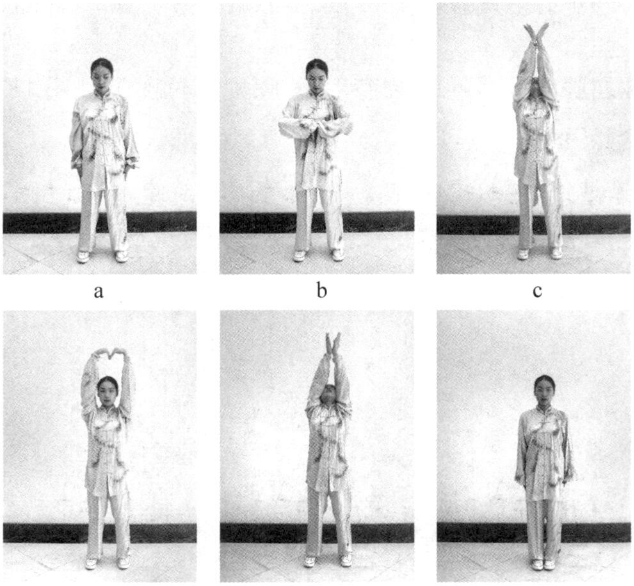

a b c

d e f

图15-5

第 3—4 拍：两掌经内合滚动至掌背相贴，小臂继续内绕至上举，两手滚动至掌根相靠，两手成花瓣状，抬头。

第 5—6 拍：小臂向后绕一周至上举，掌背相贴。

第 7—8 拍：两手向外经侧缓慢落下。

（4）第 3、4 个 8 拍。

动作同第 1、2 个 8 拍，方向相反。

2. 第一节：虎操——虎啸山林（8 个 8 拍）

主要手型：虎爪——五指分开，手指弯曲内扣。

（1）第 1 个 8 拍。

如图 15－6 所示。

第 1 拍：上体左转 45 度，右腿支撑，左腿屈膝上提，绷脚面，膝关节略高于水平；同时，两手握拳，两臂向内经腹前交叉摆至头上方（左手在外），拳心向后。

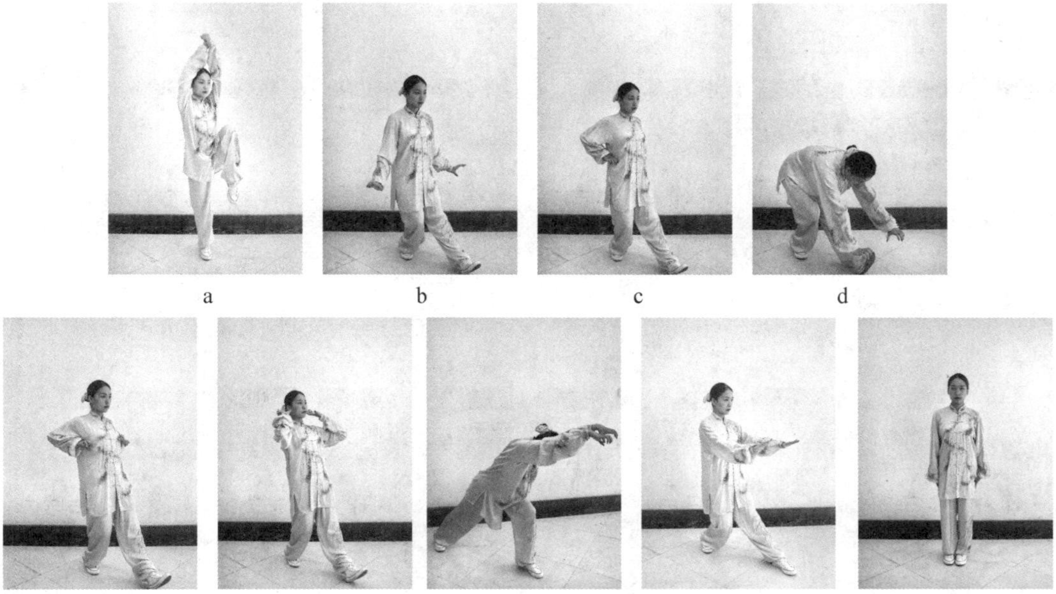

图 15－6

第 2 拍：右脚屈膝，左脚勾脚尖轻落于左前方，脚跟着地；同时，两手变虎爪翻掌向下，屈肘下按至两侧，上体稍前倾。

第 3 拍：双手屈臂提肘至腋下，再向下沿身体两侧推至脚踝处，上体前屈。

第 4—5 拍：上体抬起后仰，同时双手臂屈肘上提，经腋下至肩上翻掌。

第 6 拍：左脚前踏成左弓步，收腹，上体前扑，伸臂、扣腕，含胸、低头。

第 7—8 拍：重心右移，经两臂屈肘后引，收左脚成直立。

（2）第 2 个 8 拍。

动作同第 1 个 8 拍，方向相反。

（3）第 3 个 8 拍。

如图 15－7 所示。

第 1 拍：两臂向右侧抬起经体前向左摆至左臂侧平举、右臂胸前平屈，手型为虎爪，掌心向下，眼随手动；同时，右腿支撑，左腿侧位提膝，膝部略高于水平。

第 2 拍：两臂上抬至侧上方，上体稍侧仰，左脚落地震脚成半马步，双手下压。

第 3 拍：重心慢慢上移，双手由体前顺时针划弧摆动。

第 4 拍：重心下移时，两臂用力向下压至左臂侧举、右臂胸前平屈，头左转。

第 5—6 拍：两手收于腰际，掌心向上；以左脚掌、右脚跟为轴身体右转，左手翻掌前推、右手翻掌上推，肘部微屈。

第 7 拍：身体左转，双腿屈膝；同时，两手摆至前举。

第 8 拍：两臂落下，收左脚成直立。

a　b　c　d　e

f　g　h　i

j　k

图 15－7

(4) 第 4 个 8 拍。

动作同第 3 个 8 拍，方向相反。

注：第 3—4 拍、第 5—6 拍、第 7—8 拍动作需连贯完成。

(5) 第 5 至第 8 个 8 拍动作同第 1 至第 4 个 8 拍。

3. 第二节：鹿操——鹿戏水涧（8 个 8 拍）

如图 15－8 所示。

主要手型：鹿指——伸掌，中指和无名指弯曲。

（1）第 1 个 8 拍。

第 1—2 拍：左脚向左跨一步成开立，略宽于肩；同时，两手臂向外经两侧摆至上举，手型为鹿指，掌心向前，稍抬头。

第 3 拍：以左脚跟、右脚掌为轴带动身体左转，两手经头上交叉屈肘摆至胸前（左手在外），掌心向内。

第 4 拍：上体继续左转，稍前倾；同时，两手臂经下伸直再向外打开至右臂侧上举、左臂侧下举，掌心向后，左转头，眼睛看右脚跟。

第 5 拍：双腿屈膝下蹲，上体右转，两手变拳屈肘收于胸前，掌心向上，肘抵腰部，低头含胸。

第 6 拍：右腿伸直，上体左转，两臂内旋并向两侧方向伸出成右臂侧上举、左臂侧下举，掌心向后，左转头，眼睛看右脚跟。

第 7 拍：以两脚掌为轴向右转体成开立，两臂经下摆至侧平举，掌心向下。

第 8 拍：两手下落，收左脚成直立。

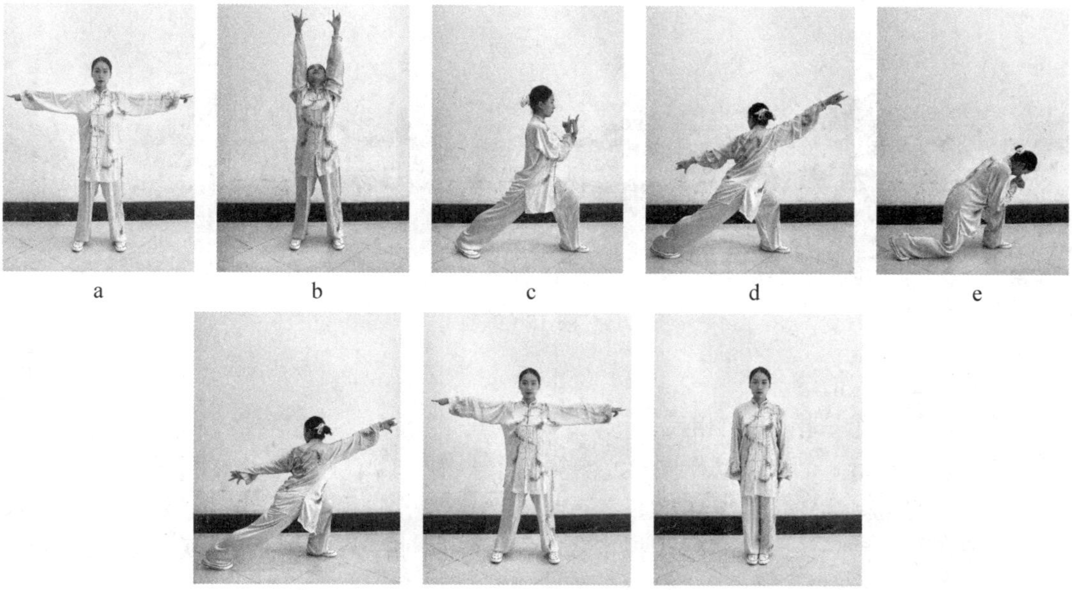

a　b　c　d　e

f　g　h

图 15－8

（2）第 2 个 8 拍。

动作同第 1 个 8 拍，方向相反。

注：第 3—4 拍、第 5—6 拍、第 7—8 拍动作需连贯完成。

（3）第 3 个 8 拍。

如图 15－9 所示。

第 1—2 拍：左脚向左跨一步成开立，略宽于肩；两臂向外经侧摆至上举，手型为鹿指，掌心向前，稍抬头。

第 3—4 拍：屈膝半蹲，上体前屈至水平位，低头；两手变拳，两臂外旋屈肘下拉至胸前，经腰侧向后拉肘，低头含胸。

第 5—6 拍：两腿伸直，同时两手变鹿指，两臂内旋前伸，掌心向外。

第 7 拍：屈膝半蹲，两手变拳屈肘收于腰际，肘抵腰，低头含胸。

第 8 拍：双手收回，收左脚成直立。

注：第 7—8 拍动作需连贯完成。

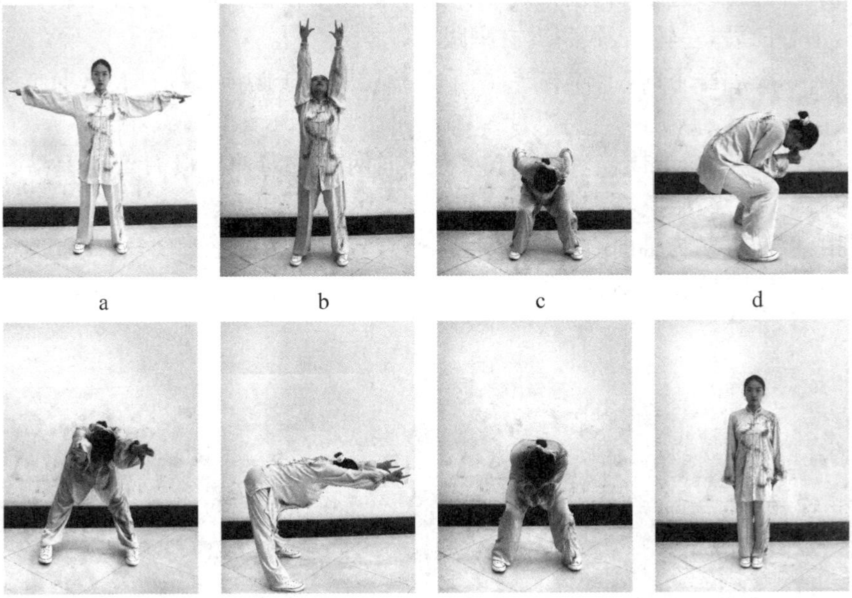

a　b　c　d　e　f　g　h

图 15－9

(4) 第 4 个 8 拍。

动作同第 3 个 8 拍，方向相反。

(5) 第 5 至第 8 个 8 拍动作同第 1 至第 4 个 8 拍。

4. 第三节：熊操——熊行田野(8 个 8 拍)

主要手型：熊爪——握空拳，大拇指紧贴在食指、中指、无名指的指尖关节处。

(1) 第 1 个 8 拍。

如图 15－10 所示。

第 1 拍：上体左转 90 度，右臂稍前摆，左臂稍后摆，两手半握拳似熊爪。左脚向前一步落地震脚，上体前倾右转；同时，两臂向下交换摆动至侧平举，头向左侧屈。

第 2 拍：重心后移，右腿弯曲，左腿伸直，上体左转且稍后仰；两臂经下交换摆动至侧举，头左转。

第 3 拍：重心前移成左弓步；上体右转；两臂经下交换摆动至侧平举，头向左侧屈。

第 4 拍：上体左转，右臂经下摆至与左臂平行，含胸低头。

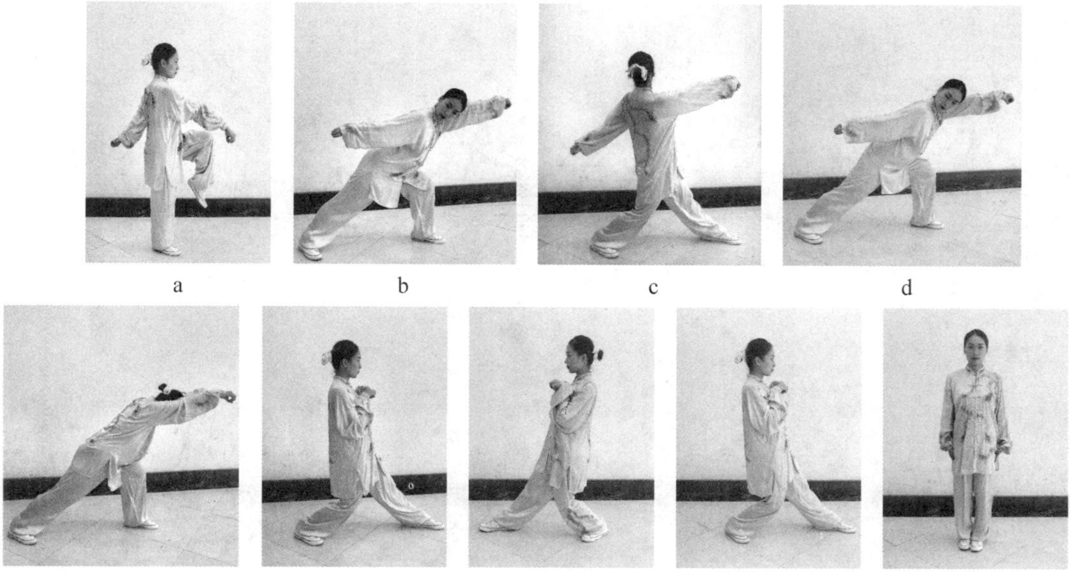

a　b　c　d　e　f　g　h　i

图 15－10

第 5 拍：两臂屈肘收于胸前，重心后移，右腿弯曲，上体弓背后靠。

第 6 拍：身体向右摇晃，重心移至左腿，稍屈膝，弓背后靠。

第 7 拍：身体向左摇晃，重心移至右腿，稍屈膝，弓背后靠。

第 8 拍：身体右转，两臂下落，收左脚成直立。

（2）第 2 个 8 拍。

动作同第 1 个 8 拍，但方向相反。

注：第 5—8 拍动作需连贯完成。

（3）第 3 个 8 拍。

如图 15－11 所示。

第 1—3 拍：左脚侧开，脚尖点地，上体由右向左慢慢转动，重心由右脚慢慢过渡到左脚；两手握拳屈肘伸至身体右侧，拳心向下，慢慢向左摆动。

第 4 拍：身体右转，两手屈肘收于胸前。

第 5—7 拍：以腰部为轴，上体经右向左慢慢弧形转动。

第 8 拍：上体抬起，手臂落下，收左脚成直立。

注：第 1—4 拍、第 5—8 拍动作需连贯完成。

（4）第 4 个 8 拍。

动作同第 3 个 8 拍，方向相反。

注：第 3 个 8 拍动作要求连贯流畅地缓慢完成。

（5）第 5 至第 8 个 8 拍。

动作同第 1 至第 4 个 8 拍。

a　　b　　c　　d

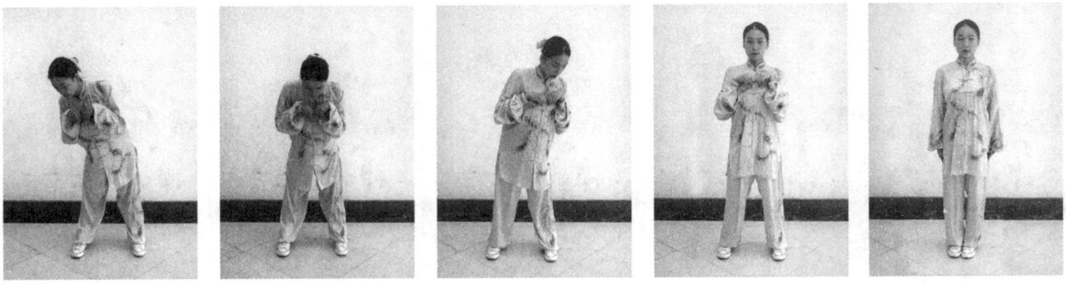

e　　f　　g　　h　　i

图 15－11

5. 第四节：猴操——猿献仙桃(8 个 8 拍)

主要手型：猴爪——五指捏在一起，屈腕。

(1) 第 1 个 8 拍。

如图 15－12 所示。

第 1—2 拍：左脚侧出一步成开立，两手分指、伸腕于体前，由指尖相对外旋 180 度，低头看手；立踵，两手勾手屈于胸前，提肩缩脖，左转头，眨眼。

第 3—4 拍：落踵，两臂伸直向下；屈膝提踵，两臂向两侧摆至上举，手似攀枝，稍抬头。

第 5—6 拍：落踵，两臂向两侧落下；重心移至右腿，左腿屈膝上提，膝略高于水平；同时，左臂屈肘摆至额前成“猴望”状，右臂屈肘收于左肘下方，手型保持勾手，眨眼。

第 7 拍：左脚落于左前方，身体左转 45 度，重心前移，右脚尖点地；同时，左手勾手经下摆至侧平举，右手翻掌向上，五指分开，经右耳旁伸臂、托掌至最高点做勾手动作，似摘桃动作。

第 8 拍：两手落下，收左脚成直立。

注：第 1—2 拍动作需连贯完成。

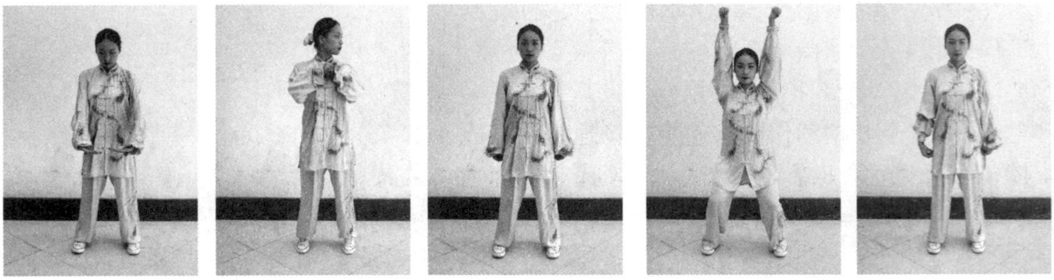

a　　b　　c　　d　　e

f　g　h　i

图 15－12

(2) 第 2 个 8 拍。

同第 1 个 8 拍，方向相反。

(3) 第 3 个 8 拍。

如图 15－13 所示。

第 1 拍：左腿屈膝抬脚向前跨跳，右脚前伸脚尖点地(同虚步)；同时，右手勾手屈于胸前，左手经胸前屈肘向前下方左伸出至远端做勾手动作，眼看左手。

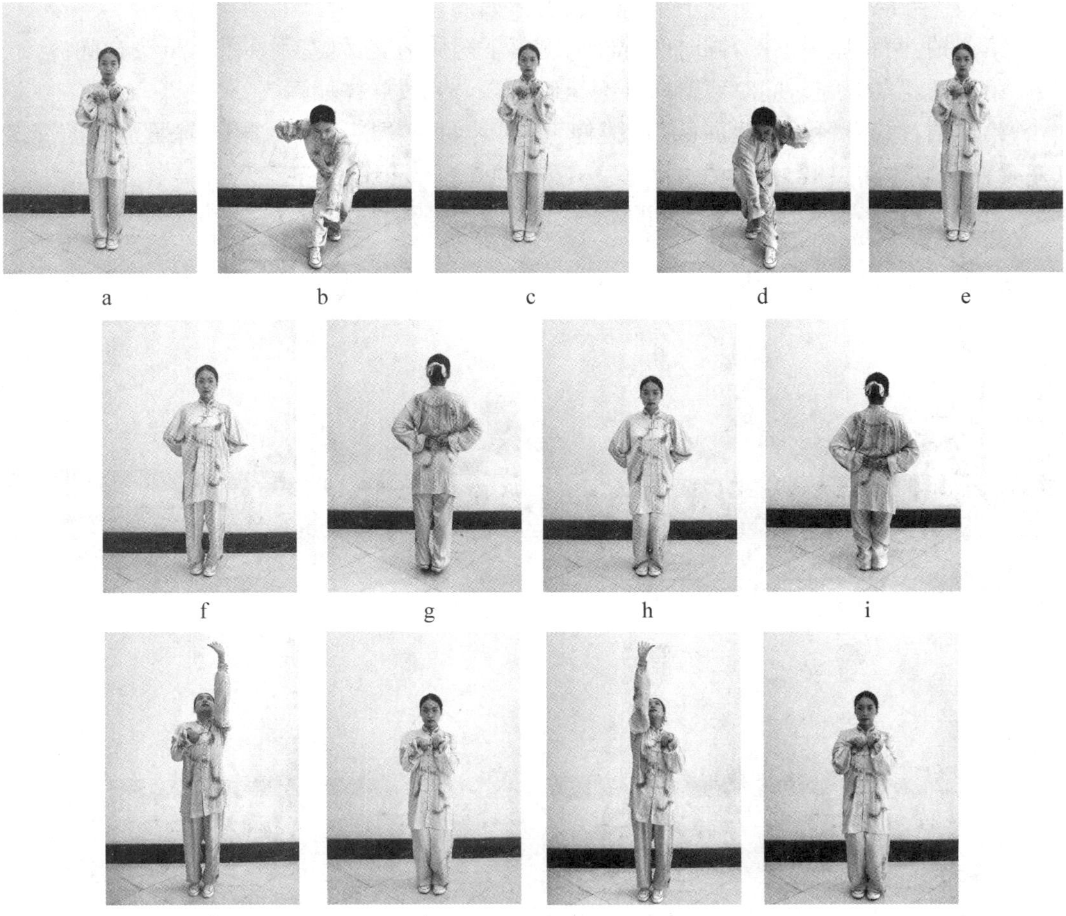

a　b　c　d　e

f　g　h　i

j　k　l　m

图 15－13

第 2 拍：右腿向后跳回成并立，左手收于胸前。

第 3—4 拍：动作同第 1—2 拍，方向相反。

第 5—6 拍：原地双脚并步跳 4 次，两手握拳置于腰后，用拳楞上下搓揉腰肌两侧。

第 7 拍：双脚纵向跳起，同时右手勾手屈于右胸前，左手经胸前屈肘翻掌上伸，在最高处做勾手动作，抬头看手；落地后双腿屈膝，左手勾手收于胸前。

第 8 拍：动作同第 7 拍，方向相反。

(4) 第 4 个 8 拍。

动作同第 3 个 8 拍，方向相反。

(5) 第 5 至第 8 个 8 拍。

动作同第 1 至第 4 个 8 拍。

6. 第五节：鹤翔九天(8 个 8 拍)

主要手型：伸掌，中指与无名指并拢。

(1) 第 1 个 8 拍。

如图 15 - 14 所示。

第 1 拍：上体左转 45 度，左脚向左前方跨一步，重心前移，右脚尖点地；同时两臂经体前交叉(左手在外)向外摆至侧上举，抬头、展体如鸟飞。

第 2 拍：两腿屈膝下蹲，同时两臂经两侧落下至体前交叉(右手在外)，低头含胸。

第 3 拍：身体立起，同时两臂向外摆至侧上举，抬头、展体如鸟飞。

第 4 拍：重心后移，右腿屈膝，左腿伸直；同时两手臂落下经两侧向前摆至体前交叉(左手在上)，含胸。

第 5 拍：重心前移成左弓步，同时两手臂向两侧打开，展胸。

a b c d e

f g h i

图 15 - 14

第 6 拍：重心后移，右腿屈膝，左腿伸直；同时两手臂向前摆至体前交叉（右手在上），含胸。

第 7 拍：重心前移成左弓步，同时两手臂向两侧打开，展胸。

第 8 拍：重心后破，两臂经前落下，收左脚成直立。

(2) 第 2 个 8 拍。

动作同第 1 个 8 拍，方向相反。

(3) 第 3 个 8 拍。

如图 15－15 所示。

第 1 拍：提踵，同时两手体前纵向重叠（左手在外）举至头上方，屈腕，肩关节充分展开。

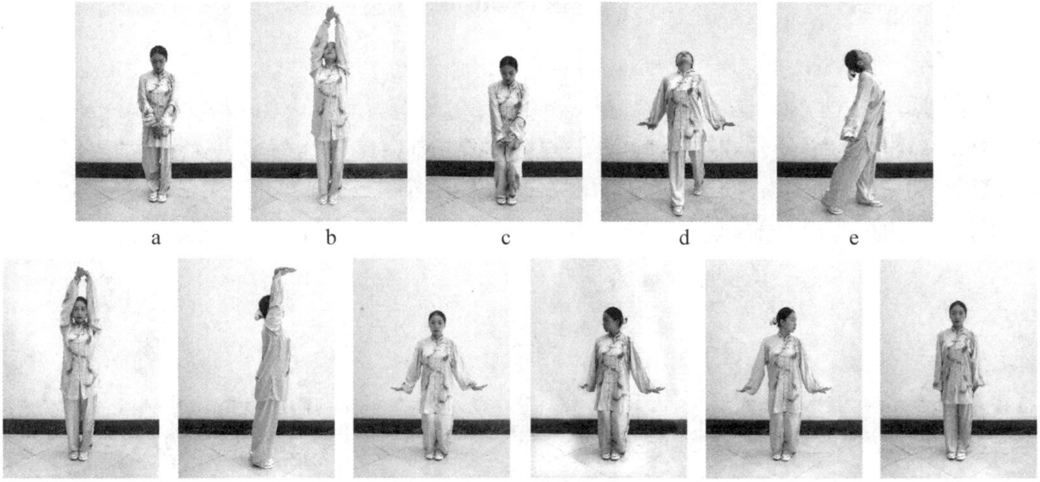

a　b　c　d　e　f　g　h　i　j　k

图 15－15

第 2 拍：落踵，半蹲；两手伸腕（保持重叠）体前落下，低头。

第 3—4 拍：右腿后伸，左脚尖点地；同时，两手分开经体侧向后伸展，抬头、展体。

第 5 拍：左脚并右脚，提踵；同时，两手重叠直臂上举，屈腕。

第 6 拍：落踵，半蹲；同时，两手松开向外落下至侧下举，伸腕，指尖向外。

第 7 拍：伸膝，提踵；同时，两肩做前后抖动动作，伸颈。

第 8 拍：两手收回，落踵成直立。

(4) 第 4 个 8 拍。

动作同第 3 个 8 拍，方向相反。

(5) 第 5 至第 8 个 8 拍。

动作同第 1 至第 4 个 8 拍。

7. 结束节：收势（4 个 8 拍）

(1) 第 1 个 8 拍。

如图 15－16 所示。

第 1—2 拍：左脚侧出一步成开立，两臂向前抬起至前举，圆臂、掌心向下。

第3—4拍:两手臂缓慢下落体侧。

第5—8拍:两手腹前合掌(指尖向上)缓慢向上伸至头上方,直臂、抬头。

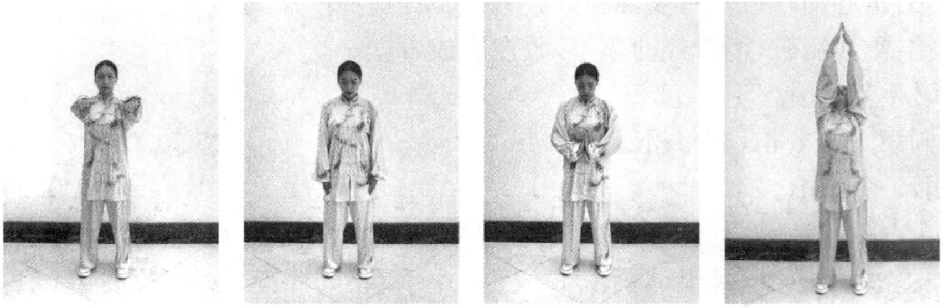

a b c d

图15-16

(2) 第2个8拍。

如图15-17所示。

第1—4拍:两手分开,掌心向上,缓慢落下,掌心向前。

第5—6拍:两手掌心向下,两臂向侧抬起至侧平举。

第7—8拍:两臂向前摆至平举,圆臂、掌心向下,坠肘落下,收左脚成直立。

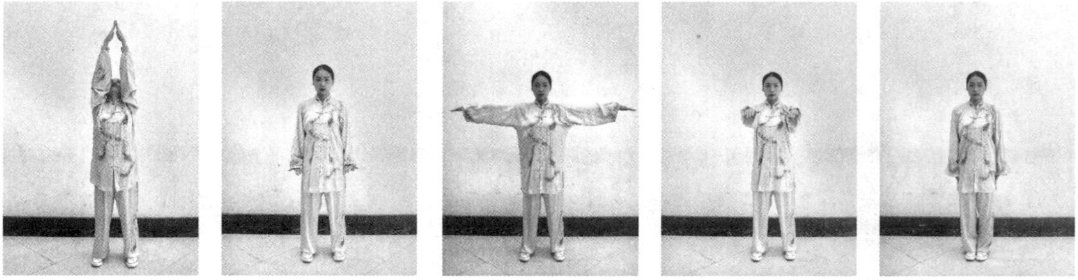

a b c d e

图15-17

(3) 第3个8拍。

同第1个8拍,方向相反。

(4) 第4个8拍。

如图15-18所示。

第1—4拍:两手分开,掌心向上,缓慢落下,掌心向前。

第5—6拍:两手掌心向下,两臂向侧抬起至侧平举,向前摆至平举,圆臂、掌心向下。

第7—8拍:两掌心相对,两臂向内,两手重叠成行礼状。

第9—10拍:收脚、收手成直立。

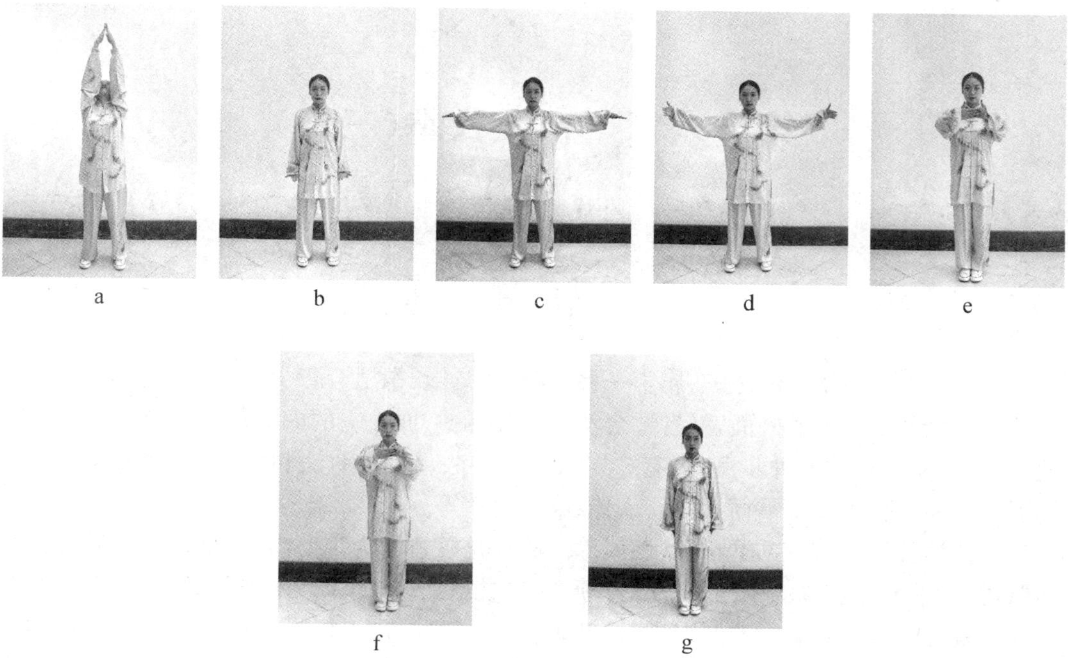

图 15 - 18

课程资源

动作示范

第十六章　初级长拳(三路)

第一节　概　述

长拳是中国传统拳派之一，属于一种北派武术。长拳适合青少年练习。从编排上看，它既有适合基础训练的一面，又有适合竞赛、提高的一面。它的内容包括拳、掌、勾三种手型，弓、马、仆、虚、歇五种步型，还有一定数量的拳法、掌法、肘法和伸屈、直摆、扫转、击响等不同组别的腿法以及平衡、跳跃、跌仆、滚翻动作等。

在教学长拳之前，有必要先认识武术。武术是以技击为主要内容，以套路和搏斗为运动形式，注重内外兼修的中国传统体育项目。它以踢、打、摔、拿、击、刺等技击动作为主要内容，通过徒手或借助于器械的身体运动来表现攻防格斗的能力，以中国传统的技击方法为其技术核心。在运动形式上，既有套路的，也有散打的，迥然有别于世界上的其他技击术。在演练方法上，注重内外兼修，演练风格上要求神形兼备，从而反映了中国传统技击术的运动特点。武术“内外合一，形神兼备”的特点主要通过武术功法和技法来体现。武术套路在技术上往往要求把内在精气神与外部形体动作紧密相合，完整一体，做到“心动形随”“形断意连”“势断气连”，以“手眼身法步，精神气力功”八法的变化来锻炼身心。这反映了中国武术作为一种文化形式在长期的历史演进中深受古代哲学、医学、美学等方面的渗透和影响，形成了独具民族风格的练功方法和运动形式。武术的练习形式、内容丰富多样，分别适应人们不同年龄、性别、体质的需求，人们可以根据自己的条件和兴趣爱好进行选择与练习。同时，武术对场地、器械的要求较低，受时间、季节限制也很小，相比于其他不少体育运动项目，武术具有更为广泛的适应性。

作为武术的一种，长拳套路是由许多动作有机地衔接组成的，无论是动态还是静态，对身体各部分的姿势要求都有一定的规格，拳谚上要求做到“式正招圆”。“式”，通常指各种静止姿势。基本要求是：头正、颈竖、肩沉、胸挺、腰直、臀敛；上肢动作要求挺拔、舒展；下肢动作要求稳健、匀称，轮廓清楚。要有劲力，要做到用力顺达，讲究发力顺序。除了讲究发力顺序外，还要做到发劲的刚柔变化，肌肉的松紧配合要得当。通常动作开始时要放松，然后逐渐加速，力达末端时达到最高速，这种劲力既迅速敏捷，又有弹性。

长拳的一个套路由几十个动作组成，形成不同的运动节奏。长拳中主要表现为动与静、重与轻、快与慢、起与伏、长与短的变化。为了表现身法和动作的韵律，常出现以慢带快或快后轻慢而后更快的生动节奏。

第二节　初级长拳(三路)的基本技术

新中国成立后,国家体委把在群众中流传广泛的查、华炮、洪、弹腿、少林等拳种,根据它们的风格特点,综合整理、创编了长拳。因此,长拳是近30年来发展起来的新拳种。长拳的特点是:动作舒展大方、快速有力、节奏鲜明,并多起伏转折;在技击上,强调放长击远,主动出击,以快制慢,以刚为主。初级长拳(三路)的全套动作除起势和收势外,共分为四段。套路结构简单,动作精练,起伏转折、快慢停顿过渡衔接自然。

一、手型

长拳的手型主要有拳、掌、勾。

1. 拳

四指并拢卷握,拇指紧扣食指和中指的第二指节,拳面平,手腕要直。(如图16-1所示)

要点:紧握拳,拳面平,手腕要直。

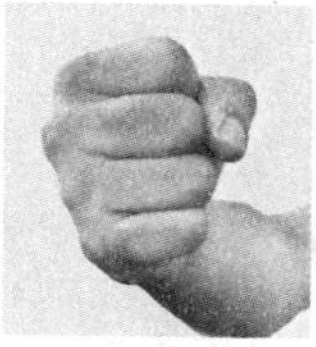

a

b

图16-1

2. 掌

四指并拢伸直,拇指弯曲紧扣于虎口处。(如图16-2所示)

3. 勾

五指第一指节捏拢在一起,屈腕。(如图16-3所示)

要点:五指齐平,手腕屈紧。

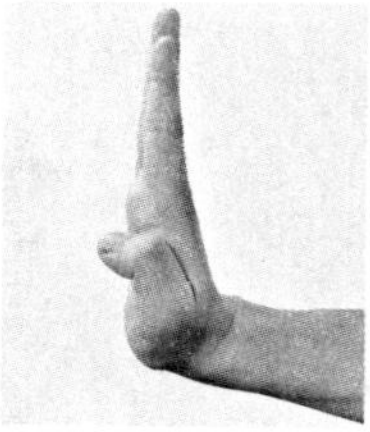

图16-2

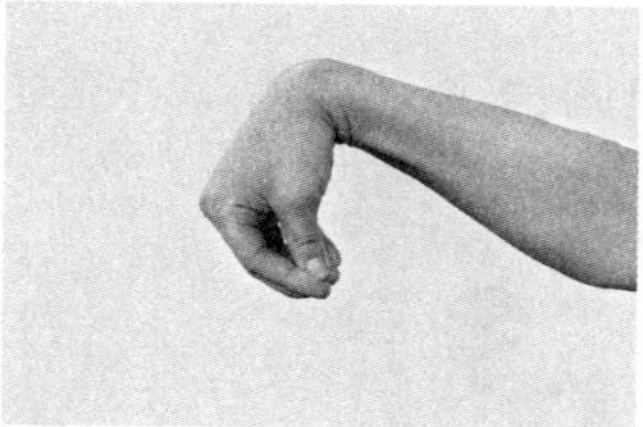

图16-3

二、步型

1. 马步

两脚左右开立(脚内侧相距约为本人脚长的3倍),脚尖向前,屈膝屈髋半蹲,掰膝圆裆,

膝部不过两脚尖，大腿接近水平，全脚掌着地，身体重心落于两脚之间。（如图 16－4 所示）

动作要领：挺胸、塌腰，脚跟外蹬。

2. 弓步

左脚向前一大步（为本人脚长的 4—5 倍），脚尖微内扣，左腿屈膝半蹲，大腿接近水平，膝部不过脚尖；右腿挺膝伸直，脚尖内扣。双脚全脚着地，上体正对前方。弓左腿为左弓步，弓右腿为右弓步。（如图 16－5 所示）

动作要领：前腿弓，后腿绷；挺胸、塌腰，沉髋、合髋，两脚分别在一条纵线的两侧，两脚内侧横向相距约 10 厘米。

3. 仆步

两脚左右开立，右腿屈膝全蹲，脚尖和膝关节外展，臀部接近右脚跟，脚尖和膝关节外展；左腿挺直平仆，脚尖里扣，两脚全脚着地。仆左腿为左仆步，仆右腿为右仆步。（如图 16－6 所示）

动作要领：挺胸、塌腰、沉髋。

图 16－4

图 16－5

图 16－6

4. 虚步

两脚前后开立，右脚外展 45 度，屈膝屈髋半蹲；左脚膝稍屈，脚面绷平，脚尖内侧虚点地，两膝稍内扣；重心落于右脚上。（如图 16－7 所示）

动作要领：挺胸、塌腰、虚实分明。

5. 歇步

两腿交叉靠拢全蹲，右脚在前全脚掌着地，脚尖外展；右脚前脚掌着地，右膝顶出并贴紧左小腿外侧，臀部坐于左脚接近脚跟处。左脚在前为左歇步，右脚在前为右歇步。（如图 16－8 所示）

动作要领：挺胸、塌腰，两腿贴紧并靠拢，腰向前腿拧转。

图 16－7

图 16－8

图 16－9

三、身型

长拳的身型要求头正、颈直、两眼平视、下颌微收、沉肩坠肘、挺胸、收腹、塌腰。(如图16-9所示)

四、手法

1. 冲拳

两脚开立,与肩同宽,双拳抱于腰间,右拳从腰间向前快速冲出,转腰、顺肩,在肘关节过腰后手臂内旋,力达拳面,高与肩平,同时左肘向后牵拉,抱拳于腰间。(如图16-10、图16-11、图16-12所示)

要点:拧腰、顺肩、急旋臂,力达拳面。

图 16-10

图 16-11

图 16-12

2. 劈拳

拳自上向下快速劈击,臂伸直,力达拳轮,抡劈时以肩关节为轴。(如图16-13、图16-14所示)

要点:力达拳轮。

图 16-13

图 16-14

3. 推掌

两脚开立,与肩同宽,双拳抱于腰间,右拳变掌,前臂内旋,掌从腰间旋臂向前立掌推击,推击时转腰顺肩,臂直。速度要快,臂要直,力达掌外沿。(如图16-15、图16-16、图16-17所示)

要点:拧腰、顺肩、沉腕、翘掌。

图 16 - 15

图 16 - 16

图 16 - 17

4. 插掌

以掌指为力点，从上向下(或斜下)屈伸性插击。(如图 16 - 18 所示)

要点：腕直，力达掌指。

5. 架掌

两脚并立，双拳先是抱于腰间，然后右掌向左经体前向头上方架起，拳心朝下，臂成弧形。(如图 16 - 19 所示)

要点：松肩，前臂内旋，肘关节微屈。

图 16 - 18

图 16 - 19

五、腿法

1. 正踢腿

两脚并立，两手立掌，两臂侧平举，左脚向前上半步，左腿支撑，右脚脚尖勾起向前额处猛踢。两眼平视。挺胸、直腰，踢腿时脚尖勾起绷落或勾起勾落。收髋猛收腹，踢腿过腰后加速，要有寸劲。

要点：三直一勾，过腰发力。

2. 外摆腿

两脚并立，两手立掌，两臂侧平举，左脚向前上半步，脚尖外摆左腿支撑，身体直立，右腿挺直勾脚斜踢，经面前(或贴头顶)向右侧划弧摆动落下，两眼平视。

要点：挺胸、塌腰、松髋、展髋，外摆幅度要大，成扇形。

3. 里合腿

两脚并立，两手立掌，两臂侧平举，左脚向前上半步，左腿支撑，身体直立；右腿挺直侧起踢至头侧，经面前向右侧斜前上方划弧摆动落下，两眼平视。

要点：挺胸、直腰、松髋、合胯。

4. 侧踹腿

两脚并步，双手叉腰，两腿交叉，右腿在前，稍屈膝。右腿支撑，支撑腿直立或微屈，左腿由屈膝提起，脚尖勾起内扣，脚底猛力踹出，高与肩平。

要点：挺膝、开髋，力达脚跟。

5. 单拍脚

支撑腿伸直；另一腿脚面绷平向上踢摆；同侧手在额前迎拍脚面，击拍要准确响亮。

6. 弹踢

双脚前后左高虚步开立，双手叉腰，左脚上前半步，左腿支腿支撑，右腿屈膝提起，由屈到伸向前弹出，膝部挺直，小腿弹出轻快有力，脚面绷平，力达脚尖，大腿高与腰平。

要点：挺胸、直腰、脚面绷直、坐髋。

7. 蹬腿

双脚前后左高虚步开立，双手叉腰，左脚上前半步，左腿支腿支撑，右腿屈膝提起，脚尖勾起，由屈到伸，力达脚跟，高与腰平。

要点：挺胸、直腰、勾脚尖、坐髋。

六、跳跃

1. 腾空飞脚

并步站立，右脚上步，左脚向前上摆动，右脚蹬地跃起，身体腾空，两臂由下向前、向上摆起，右手背迎击左手掌；在空中，起跳腿上摆伸直，脚面绷平，腿高过肩，右手击右脚脚面，同时左腿屈膝收控在右腿侧，左脚脚面绷直，脚尖向下。左手在击响后向左后方摆动成勾手，勾尖向下，高与肩平；上体稍前倾，目视前方。

要点：击拍响亮，起跳脚击响时高度过肩，上体在空中正直，不可坐臀。

2. 大跃步前穿

左腿提膝独立，左脚向前跨步腾起，右腿屈膝上提，左腿向后撩摆，小腿略屈，脚面绷直。同时双手由前向上摆成亮掌，两臂伸直，左掌掌心向上，右臂侧平，右掌掌心向外，身体在空中成反弓形。双脚依次落地成左仆步，右掌变拳收回腰间，左掌收于右胸前，目视前方。

要点：蹦得高，跳得远，身体在空中展开。

第三节　初级长拳(三路)具体打法

一、预备动作

预备势：双脚并步站立，两臂垂于身体两侧，五指并拢贴于腿外侧，平视前方。(如图16－20所示)

要点：头要端正，下颌微收，挺胸，塌腰，收腹。

1. 虚步亮掌

(1) 右脚向右后方撤步成左弓步。右掌向右向上向前划弧，掌心向上；左臂屈肘，左掌提至腰间，掌心向上。目视右掌。(如图16－21所示)

(2) 右腿微屈,重心后移。左掌经胸前从右臂向上向前穿出伸直;右臂屈肘,右掌收至腰间,掌心向上。目视左掌。

(3) 重心继续后移,左脚稍向右移,脚尖点地,成左虚步。左臂内旋向左、向后划弧成勾手,勾尖向上;右手继续向后、向右、向前上划弧,屈肘抖腕,在头上方成亮掌,掌心向上,掌指向左。目视左方。(如图 16－22 所示)

要点:成虚步亮掌时,抖腕甩头要一致。

图 16－20

图 16－21

图 16－22

2. 并步对拳

(1) 右腿蹬直,左腿提膝,脚尖里扣,上肢姿势不变。

(2) 左脚向前落步,重心前移。左臂屈肘,左勾手变掌经左肋前穿掌;右臂外旋向前下落于左掌右侧,两掌同高,掌心均向上。(如图 16－23 所示)

(3) 左脚向前上一步,两臂下垂后摆,经两侧上举,目视双掌。(如图 16－24 所示)

(4) 左脚向右脚并步,两臂向外向上经胸前屈肘下按,两掌变拳,拳心向下,停于小腹前。目视左侧。(如图 16－25 所示)

要点:并步后挺胸、塌腰。对拳、并步、转头要同时完成。

图 16－23

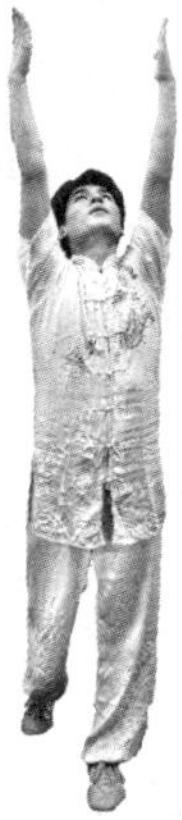

图 16－24

图 16－25

二、第一段

1. 弓步冲拳

(1) 左脚向左上一步,脚尖向斜前方;右腿微屈,成半马步,左臂向上向左格挡,拳眼

向后,拳与肩同高;右拳收至腰间,拳心向上。目视左拳。(如图 16－26 所示)

(2) 右腿蹬直成左弓步,左拳收至腰间,拳心向上,右拳向前冲出,高与肩平,拳眼向上。目视右拳。(如图 16－27 所示)

要点:成弓步时,右腿充分蹬直,脚跟不要离地。冲拳时,尽量转腰顺肩。

2. 弹腿冲拳

重心前移至左腿,右腿屈膝提起,脚面绷直,猛力向前弹出,力达脚面,高与腰平。右拳收至腰间;左拳向前冲出。目视前方。(如图 16－28 所示)

要点:支撑腿可微屈,弹出的腿要用爆发力,力达脚面。

图 16－26

图 16－27

图 16－28

3. 马步冲拳

右脚向前落步,两腿下蹲成马步,上体左转;同时左拳收至腰间,右拳向前冲出。目视右拳。(如图 16－29 所示)

要点:成马步时,大腿要平,两脚平行,脚跟外蹬,挺胸、塌腰。

a　　　　b

图 16－29

4. 弓步冲拳

(1) 上体右转 90 度,右脚尖外撇向斜前方,成半马步。右臂屈肘向右格挡,拳眼向后。目视右拳。(如图 16－30 所示)

(2) 左腿蹬直成右弓步,右拳收至腰间,拳心向上,左拳向前冲出,高与肩平,拳眼向上。目视左拳。(如图 16－31 所示)

要点:与本节的弓步冲拳相同,唯左右相反。

5. 弹腿冲拳

重心前移至右腿,左腿屈膝提起,脚面绷直,向前弹出,高与腰平,力达脚面。左拳收至腰间;右拳向前冲出。目视前方。(如图 16－32 所示)

要点:与本节的弹腿冲拳相同,唯左右相反。

图 16－30

图 16－31

图 16－32

6. 大跃步前穿

(1) 左腿松膝独立。右拳变掌内旋,以手背向下挂至左膝外侧,上体前倾。目视右手。(如图 16－33 所示)

(2) 左脚向前落步,两腿微屈。右掌继续向后摆,左拳变掌,向后向下伸直。目视右掌。

(3) 右腿屈膝向前提起,左腿立即猛力蹬地向前跃出。两掌向前向上划弧摆起,双手由前向上成亮掌,两臂伸直,左掌掌心向上,右臂侧平,右掌心向外,身体在空中成反弓形,目视右掌。(如图 16－34 所示)

(4) 右腿落地全蹲,左腿随即落地向前铲出成仆步。右掌变拳抱于腰间,左掌由上向右向下划弧成立掌,停于右胸前。目视左前方。(如图 16－35 所示)

要点:跃步要远,落地要轻,身体在空中成反弓形并充分展开。

图 16－33

图 16－34

图 16－35

7. 弓步击掌

右腿蹬地成左弓步。左掌经左脚面向后划弧至身后成勾手,左臂伸直,勾尖向上,右拳由腰间变掌向前推出,掌指向上,掌心向前。目视右掌。(如图 16－36 所示)

要点:仆步变成弓步时,右腿蹬地,臀部不要起来。

8. 马步架掌

(1) 上体右转,左脚脚尖里扣成马步,重心移至两腿中间。左勾手变掌由后经左腰间从右臂内向前上穿出,掌心均朝上。目视左手。

(2) 右掌屈肘收于左胸前;左臂向左上屈肘架掌于头部左上方,掌心向前。目视右方。(如图 16 - 37 所示)

要点:马步同前。

图 16 - 36

图 16 - 37

三、第二段

1. 虚步栽拳

(1) 右脚蹬地,屈膝提起,左腿伸直,以前脚掌为轴向右后转体 180 度。右掌由左胸前向下经右腿外侧向后划弧成勾手;左臂随体转动并外旋,使掌心朝右。目视右手。

(2) 右脚向右落地,重心移至右腿上,下蹲成左虚步。左掌变拳下落于左膝上,拳眼向里,拳心向外;右勾手变拳,屈肘向上架于头上方,拳眼向下,拳心向外。目视左方。(如图 16 - 38 所示)

2. 提膝穿掌

(1) 右腿稍伸直。右拳收至腰间,拳心向上,左拳变掌向上向右划弧按掌于胸前,掌心向前。(如图 16 - 39 所示)

(2) 右腿蹬直,左腿屈膝提起,脚尖内扣。右掌从腰间经左掌上向右前上方穿出,掌心向上,高与眼平,左掌收至右胸前成立掌。目视右掌。(如图 16 - 40 所示)

要点:支撑腿与右臂充分伸直。

图 16 - 38

图 16 - 39

图 16 - 40

3. 仆步穿掌

左腿向左后方落步成左仆步。右臂不动，左掌由右胸前向下经左腿内侧，向左脚面穿出。目随左掌转视。（如图 16 - 41 所示）

a　　b

图 16 - 41

4. 虚步挑掌

（1）右腿蹬直，重心前移至左腿，成左弓步。右掌稍下降，左掌随重心前移向前挑起。

（2）右脚向左前方上步，左腿半蹲，成右虚步。身体随上步左转 180 度。在右脚上步的同时，左掌由前向上向后划弧成勾手，右掌由后向下向前上挑成立掌，指尖与眼平。目视右掌。（如图 16 - 42 所示）

要点：上步要快，两臂伸直成一条线，虚步要稳。

5. 马步击掌

（1）右脚落实，脚尖外撇，重心稍升高并右移，左勾手变拳收至腰间。

（2）左脚向前上一步，以右脚为轴向右后转体 180 度，两腿下蹲成马步。左掌从腰间立掌向左侧推出；右掌变拳收至腰间。目视左掌。（如图 16 - 43 所示）

要点：推掌从腰间出，收拳和击掌动作要同时进行。

图 16 - 42

图 16 - 43

6. 插步双摆掌

（1）重心稍右移，同时两掌向下向右摆，掌指均向上。目视右掌。

（2）右脚向左腿后插步，前脚掌着地。两臂继续由右向上向左摆，停于身体左侧，均成立掌，右掌停于左肘窝处，目随掌动。（如图 16 - 44 所示）

要点：两臂要划立圆，幅度要大，摆掌与后插步一致。

7. 弓步击掌

（1）两腿不动。左掌收至腰间，掌心向上；右掌立掌向右平摆，掌心向外。

（2）左腿后撤一步，成右弓步。右掌向下向后伸直摆动，成勾手，勾尖向上；左掌成立

掌向前推出。目视左掌。(如图 16-45 所示)

图 16-44

图 16-45

8. 转身正踢腿马步盘肘

(1) 两脚以前脚掌为轴向左后转体 180 度。在转体的同时,左臂向上向前立圆抡 540 度,左臂向上成亮掌,掌心向上,右臂向下向后抡 360 度,成反臂勾手,勾尖向上。(如图 16-46 所示)

(2) 左腿直立支撑,右腿伸直,脚尖勾起,向额前踢。(如图 16-47 所示)

(3) 右脚向前落地,右手不动,左臂屈肘下落按掌至胸前,左掌心斜向下。目视左掌。(如图 16-48 所示)

(4) 上体左转 90 度,两腿下蹲成马步。同时,左掌变拳收至腰间,右勾手变拳,右臂伸直,由体后向右向前平摆,至体前时屈肘,肘尖向前,高与肩平,拳心向下。目视肘尖。(如图 16-49 所示)

要点:两臂抡动时要划立圆,动作连贯。盘肘时要快速有力,右肩前倾。

图 16-46

图 16-47

图 16-48

图 16-49

四、第三段

1. 歇步抡砸拳

(1) 重心稍升高,右脚尖外撇。右臂由胸前向上向右抡摆;左拳向下向左,将臂抡直。目视右拳。

(2) 上动不停,两脚以前脚掌为轴,向右后转体 180 度,两腿全蹲成歇步。右臂向下向后抡摆,左臂向上向前随身体转动。

(3) 紧接上动,左臂随身体下蹲向下平砸,拳心向上,臂部微屈;右臂伸直向上举起。目视左拳。(如图 16-50 所示)

要点:抡臂动作要连贯完成,划成立圆。歇步要两腿交叉全蹲,左腿大、小腿靠紧,臀部贴于左小腿外侧,膝关节在右小腿外侧,脚跟提起,右脚尖外撇,全脚掌着地。

2. 仆步亮掌

(1) 左脚由右腿后抽出撤一步,左腿蹬直,右腿半蹲,成右弓步。上体微向右转。左拳收至腰间,右拳变掌向下经胸前向右横击掌。目视右掌。(如图 16-51 所示)

(2) 右脚蹬地屈膝提起,上体右转。左拳变掌从右掌上方向前穿出,掌心向上,右掌平收至左肘下。

(3) 右脚向右落步,屈膝全蹲,左腿伸直,成仆步。左掌向下向后划弧成勾手,勾尖向上,右掌向右向上划弧,抖腕成亮掌,掌心向上。头随右手转动,至亮掌时,目视左方。(如图 16-52 所示)

要点:仆步时,左腿充分伸直,脚尖里扣,右腿全蹲,两脚脚掌全部着地。上体挺胸塌腰,稍左转。

图 16-50

图 16-51

图 16-52

3. 弓步劈拳

(1) 右腿蹬地立起,左腿收回并向左前方上步。右掌变拳收至腰间,左勾手变掌由下向前上经胸前向左做掳手。(如图 16-53 所示)

(2) 右腿经左腿前方向左绕上一步,左腿蹬直成右弓步。左手向左平掳后再向前挥摆,虎口朝前。

(3) 在左手平掳的同时,右拳向后平摆,然后再向前向上做抡劈拳,拳高与耳平,拳心向上,左掌外旋接扶右前臂。目视右拳。(如图 16-54 所示)

要点:左右脚上步稍带弧形。

图 16-53

图 16-54

4. 换跳步弓步冲拳

(1) 重心后移,右脚稍向后移动。右拳变掌臂内旋以掌背向下划弧挂至右膝内侧;左掌背贴靠右肘外侧,掌指向前。目视右掌。

(2) 右腿自然上抬,上体稍向左扭转。右掌挂至体左侧,左掌伸向右腋下。目随右掌转视。

(3) 右脚以全脚掌用力向下震脚,与此同时,左脚急速离地抬起。右手由左向上向前掳盖而后变拳收至腰间,左掌伸直向下向上向前屈肘下按,掌心向下,上体右转。目视左掌。(如图 16-55 所示)

(4) 左脚向前落步,右腿蹬直成左弓步。右拳向前冲出,拳高与肩平;左掌变拳收至腰间,掌背贴靠腋窝。目视右拳。(如图 16-56 所示)

要点:换跳步动作要连贯、协调。震脚时腿要弯曲,全脚掌着地,左脚离地不要高。

图 16-55

图 16-56

5. 马步冲拳

上体右转 90 度成马步,重心在两腿中间,右拳收至腰间,左掌变拳向左冲出,拳眼向上。目视左拳。(如图 16-57 所示)

6. 弓步下冲掌

右脚蹬直,左腿弯曲,上体稍向左转,成左弓步。左拳变掌向下经体前向上架于头左上方,掌心向上,右拳自腰间向左前斜下方冲出。目视右拳。(如图 16-58 所示)

图 16-57

图 16-58

7. 插步亮掌侧踹腿

(1) 上体稍右转。左掌由头上下落于右手腕上,右拳变掌,两手交叉成十字。目视双手。

(2) 右脚蹬地并向左腿后插步,以前脚掌着地。左掌由体前向下向后划弧成勾手,勾

尖向上，右掌由前向右向上划弧抖腕亮掌，掌心向前。目视左侧。（如图 16－59 所示）

（3）重心移至右腿，左腿屈膝提起，向左上方猛力踹出，上肢姿势不变。目视左侧。（如图 16－60 所示）

要点：插步时上体稍向右倾斜，腿、臂的动作要一致。侧踹高度不能低于腰，大腿内旋，着力点在脚跟。

8. 虚步挑掌

（1）左脚在左侧落地，右掌变拳收于腰间。

（2）上体左转 180 度，右脚向左前方上步，脚尖点地，重心落于左脚，左腿下蹲成右虚步。（如图 16－61 所示）

要点：左拳向后划弧收至腰间，拳心向上，右拳向前屈臂挑出，拳眼斜向上，拳与肩同高。目视右拳。

图 16－59

图 16－60

图 16－61

五、第四段

1. 弓步顶肘

（1）右臂内旋向下，直臂划弧以拳背下挂至右膝内侧，左拳不变。目视前下方。

（2）左腿蹬直，右腿屈膝上抬，两臂向前向上划弧摆起。目随右拳转视。

（3）左脚蹬地起跳，身体腾空，两臂继续划弧至头上方。

（4）右脚先落地，右腿屈膝，左脚向前落步，以前脚掌着地。同时两臂向右向下屈肘停于右胸前，右拳变掌，左掌变拳。右掌心贴靠左拳面。

（5）左脚向左上一步，左腿屈膝，右腿蹬直成左弓步，以左肘尖向左顶出，高与肩平，右掌心贴左拳面，目视前方。（如图 16－62 所示）

要点：交换步时不要过高，但要快。两臂抡摆时要成圆弧形。

2. 转身左拍脚

（1）以两脚前脚掌为轴向右后转体 180 度。随着转体，右臂向上向右向下划弧抡摆，同时左拳变掌，掌心向下，经后方向前上抡摆。（如图 16－63 所示）

（2）左腿伸直向前上踢，脚面绷平。左掌变拳收至腰间，右掌由体后向上向前拍击左脚面。（如图 16－64 所示）

要点：右掌拍脚时手掌稍横过来，拍脚要准而响亮。

图 16－62

图 16－63

图 16－64

3. 右拍脚

(1) 左脚向前落地,左拳变掌向下向后摆,右掌变拳收至腰间。

(2) 右腿伸直向前上踢,脚面绷平。左拳变掌由后向上向前拍击右脚面。(如图 16－65 所示)

要点:与转身左拍脚相同。

4. 腾空飞脚

(1) 右脚落地。

(2) 左脚向前摆起,右脚猛力蹬地跳起,左腿屈膝继续向前上摆。同时,右拳变掌向前向上摆起,左掌先上摆而后落下拍击右掌背。

(3) 右腿继续上摆,脚面绷平。右手拍击右脚面,左掌由体前向后上举。(如图 16－66 所示)

要点:蹬地要向上,不要太向前冲,左膝尽量上提。击响要在腾空时完成,右臂伸直成水平。

5. 歇步下冲拳

(1) 左、右脚相继落地。左掌变拳收至腰间。

(2) 身体右转 90 度,两腿全蹲成歇步。右掌抓握、外旋变拳收至腰间;左拳由腰间向前下方冲出,拳心向下。目视左拳。(如图 16－67 所示)

图 16－65

图 16－66

图 16－67

6. 仆步抡劈拳

（1）重心上升，右臂由腰间向体后伸直，左臂随身体重心向上摆起。

（2）以右脚前脚掌为轴，左腿屈膝提起，上体左转 270 度。左拳由前向后下划立圆一周，右拳由后向下向前上划立圆一周。

（3）左腿向后落一步，屈膝全蹲，右腿伸直，脚尖里扣成右仆步。右拳由上向下抡劈，拳眼向上；左拳后上举，拳眼向上。目视右拳。（如图 16－68 所示）

要点：抡臂时一定要划立圆。

7. 提膝挑掌

（1）重心前移成右弓步。同时，右拳变掌由下向上抡摆，左拳变掌稍下落，右掌心向左，左掌心向右。

（2）左、右臂在垂直面上由前向后各划立圆一周。右臂伸直停于头上，掌心向左，掌指向上，左臂伸直停于身后成反勾手。同时，右腿屈膝提起，左腿挺膝伸直独立。目视前方。

要点：抡臂时要划立圆。

8. 提膝劈掌弓步冲拳

（1）下肢不动。右掌由上向下猛劈伸直，停于右小腿内侧，用力点在小指一侧；左勾手变掌，屈臂向前停于右上臂内侧，掌心向左。目视右掌。（如图 16－69 所示）

（2）右脚向右后落地，身体右转 90 度。同时，左掌变拳收至腰间，右臂内旋向右划弧做劈掌。

（3）上动不停，左腿蹬直成右弓步。右手抓握变拳收至腰间，左拳由腰间向左前方冲出。目视左拳。（如图 16－70 所示）

图 16－68

图 16－69

图 16－70

六、收势

1. 虚步亮掌

（1）右脚扣于左膝后，两拳变掌，两臂右上左下屈肘交叉于体左前。目视右掌。

（2）右脚向右后落步，重心后移，右腿半蹲，上体稍右转。同时右掌向上向右向下划弧停于左腋下；左掌向左向上划弧停于右臂上与左胸前，两掌心左下右上。目视左掌。

（3）左脚尖稍向右移，右腿下蹲成左虚步。左臂伸直向左向后划弧成反勾手；右臂伸直向下向右向上划弧抖腕亮掌，掌心向上。目视左方。（如图 16－71 所示）

2. 并步对掌

(1) 左腿后撤一步,同时两掌从两腰间向前穿出伸直,掌心向上。(如图 16－72 所示)

(2) 右腿后撤一步,同时两臂分别向体后下摆。

(3) 左脚后退半步向右脚并拢。两臂由后向上经体前屈臂下按,两掌变拳,停于腹前,拳心向下,拳面相对。(如图 16－73、图 16－74 所示)

图 16－71

图 16－72

图 16－73

图 16－74

3. 还原

两臂自然下垂,目视正前方。(如图 16－75 所示)

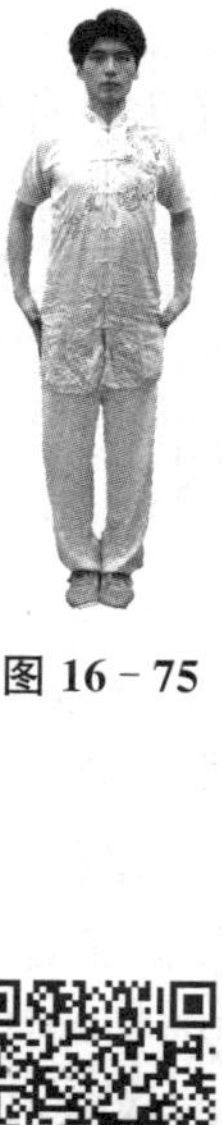

图 16－75

课程资源

动作示范

第十七章　散　打

第一节　概　述

散打又称散手，是具有中华民族独特风格的体育项目。它是两人按照一定的规则，运用传统武术中的踢、打、摔等攻防技徒手对抗、制服对方的一种格斗项目。学习和训练散打，能够发展人的力量、耐力、柔韧、灵敏等身体素质。

1979年，散打在我国成为竞技比赛项目。1982年，我国制定《散打比赛规则》。散打运动经过多年的总结、改进和发展，已成为现代体育竞赛项目，并逐步与国际竞技体育接轨。目前，散打运动不仅在国内，而且在世界很多国家和地区普及和发展。1987年，散打被原国家体委批准为正式比赛项目，并设团体锦标赛和个人锦标赛赛制。

目前，散打已发展成为一项广受欢迎的体育运动，既可以发展人的心智，又可以使人的身心得到全面的锻炼。

第二节　散打的基本技术

散打的基本技术包括实战姿势、步法、拳法、腿法、摔法等。实战中的远、中、近距离进攻和防守均有所不同。散打运动是对抗性运动，要想有效地威胁对方就必须提高打击力，常用的辅助练习有击打沙袋、手靶、脚靶等。

一、预备式

散打预备式是指格斗前所采用的对完成进攻与防守动作最有利的姿势，能快速起动和防守，便于发力，并且暴露面小，能有效保护自己的要害部位。

预备姿势一般分为左手在前的“正架”和右手在前的“反架”两种。

下面以左预备式为例，加以说明。两脚前后开立，前脚跟与后脚尖距离约同肩宽。前脚与后脚横向距离稍宽于肩。两脚尖微内扣，后脚跟稍离地；两膝稍弯曲，自然向内扣，身体重心落在两腿之间，含胸、收腹、敛臀，两臂自然弯曲，左臂内屈约90度，拳眼与鼻尖平行。右臂内屈约45度，拳稍高于下颌，两肘自然下垂并稍向里合，肘部与身体相距一拳左右，下颌内收，闭嘴合齿，目视前方。（如图17－1、图17－2所示）

图 17-1

图 17-2

二、基本步法

散打步法是指为保持与对手的距离，实施进攻与防守的动作，或破坏对手的进攻与防守的意图，通过专门的脚步移动方法使身体进行移动的运动方法。基本步法有进步、退步、垫步、跳步、左右滑步、环绕步。步法的运用要合理、灵活、快速。

1. 进步

预备式站立，后脚蹬地，前脚向前上步，以前脚掌先着地，同时后腿随之跟进。前脚上步多少，后脚跟进多少，落地后与预备式相同，始终保持身体重心的稳定。步幅不宜过大，上体姿势不变，跟步要快速、紧凑。

2. 退步

预备式站立，前脚蹬地，后脚先向后退半步，前脚随之向后撤半步。后脚退步多少，前脚就后撤多少，落地后与预备式相同，始终保持身体重心的稳定。

3. 垫步

预备式站立，前脚蹬地，后脚移动，在前脚内侧落地，同时前腿向前移动。落地后与预备式相同。注意后脚向前脚并拢要迅速，垫步和提膝不可脱节、停顿，始终保持身体重心的稳定。垫步主要用于蹬腿和踹腿，为了延长动作的攻击距离，支撑腿随蹬腿和踹腿的惯性向前跟进。

4. 跳步

实战式站立，左腿屈膝上提，右脚连续蹬地向前移动。

5. 左右滑步

预备式站立，左右闪步即左(右)脚向左(右)侧移半步，右(左)脚随之向左(右)滑步，同时身体向右(左)转约 90 度。动作完成后，与预备式相同。移动要快速、敏捷。

6. 环绕步(以左环绕步为例)

预备式站立，右脚蹬地，左脚向左斜前方滑动，着地后右脚也向左斜前方滑动，落地后与预备式相同。连续移动。

三、基本拳法

散打常见的拳法有冲拳、贯拳、抄拳、鞭拳，在实战中具有速度快和灵活多变的特点，能以最短的距离、最快的速度击中对手。

1. 冲拳

动作要领：冲拳又称直拳，以左冲拳为例，预备式站立，右脚微蹬地，身体重心稍向左脚移动，同时转腰送肩，左拳直线向前击出，力达拳面，拳心向下，右拳自然收回颌前。然后左拳直线回收成预备式。（如图 17－3、图 17－4、图 17－5 所示）

要点：蹬地、转腰、送肩，力达拳面。冲拳时手臂肘关节不要外翻，重心不可过分前倾。出拳前不要有先收拳再出拳的动作。

图 17－3

图 17－4

图 17－5

实战范例：

（1）左右冲拳抢攻对方头部。

（2）当对方以侧弹腿进攻时，左手外挂防守，同时右冲拳反击其头部。

2. 贯拳

动作要领：贯拳又称摆拳，以左贯拳为例，预备式站立，左脚蹬地碾转脚掌，上体微向右扭转，同时左臂内旋，抬肘与肩平，由左向右横击，大小臂夹角约 130 度，力达拳面，拳心向内，右拳自然收回颌前。然后恢复成预备式。（如图 17－6、图 17－7、图 17－8 所示）

要点：贯拳时身体不要向右倾斜，边出拳边抬肘，击打时重心在左脚。

图 17－6

图 17－7

图 17－8

实战范例：

（1）左拳虚晃，右贯拳抢攻对方头部。

（2）当对方以右蹬腿攻击我方中盘时，左手里挂防守，随即用右贯拳反击其头部。

3. 抄拳

动作要领：抄拳又称勾拳，以左抄拳为例，预备式站立，上体稍向左侧倾，重心略下沉，左拳微下落，随即左脚蹬地，上体右转，挺腹前送左髋，左拳由下向上曲臂勾击，力达拳面，大小臂夹角约 90 度，右拳自然收回颌前。然后恢复成预备式。（如图 17－9、图 17－10、图17－11、图 17－12 所示）

要点：上体向左转，重心下沉再蹬地，挺身与右转要协调。

图 17－9

图 17－10

图 17－11

图 17－12

实战范例：

（1）假动作虚晃，忽然上步靠近对方并用上抄拳击其颌部。

（2）当对手以下前抱摔时，迅速后退用抄拳反击其头部。

4. 鞭拳

动作要领：以右鞭拳为例，预备式站立，以左脚前脚掌为轴内扣，身体向后转 180 度，右脚经左腿后插步，身体继续右后转，同时以腰带动右臂向右侧横向鞭击，力达拳背或前臂外侧，高与肩平，左拳自然收回颌前。然后左脚上步恢复成预备式。（如图 17－13、图 17－14、图 17－15、图 17－16 所示）

要点：转体过程要保持身体重心的平稳，转体要迅速。

图 17－13

图 17－14

图 17－15

图 17－16

实战范例：

左直拳假装进攻，随即突然用右鞭拳抢攻对方头部。对方用左侧弹腿攻我方中盘时，左手里挂防守，同时以右鞭拳反击其头部。

四、基本腿法

腿法也是散打最重要的技术之一，主要有鞭腿、蹬腿、踹腿等。散打要充分发挥“一寸长一寸强”的作用，在实战演练中腿法一般灵活多变，攻击距离远，而且力度大，具有隐蔽性、技巧性。

1. 鞭腿

(1) 左鞭腿。

动作要领：预备式站立，重心移至右腿，右腿略弯曲支撑，上体稍向右倾；左腿屈膝上抬过腰，小腿略向外翻，随即挺膝向前向内划弧摆起，绷脚背，力达脚背至小腿前下端。目视左脚。然后左腿下落，还原成预备式。（如图 17－17、图 17－18、图 17－19、图 17－20 所示）

要点：左鞭腿挺膝发力要借助拧腰切胯，支撑腿以脚掌为轴碾转，脚跟内收。

图 17－17

图 17－18

图 17－19

图 17－20

(2) 右鞭腿。

动作要领：预备式站立，重心前移至左腿，上体向左转；左腿略弯曲支撑，同时右腿以大腿带动小腿屈膝前摆，扣膝绷脚，随即向前挺膝鞭甩小腿，力达脚背至小腿下端。目视右脚。然后右腿下落，还原成预备式。（如图 17－21、图 17－22、图 17－23、图 17－24 所示）

要点：扣膝，绷脚背，发力时大腿带动小腿，力点要准确。

图 17－21

图 17－22

图 17－23

图 17－24

2. 蹬腿

(1) 左蹬腿。

动作要领：预备式站立，右腿微屈支撑，左腿提膝抬起，勾脚，当膝稍高于髋时，以脚领先向前蹬出，髋微前送，力达脚掌。然后左腿下落，还原成预备式。(如图 17－25、图 17－26、图 17－27、图 17－28 所示)

要点：支撑腿微屈保持平衡，上体不可过分后仰，屈膝上提与向前蹬腿要动作连贯。

图 17－25

图 17－26

图 17－27

图 17－28

(2) 右蹬腿。

动作要领：预备式站立，身体重心前移至左腿，左腿微屈支撑，身体稍左转；右腿屈膝前抬，含胸收腹，大腿贴近胸部，脚尖勾脚，以脚领先向前蹬出，髋微前送，力达脚掌。目视前方。然后右腿下落，还原成预备式。(如图 17－29、图 17－30、图 17－31、图 17－32 所示)

要点：同左蹬腿。

图 17－29

图 17－30

图 17－31

图 17－32

3. 踹腿

(1) 左踹腿。

动作要领：预备式开始，身体重心移向右腿，右腿微屈支撑，脚尖外展；左腿屈膝抬起与髋同高，小腿外翻，脚尖勾起，左腿伸髋挺膝向前踹出，上体微侧倾，力达脚底。目视前方。然后左腿下落，还原成预备式。(如图 17－33、图 17－34、图 17－35、图 17－36 所示)

要点：提膝时膝关节尽量抬高，踹出时支持脚以脚掌为轴碾转。上体不可过分侧斜。

图 17－33

图 17－34

图 17－35

图 17－36

(2) 右踹腿。

动作要领：预备式站立，身体左转 180 度，左脚尖外摆，重心移至左腿，左腿微屈支撑，脚尖外展；同时右腿屈膝抬高，大腿内收，脚尖勾起，脚掌正对攻击目标，随后伸髋挺膝向前踹出，上体微侧倾，力达脚底。目视前方。然后右腿下落，还原成预备式。（如图17－37、图17－38、图17－39、图17－40所示）

要点：同左踹腿。注意上体、大腿、小腿和脚要成一条直线，大腿带动小腿直线用力。

图17－37

图17－38

图17－39

图17－40

五、基本摔法

摔法是指在散打竞技中采用巧妙快速的技法，使对方失去重心和支撑点倒地的方法。

1. 夹颈摔

动作要领：右臂夹住对方的颈部，右侧髋部紧贴对方前身，两腿屈膝。随即两腿蹬直，向下弓腰低头，将对方背起，向前下方摔倒。（如图17－41、图17－42、图17－43、图17－44所示）

要点：髋部紧贴对方，蹬腿弓腰要一致，以腰腿发力。

图17－41

图17－42

图17－43

图17－44

2. 夹臂摔

动作要领：右臂夹住对方的手臂，右侧髋部紧贴对方前身，两腿屈膝。随即两腿蹬直，向下弓腰低头，将对方背起，向前下方摔倒。

要点：同夹颈摔。

3. 别腿摔

动作要领：双臂接对方腿抱住，上右脚，左脚插入对方支撑脚外侧，身体立即右转，同时用左脚向后横打对方小腿外侧，将对方挑起摔倒。

要点：接腿、上步、转身要连贯一致，左腿固定对方支撑脚。

4. 抱腿手别摔

动作要领：右手搂抱对方左腿，肩部抵住对方腹部，同时左手插进对方裆部，用手别住对方右腿膝窝，随即上体向上挤，右手向后拉，左手向左前方别拉。

要点：转体、别拉要一致。

5. 抹脖摔

动作要领：当对方以右摆踢踢击我方的躯干时，可以用左手抄抱对方的腿向左上提，右手向对方颈部插，向右后用力一带的同时，右脚别住对方的支撑腿。

要点：双手提、带与右脚勾踢要一致。

6. 勾踢摔

动作要领：接对方侧踹腿，右手前伸至对方膝窝向上挑，同时左手向下按对方脚踝部，右脚勾踢对方支撑脚将对方摔倒。

要点：接腿后挑、按、勾踢要同时完成。

7. 涮腿

动作要领：双手接住对方腿后，抱住左脚踝关节后扯，向下方、左下方弧形摆荡，将对方摔倒。

要点：后扯、弧形摆荡动作要连贯、快速有力。

六、防守技术

散打技术由进攻技术和防守技术两个部分组成。比赛中运动员既要充分发挥进攻的技术，更要善于应用防守的技术，保护好自身才能更好地进攻。防守不是被动的，能攻善防者能化解对方的攻击力，要选用有利于防守反击的技术，要有防中夹攻的战术意识。常见的防守技术有格挡、拍击、堵截、闪避、接腿等。

1. 格挡

用格挡的技术改变对方攻击动作用力的方向，达到防守目的。以前臂内、外旋格挡对方冲拳。

2. 拍击

用手掌拍击对方的冲拳小臂、侧踹腿脚踝部。

3. 堵截

屈肘护头，堵截对方击打头部的贯拳、冲拳。

4. 闪避

(1) 侧闪：利用上体前俯并向左右闪，躲避对方的冲拳。

(2) 后闪：利用步法向后移动闪避，防守对方的冲拳、蹬腿等击打。

(3) 下潜：屈膝沉胯使身体重心突然下降，利用下潜摇闪防守对方击打头部的贯拳、高鞭腿。

5. 接腿

(1) 接鞭腿:对方踢左鞭腿,则我方身体微向右转,左手由下向外上抄,右手由上向外下合抱对方腿。

(2) 接侧踹腿:对方踢侧踹腿,则我方身体微向后含胸收腹,左手由上向下拍对方脚踝部,右手由下向上合抱对方腿。

第三节 散打的基本战术

散打的基本战术是根据比赛双方的具体情况,为战胜对方而采取的计策和方法。散打比赛不仅是技术水平的对抗,更是心理意志和智慧等方面的多重较量。散打运动员要充分利用自己的身体机能和技术特长克制对方,从整体上提高自身的竞技水平。

一、主动进攻

主动进攻是指主动向对方发动进攻的战术形式,以有效获取战斗的主动权,对对方形成有效的击倒或者摔倒等。

主动进攻时,要时刻注意寻找并主动制造战机,利用时间、动作空当,快速出击。

二、防守反击

防守反击战术是待对方发出进攻动作后,在防守的过程中反击对方。一般通过运用接触式防守技术,防守对方的进攻,再进行反击。

三、迂回战术

迂回战术是指利用步法移动从侧面进攻,常给对方以错觉,从而取得时间和空间的战机。迂回战术运用的条件主要有两种:一是对方力量较大,速度快,正面进攻较为凶猛。二是对方集中注意力进行正面防守时。

运用迂回战术时,要注意移动的方向、角度、距离和进攻时机,还要注意步法的灵活性。

课程资源

动作示范

第十八章　三晃膀大洪拳

第一节　概　述

三晃膀大洪拳，又称六步架大洪拳，是中华武林中一支历史悠久、具有古老搏击术遗风，流传于丰县、沛县及周边地域的独特拳种。其历史源远流长，相传早自伏羲时期就已流传于世。后世流传中曾几易其名，盛唐之初名为“天罡拳”，宋时易名为“黑虎拳”，至明初又易名为“大洪拳”并延续至今。其动作朴实无华，刚劲有力，发拳有穿山洞石之情，落步有入地生根之意；同时虚实不定变化多端，多晃膀和连环掌，因而又称三晃膀大洪拳。三晃膀大洪拳于 2016 年被评为江苏省第四批省级非物质文化遗产。

三晃膀大洪拳相传在清朝年间由山东恩县甜水铺人李泰（又名李征）传艺丰县顺河乡仇庄人张健。此即三晃膀大洪拳传丰、沛之始。历代代表性传承人物有张健、李兴美、邓洪先、邓宪文、邓守超、汪砚军、张茂强等。三晃膀大洪拳历史悠久，拳械丰富，名家辈出，丰县、沛县独特的地理位置，也奠定了三晃膀大洪拳在中国武术大格局中的历史地位和鲜明的区域特色。

三晃膀大洪拳是集内外家于一体的近身短打拳，其技术风格特点是：强调调动内气，以气发力，并运用于全身，总体结构严谨，内外兼修，刚柔并济。技法灵活，虚实不定，多晃膀和连环掌，线路直来直往，阳起阴落，拳打一条线。每个姿势和动作都必须做到：手眼身法步，步眼身法合。要求一动全身动，讲究寸劲和力量。总之，三晃膀大洪拳具有套路短小，技击性强，风格独具一格，有别于我国南方的洪拳和北方的红拳，充分展现了朴实浑厚、大开大合、拳势威猛、刚劲稳健的特色和风格。它既注重基本套路和技法的掌握，更追求意、气、形、神的统一。

三晃膀大洪拳的技术体系具有内容完整、套路丰富的特点，既有拳术套路、器械套路和功法等，又有单练、对练、多人对练等。其中，拳术套路有单练套路和对练套路，单练套路主要有六路大洪拳、五步拳，对练套路主要有十八捶、五虎群羊捶等。内修气功功法有桩功、鹰爪功、盘肘功等。

三晃膀大洪拳在演练过程中大开大合、刚劲有力，追求速度准确，强调调动内气、以气发力，讲究四肢躯干协调发力，因此长久习练可以有效地强身健体，具有重要的健身价值。具体而言，三晃膀大洪拳在演练过程中能提高人体各项基本素质，改善心肺功能，促进身心健康，同时对磨炼青少年的精神意志和塑造良好的道德品质也具有积极作用。

第二节　三晃膀大洪拳的基本技术

一、身型

头正，颈直，两眼平视，下颌微收，沉肩坠肘，挺胸塌腰。（如图 18－1 所示）

图 18－1

二、手型

手型分为拳、掌、勾、指四种类型。拳有五虎拳、凤头拳（中指凸起称凤头）。掌有柳叶掌、荷叶掌、八字掌、龙掌、虎掌、猴掌等。

（1）五虎拳：四指向内卷曲握紧，拇指扣于食指及中指指节处。要求握拳如卷饼。冲拳时一般要求拳心向上，称为“阴阳拳”，旨在击拳灵动快变有力度。（如图 18－2 所示）

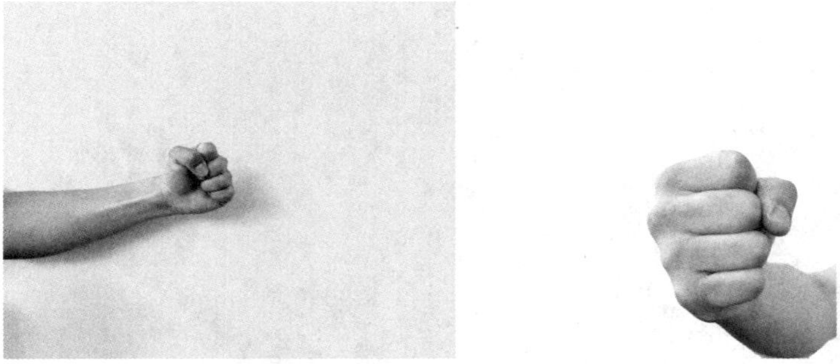

a　　b

图 18－2

（2）凤头拳：手握成拳后，将中指弯曲凸起，亦称中手。（如图 18－3 所示）

（3）柳叶掌：拇指弯曲，其余四指伸直并拢向后伸张。要求“出掌如瓦垄”，其掌劲力集中，形似单刀，可推、挂、劈、枪、戳等。（如图 18－4 所示）

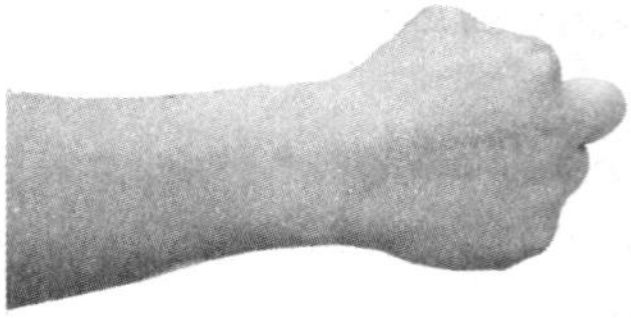

图 18－3

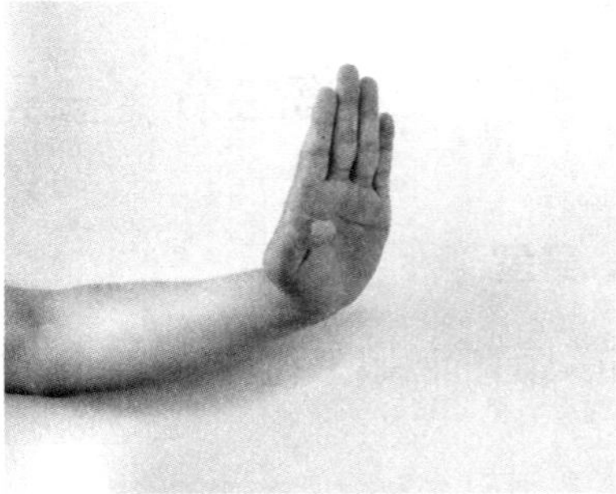

图 18－4

(4) 荷叶掌：拇指外张，其余四指伸直伸张。（如图 18－5 所示）

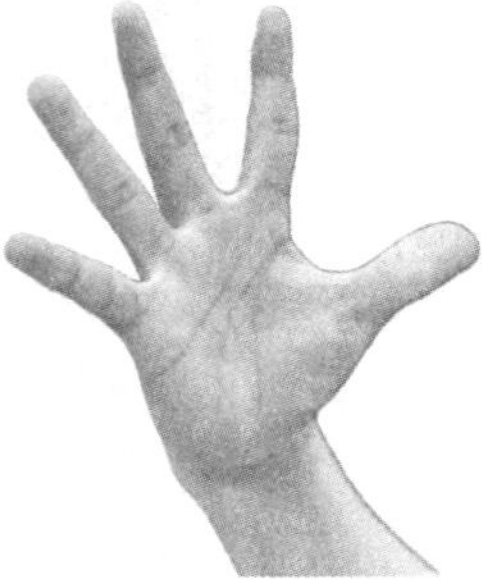

图 18－5

(5) 八字掌：拇指外张，其余四指伸直并拢向后伸张，与拇指成“八”字，故而得名（如图 18－6 所示）。便于拔、托、捋、拿等。

(6) 龙掌：五指弯曲分开，亦称“龙爪”（如图 18－7 所示）。特点是面积大，可抓、可剪、可分、可捋。

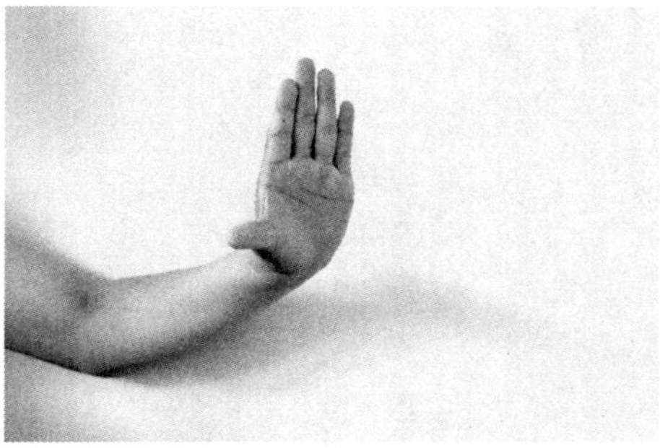

图 18－6

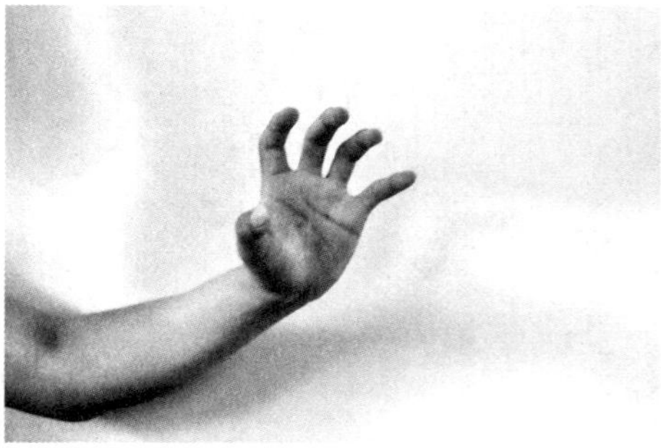

图 18－7

(7) 虎掌：五指微屈，稍分开，手心内合（如图 18－8 所示）。虎掌可推、挤、按，着力点在五指指根。

(8) 猴掌：屈肘、折腕五指微分开，弯曲朝下（如图 18－9 所示）。猴掌可分拔、搂、刨等法，要求手腕灵活。

(9) 鹰爪勾：拇指、食指、中指三指捏拢，其余二指弯曲内扣腕弯曲成钩状，又名“镊子手”。勾手可勾、扒、点、刨。（如图 18－10 所示）

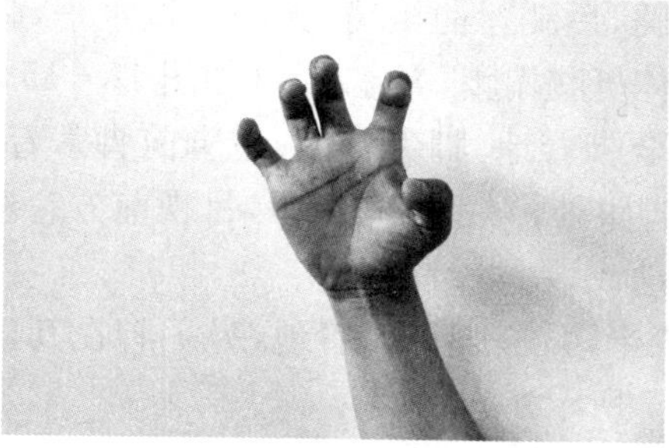
图 18－8

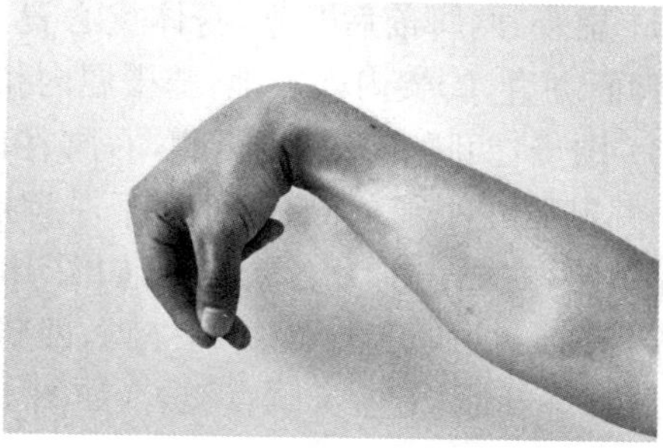
图 18－9

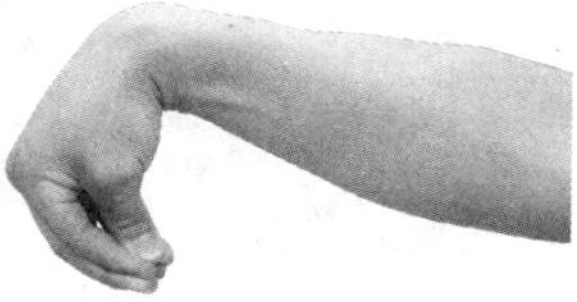
图 18－10

三、步型

步型有马步、弓步、十字步、仆步、虚步、歇步、丁步等。

(1) 马步：两脚左右开立，相距约三脚，身体重心落于两脚中间，脚尖正对前方，屈膝半蹲，大腿接近水平，膝稍内扣，不超过脚尖，上体挺胸塌腰，目视前方。(如图 18－11 所示)

(2) 弓步：两脚前后开立，相距约四脚，左腿屈膝半蹲，大腿接近水平，膝部不过脚尖；右腿挺膝伸直，脚尖内扣。双脚全脚着地，上体挺胸塌腰，目视前方。(如图 18－12 所示)

(3) 十字步：也叫跪步。两脚前后开立，相距约三脚，两腿屈膝半蹲，身体重心落于两腿中间，前腿大腿接近水平，前脚尖里扣斜朝前方；后脚尖稍外展斜向前方，膝内扣，脚趾抓地，上体正直，含胸拔背，目视前方。(如图 18－13 所示)

图 18－11

图 18－12

图 18－13

(4) 仆步：两脚左右开立，右腿屈膝全蹲，脚尖和膝关节外展，臀部接近右脚跟，脚尖和膝关节外展；左腿挺直平仆，脚尖里扣，两脚全脚着地，目视左方。仆左腿为左仆步，仆右腿为右仆步。(如图 18－14 所示)

(5) 虚步:两脚前后开立,身体重心置于后腿,后腿弯曲下蹲,大腿接近水平,脚尖外展,前脚面绷直,脚尖内侧点地,腿微屈内扣,上体挺胸塌腰,为虚步。(如图 18 - 15 所示)

(6) 歇步:两腿交叉靠拢全蹲,右脚在前且全脚着地,脚尖外展;左脚前脚掌着地,右膝顶出并贴紧左小腿外侧,臀部坐于左脚接近脚跟处,一手腰间抱拳,目视前方。左脚在前为左歇步,右脚在前为右歇步。(如图 18 - 16 所示)。

(7) 丁步:两脚开立,距离约一脚,两腿屈膝半蹲,一脚全脚着地,另一脚在其内侧中间处,前脚掌着地,上体挺胸直腰。(如图 18 - 17 所示)

图 18 - 14

图 18 - 15

图 18 - 16

图 18 - 17

四、手法

(1) 冲拳:两脚开立,与肩同宽,双拳抱于腰间,右拳从腰间向前快速冲出,转腰顺肩,在肘关节过腰后手臂内旋,力达拳面,高与肩平,同时左肘向后牵拉,抱拳于腰间。(如图 18 - 18、图 18 - 19、图 18 - 20 所示)

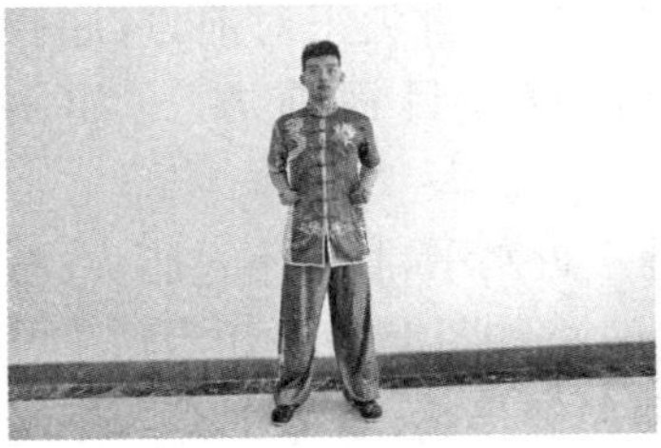

图 18 - 18

图 18 - 19

图 18 - 20

(2) 推掌:两脚开立,与肩同宽,双拳抱于腰间,右拳变掌,前臂内旋,掌从腰间旋臂向前立掌推击,推击时转腰顺肩,速度要快,臂要直,力达掌外沿。(如图 18 - 21、图 18 - 22、图 18 - 23 所示)

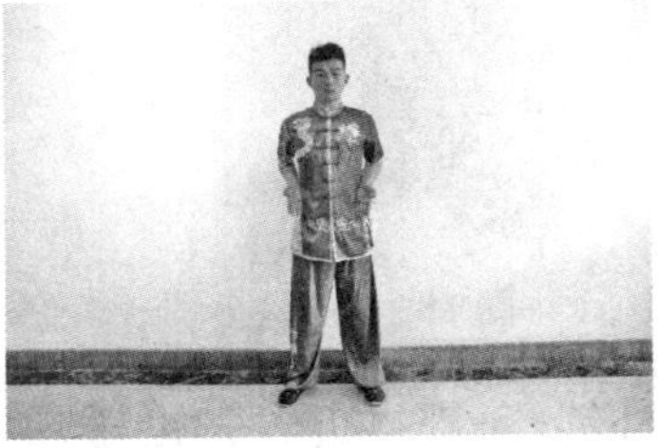

图 18 - 21

图 18 - 22

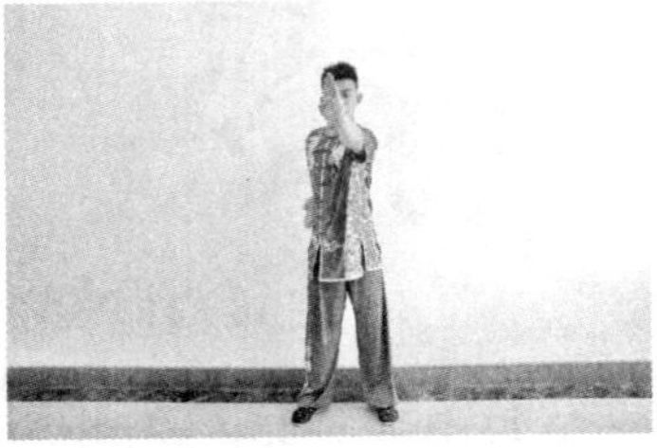

图 18 - 23

(3) 架拳:两脚开立,与肩同宽,双拳抱于腰间,左拳向左经体前向头上方架起,拳眼

朝下，臂成弧形。（如图 18 - 24 所示）

（4）沉肘：从上至下屈肘收回，肘部紧贴肋部，旋转小臂，拳心向上，与地面平。（如图 18 - 25、图 18 - 26 所示）

图 18 - 24

图 18 - 25

图 18 - 26

（5）盘肘：从外向内屈肘收回，肘部紧贴肋部，小臂内旋，拳心向内。（如图 18 - 27、图 18 - 28 所示）

图 18 - 27

图 18 - 28

五、步法

步法为拳术重中之重。所谓“打拳容易走步难”，“先看一步走，再看一伸手”，充分说明步法在练习拳术及搏击中的重要性。步法有疾步、插步、垫步、跟步等。应用时要灵活变换，进步低，退步高，做到轻灵稳固。

1. 疾步

又叫疾进步。两腿并步站立，左腿向前上步，随右脚前脚掌擦地跟步，全脚着地，落脚于左脚内后侧，同时左脚又抬起向前上步，左脚落地，右脚再跟步。左脚在前为左疾步，右脚在前为右疾步。

要点：两脚均不可离地过高，动作疾速，落地要轻巧。

2. 插步

两脚左右开立，与肩同宽，脚尖朝前。右脚提起，经左腿后向左插步，落脚于左脚左后侧，两腿交叉。

3. 垫步

两脚前后开立，右脚在前，左脚大步向前跨，右脚蹬地奋力起跳，右腿屈膝上提，左脚落地，右脚向前跨出落地。

要点：前进距离大，纵起要高。

4. 跟步

两脚前后开立，左脚在前，右腿蹬地，左脚稍抬起前窜，右脚跟上，两脚落地成十字步。

要点：前窜时身体重心前移，以身带步，左脚离地不得过高，前进冲力要大，距离要远。

六、腿法

1. 正踢腿

两脚并立，两手立掌，两臂侧平举，左脚向前上半步，左腿支撑，右脚脚尖勾起向前额处猛踢。两眼平视前方。挺胸直腰，踢腿时脚尖勾起绷落或勾起勾落。收髋猛收腹，踢腿过腰后加速，要有寸劲。

要点：三直一勾，过腰发力。

2. 外摆腿

两脚并立，两手立掌，两臂侧平举，左脚向前上半步，脚尖外摆左腿支撑，身体直立，右腿挺直勾脚斜踢，经面前（或贴头顶）向右侧划弧摆动落下，两眼平视。

要点：挺胸、塌腰、松髋、展髋，外摆幅度要大，成扇形。

3. 里合腿

两脚并立，两手立掌，两臂侧平举，左脚向前上半步，左腿支撑，身体直立；右腿挺直侧起踢至头侧，经面前向右侧斜前上方划弧摆动落下，两眼平视。

要点：挺胸、直腰、松髋、合胯。

4. 单拍脚

支撑腿伸直，另一腿脚面绷平向上踢摆；同侧手在额前迎拍脚面，击拍要准确响亮。

5. 弹踢

左高虚步站立冲拳，左脚上前半步，左腿支腿支撑，右腿屈膝提起，由屈到伸，向前弹出，膝部挺直，小腿弹出要轻快有力，脚面绷平，力达脚尖，大腿高与腰平，同时左拳向前冲出。

要点：挺胸、直腰、脚面绷直、坐髋。

6. 蹬腿

左高虚步站立推掌，左脚上前半步，左腿支腿支撑，右腿屈膝提起，脚尖勾起，由屈到伸，力达脚跟，高与腰平，同时左掌向前推出。

要点：挺胸、直腰、勾脚尖、坐髋。

七、跳跃

1. 腾空飞脚

左高虚步站立，右脚上步，左脚向前上摆动，右脚蹬地跃起，身体腾空，两臂由下向前向上摆起，右手背迎击左手掌；在空中，起跳腿上摆伸直，脚面绷平，腿高过肩，右手击右脚脚面，同时左腿屈膝收控在右腿侧，左脚脚面绷直，脚尖向下。左手在击响后向左后方摆动成勾手，勾尖向下，高与肩平；上体稍前倾，目视前方。

要点：击拍响亮、起跳脚击响时高度过肩，上体在空中正直，不可坐臀。

2. 旋风脚

并步推掌站立，左脚上步，右脚上步蹬地起跳，左脚提膝向上摆动，同时双臂由再上摆动，身体向左转动，在空中做里合腿，左手击右前脚掌，击拍要响亮，双脚同时落地成马步，目视右拳。

要点：起跳身体正直，不可弯腰，旋转以身体中线为轴，击拍响亮。

第三节　三晃膀大洪拳套路图解

此套路根据三晃膀大洪拳套路三十六式进行整理，是三晃膀大洪拳入门必修套路。

一、预备姿势

两脚开立，与肩同宽，头正颈直，虚领顶劲，下颌微内收，两眼平视前方，挺胸收腹，两臂自然下垂，两手放在大腿外侧。（如图 18－29、图 18－30 所示）

图 18－29

图 18－30

二、第一式：三晃膀顺步捶

1. 起势

掌心向上，两掌上托，托至胸前，同时吸气（如图 18－31 所示）；再翻掌向下，同时呼气，气沉丹田（如图 18－32 所示）；将上述动作重复一遍，变捶向下冲拳，目视前方。（如图 18－33、图 18－34 所示）

a　　b

图 18－31

a　　b

图 18－32

图 18－33

图 18－34

注：图解说明有以下几点。① 文字说明：文中出现“同时”两字时，不论是先写或后写某一部分动作，都要求一起活动，同时到位，不要分先后去做；文中凡出现“继而”，即表示动作与动作的连贯性，中间不要停顿。② 运动方向：插图中的运动方向，是以图中人的身体和该动作所处的位置为准，以面对的方向为前，背后的方向为后，身体左侧为左，身体右侧为右。③ 图像位置：插图中动作与人物的朝向，其结构均成直线往返进行。

2. 晃膀式

以身带臂，右拳由下向前、上、右后方成立圆翻转 360 度至正前方，屈右小臂，右拳拳心向上；左拳随之向前、后、下方成立圆翻转 360 度并直臂于左后方，左拳心向上。同时，提左膝，然后右腿半蹲，左脚尖点地成左虚步。（如图 18－35、图 18－36 所示）

图 18－35

图 18－36

3. 顺步捶

左脚向前垫步，右脚上步，右拳由下经上向后转臂收于腰间，左拳由后经下向前转臂，膀转身摇，落右步成马步，同时右拳从腰间冲出，拳心由上转下，左拳外旋拳心向下，屈于左胸前，左大臂与小臂夹紧，似拉弓射箭，目视右拳方向。（如图 18－37 所示）

三、第二式：掖手

身体向左后转，右腿跟半步屈膝半蹲，左脚收回成丁虚步，即坐虎势。同时，右拳由下向上经胸前上架于头部右上方，左手变掌屈臂收于左胸前；左手指与肩平，目视左掌方向。（如图 18－38 所示）

图 18－37

图 18－38

四、第三式：弓步单鞭势

左脚上步成左弓步，沉右肘、盘左肘，两臂抱于两肋（如图 18－39 所示）。先冲右拳，再冲左拳，两臂成一条直线，即左单鞭式，目视左前方（如图 18－40、图 18－41 所示）。

图 18 - 39

图 18 - 40

图 18 - 41

五、第四式：十字捶

1. 托枪势

右脚收半步震脚，屈膝半蹲，左脚回撤成左虚步，屈两臂，收两拳，右肘紧贴肋部，右拳置于右胸前，左肘收至左腰眼成托枪式。（如图 18 - 42 所示）

2. 十字捶

左脚跨步，右脚跟步成十字步，左拳自前向上向后劈打，右拳由胸下冲出，拳心向下，双臂成一条直线，拧腰切胯，上体正直，含胸拔背，目视右拳方向。（如图 18 - 43 所示）

图 18 - 42

图 18 - 43

六、第五式：回马捶

1. 退步三捶（怀中抱月）

左步向后撤步，右拳收回腰间，左拳经腰间向前冲出，拳心向下；上动不停，右步向后撤步，左拳收回腰间，右拳经腰间向前冲出，拳心向下；身体向右转 180 度，成右弓步，同时，右拳由后向上向下收回腰间；左拳打冲天捶，目视左拳；落两拳在头上方，势若抱月，目视右前方。（如图 18 - 44、图 18 - 45 所示）

图 18 - 44

图 18 - 45

2. 顺步捶

上动不停，右拳打出，拳心由上转下；左拳后抽，拳心向下；左大臂与小臂折叠，置于左肩前，同时弓步变成马步，目视右拳方向。（如图 18－46 所示）

七、第六式：掖手

身体向左后方转，右腿跟半步屈膝半蹲，左脚收回成左丁虚步，即坐虎势。同时，右拳由下向上经胸前上架于头部右上方，左拳变掌屈臂收于左胸前；左掌指与肩平，目视左掌方向。（如图 18－47 所示）

图 18－46

图 18－47

八、第七式：单鞭

1. 双盘肘

左脚上步成左弓步，右臂屈肘下沉，右肘收于右肋部，盘左肘收于左肋部，目视左前方。（如图 18－48 所示）

2. 单鞭

上动不停，先打右拳，再打左拳，两拳心向下，出拳均为起阴（拳心向上）合阳（拳心向下），目视左拳方向。（如图 18－49、图 18－50 所示）

图 18－48

图 18－49

图 18－50

九、第八式：托枪势

右脚收半步震脚，屈膝半蹲，左脚回撤成左虚步，屈两臂，收两拳，右肘紧贴肋部，右拳置于右胸前，左肘收至左腰眼成托枪式，目视前方。（如图 18－51 所示）

十、第九式：顺步捶

上左步，落步成马步，同时左拳冲出，右大臂与小臂折叠夹紧，右肘尖后撞，右拳置于右胸前，目视左前方。（如图 18－52 所示）

图 18 - 51

图 18 - 52

十一、第十式:分手苗

1. 虚步挑掌

右脚上半步,同时右拳变掌由下向前向上挑掌收至腰间;上动不停,右脚后撤半步,身体重心后移,右腿屈腿半蹲成左丁虚步;同时左拳变掌,向上经胸前向下、前、上方挑掌至胸前,目视左掌方向。(如图 18 - 53、图 18 - 54 所示)

图 18 - 53

图 18 - 54

2. 单鞭

左脚向前滑步,右掌变拳沉肘,左臂盘肘收于腰间,先打右拳再打左拳,目视左前方。(如图 18 - 55、图 18 - 56、图 18 - 57 所示)

图 18 - 55

图 18 - 56

图 18 - 57

十二、第十一式:通天捶

右腿蹬地提膝,左腿独立,右拳向前上冲拳,高与头齐,左拳收回腰间,目视右拳方向。(如图 18 - 58 所示)

十三、第十二式:单鞭

右脚向后落步成左弓步,同时右拳经体侧向下向后摆至身后,高与肩平,左拳从腰间

冲出,两臂成一条直线,目视左拳方向。(如图 18 - 59 所示)

图 18 - 58

图 18 - 59

十四、第十三式:搂蛇势

重心后移至右腿,右腿屈膝半蹲,收左脚成左虚步;左拳变掌向后搂手并变勾手,勾尖朝上;同时右拳变勾手,由后向上向前搂手,高与腹平,目视右手方向。(如图18 - 60、图18 - 61 所示)

图 18 - 60

图 18 - 61

十五、第十四式:白鹤亮翅

1. 跳步上挑掌

左脚向前迈步,右脚向前跨步,左脚再向前迈步成左十字步(即左—右—左,共三步),两勾手变掌上挑成挑掌。(如图 18 - 62 所示)

2. 白鹤亮翅

震右脚,提左膝,身体右转成右独立势,目视右掌方向,同时左手掌向前下方劈打,右手由前向后搂出,再两掌外翻撑开,目视左前方。(如图 18 - 63 所示)

图 18 - 62

图 18 - 63

十六、第十五式:十字捶

右腿下蹲,两手收肘变拳置于腰间,跨左步,左拳由前向上向后劈打,右拳向前冲拳,成拗步十字捶,目视右前方。(如图 18-64 所示)

十七、第十六式:托枪势

重心后移,收左脚成左丁虚步,同时左拳从后经上向下砸,拳心向上;右拳收回腰间,左肘置于腰眼,右拳置于右胸前,目视左前方。(如图 18-65 所示)

图 18-64

图 18-65

十八、第十七式:顺步捶

左脚上步成马步,同时左拳冲出,右大臂与小臂折叠夹紧,右肘尖后撞,右拳置于右胸前,目视左前方。(如图 18-66 所示)

十九、第十八式:撑势

收左脚,提右膝,右手变掌,左臂伸直于体侧,右掌下劈至右膝关节内侧,目视前方。(如图 18-67 所示)

图 18-66

图 18-67

二十、第十九式:四步撑

1. 左提膝推掌

上动不停,右脚向前落步蹬地,左腿提膝跳起,同时右掌向前推出,目视右掌方向。(如图 18-68 所示)

2. 大跃步前穿

上动不停，左脚落地后蹬地，右腿提膝向前跨步，继而左脚向前大跃步迈出，同时右掌从前向上向右至头顶上方，左掌由后向前至左脚上方。（如图 18－69 所示）

图 18－68

图 18－69

3. 左十字步挑掌

左掌沿左腿穿掌，重心前移成左十字步，同时右掌由下向前上方挑掌；左掌由前向上向后劈打，目视右掌方向。（如图 18－70 所示）

二十一、第二十式：卸步打虎势

左脚后撤，同时左转体，退一步成马步，右掌由下向上挑打，变拳上架至头顶上方；左掌经胸前，由上向下拨打至左膝上方，目视左前方。（如图 18－71 所示）

图 18－70

图 18－71

二十二、第二十一式：收势

1. 开步按掌

两臂上举经头顶向下按掌至腹前，同时右脚内收，双脚与肩同宽。（如图 18－72 所示）

2. 并步收势

右脚向左脚并拢，双手收于大腿两侧，身体直立，双眼平视前方。（如图 18－73 所示）

图 18-72

图 18-73

课程资源

动作示范

第十九章 简化太极拳

第一节 概 述

太极拳是世界级非物质文化遗产，以中国传统儒、道哲学中的太极、阴阳辩证理念为核心思想，集颐养性情、强身健体、技击对抗等为一体，是结合中医经络学、古代导引术和吐纳术形成的一种内外兼修、刚柔相济的中国传统拳术。太极拳是近代形成的拳种，流派众多，群众基础广泛，是中国武术拳种中非常具有生命力的一支。

传统太极拳门派众多，常见的太极拳流派有陈式、杨式、吴式、武式、孙式等派别，各派既有传承关系，也各有自己的特点。

简化太极拳是原国家体委于 1956 年组织专家在杨氏太极拳的基础上改编而成，只有 24 个动作，所以也叫"24 式太极拳"，但相比传统的太极拳套路来讲，其内容更显精练，动作更显规范，并且也能充分体现太极拳的运动特点。

练习简化太极拳时应注意以下几点。

1. 意动身随

古人在练拳过程中总结的"神为主帅，意动身随"，就是强调用意念引导动作，把注意力集中到动作中去，动作的衔接应连贯自然。

2. 注意放松

练习太极拳时，要在保持身体正常姿势的情况下，身体各部位的肌肉、关节做到最大限度的放松。在做动作的过程中，人体的各部位应自然、舒展地活动，达到式式连贯、处处圆活、周身协调、动作自如的状态。

3. 虚实分明

在掌握太极拳身体姿势的要领后，要注意动作的虚实和身体的重心。因为在太极拳的套路中，动作之间的连接以及位置方向的改变，都贯穿着步法的变换和重心的转移，还讲究身法和手法的运用，因此各个动作既要分明，又要连贯衔接，同时身体重心要保持稳定，做到势断意不断，一气呵成。

4. 呼吸自然

练习太极拳时，要求呼吸平和自然，与动作自然配合。

第二节　简化太极拳的基本动作

一、手型

1. 拳

四指自然并拢空握，拇指扣于食指和中指的第二指节（如图 19 - 1 所示）。拳心向下叫平拳，拳眼向上叫立拳。

2. 掌

五指伸直自然张开。（如图 19 - 2 所示）

3. 勾

五指第一指节撮拢在一起，屈腕。（如图 19 - 3 所示）

图 19 - 1

图 19 - 2

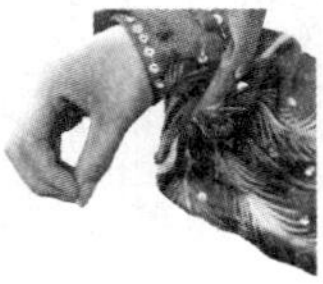

图 19 - 3

二、步型

1. 弓步

两脚前后相距一大步，前脚尖微内扣，屈膝半蹲，后脚蹬直全脚着地（如图 19 - 4 所示）。左脚在前为左弓步，右脚在前为右弓步。

2. 马步

两脚平行开立略宽于肩，屈膝半蹲，膝部不超过脚尖，大腿接近水平，身体重心落于两腿之间。

3. 仆步

两脚左右开立，一脚屈膝全蹲，臀部及大小腿靠紧，另一脚挺直铺平，脚尖里扣（如图 19 - 5 所示）。左脚全蹲为左仆步，右脚全蹲为右仆步。

图 19 - 4

图 19 - 5

4. 虚步

两脚前后开立，后脚外展并屈膝半蹲，前腿膝微屈，脚跟离地，脚面绷平，脚尖稍内扣

并虚点地面。左脚在前为左虚步，右脚在前为右虚步。（如图 19－6、图 19－7 所示）

图 19－6

图 19－7

5. 丁步

支撑腿屈膝半蹲，另一脚以脚前掌点地置于支撑腿足弓内侧。（如图 19－8 所示）

6. 平行步

两脚平行，分开与肩同宽，自然或屈膝下蹲站立。（如图 19－9 所示）

图 19－8

图 19－9

三、身型

头正颈直，两眼平视，下颌微收，虚领顶劲，沉肩坠肘，含胸拔背，气沉丹田，松腰松胯松膝。

第三节　简化太极拳套路动作

（一）起势

1. 两脚开立

身体自然直立；两臂自然下垂，两手放在大腿外侧；眼向前平视。（如图 19－10 所示）

动作要领：头颈正直，下颌微收，勿挺胸收腹。精神集中。动作要由立正姿势开始，然后左脚向左分开，成开立步。

2. 两臂前平举

两臂慢慢向前平举，两手高与肩平，与肩同宽，手心向下。（如图 19－11 所示）

3. 屈膝下按

上体保持正直，两腿屈膝下蹲，同时两掌轻轻下按，两肘下垂与两膝相对，眼平视前方。

动作要领：两肩下沉，两肘松垂，手指自然弯曲。屈膝松腰，臀部不可突出，身体重心落于两腿间，两臂下落和身体下蹲的动作要协调一致。（如图 19－12 所示）

图 19－10

图 19－11

图 19－12

（二）左右野马分鬃

1. 左野马分鬃

（1）上体微向右转，身体重心移至右腿上；同时右臂收于胸前平屈，手心向下；左手经体前向右下划弧放在右手下，手心向上，两手心相对成抱球状；左脚随即收到右脚内侧，脚尖点地，眼看右手。（如图 19－13 所示）

（2）身体微向左转，左脚向左前方迈出，右脚跟后蹬成左弓步；同时身体继续左转，左右手随转体慢慢分别向左上、右下方分开，左手高与眼平，手心斜向上，肘微屈；右手落在右胯旁，肘也微屈，手心向下，指尖向前，眼看左手。（如图 19－14 所示）

图 19－13

图 19－14

2. 右野马分鬃

（1）上体慢慢后坐，身体重心移至右腿，左脚尖翘起，微向外撇。（如图 19－15 所示）

（2）左腿慢慢前弓，左脚掌慢慢踏实，身体左转，身体中心再移至左腿；同时左手翻转向下，左臂收于胸前平屈，右手向左上划弧放于左手下，两手心相对成抱球状；右脚随即收在左脚内侧，脚尖点地，眼看左手。右弓步分掌。右腿向右前方迈出，左脚后蹬成右弓步，同时上体右转，左右手随转体慢慢向左下、右上方分开，右手高与眼平，手心斜向上，肘微屈，左手放于左胯旁，手心向下，指尖向前，眼看右手。（如图 19－16 所示）

左野马分鬃同右野马分鬃，但方向相反。

动作要领：上体不可前俯后仰，胸部必须放松舒展。两臂分开时要保持弧形。身体转动要以腰为轴。弓步动作与分手的速度要均匀一致。做弓步时，迈出的脚先是脚跟着地，然后脚掌慢慢踏实，脚尖向前，膝盖不要超过脚尖，后腿自然伸直，前后脚夹角成45度至60度(需要时后脚跟可以后蹬调整)。前后脚的脚跟要分在中轴线的两侧，横向距离(以动作行进的中线为纵轴，其两侧的垂直距离为横向)应保持在10—30厘米左右。

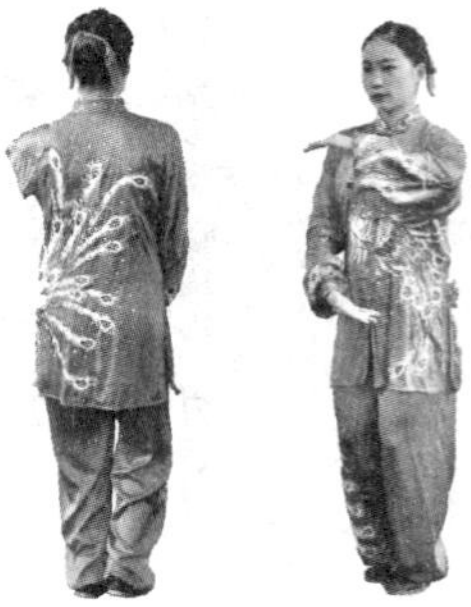

a　　b

图 19－15

图 19－16

(三) 白鹤亮翅

1. 转体抱球

上体微向左转，左手翻掌向下，左臂平屈在胸前，右手向左上划弧，手心转向上，与左手成抱球状，眼看左手。(如图 19－17 所示)

2. 跟步后坐

右脚跟进半步，上体后坐，重心移至右腿，上体先向右转，面向右前方，眼看右手。

3. 虚步分手

左腿稍向前移，脚尖点地，成左虚步，同时上体再微向左转，面向前方，两手随转体慢慢向右，右手上提停于右额前，手心向左后方，身体再向左转，左手落于左胯前，手心向下，指尖向前，眼看前方。(如图 19－18 所示)

动作要领：完成姿势时胸部不要挺出，两臂保持半圆形，左膝微屈。重心后移和右手上提、左手下按要协调一致。

图 19－17

图 19－18

(四) 左右搂膝拗步

1. 左搂膝拗步

(1) 右手从体前下落，由下向后上方划弧至右肩部外侧，肘微屈，手与耳同高，手心斜向上，左手上起由左向上向右下方划弧至右胸前，手心向下，同时上体微向左再向右转，眼看右手。(如图 19－19 所示)

(2) 上体左转，左脚向前迈出成左弓步，同时左手微屈收回，由耳侧向前推出，高与鼻平，左手向下由左膝前搂过落于左胯旁，眼看右手。(如图 19－20 所示)

(3) 上体后坐，身体重心移至右腿，右腿慢慢屈膝，左脚尖翘起微向外撇，左腿前弓，随后脚掌慢慢踏实，身体左转，身体重心移至左腿，右脚收到左脚内侧，脚尖点地。同时左手向外翻掌由左后向上划弧至左肩外侧，肘微屈，手与耳同高，手心斜向上；右手随转体向上向左下方划弧落于左胸前，手心斜向下，眼看左手。(如图 19－21 所示)

2. 右搂膝拗步

右搂膝拗步同左搂膝拗步，但动作方向相反。(如图 19－22 所示)

动作要领：前手推出时，身体不要前俯后仰，要松腰松胯。推掌时要沉肩垂肘、坐腕舒掌，同时要与松腰、弓腿上下协调一致。搂膝拗步成弓步时，两脚跟的横向距离约 30 厘米。

图 19－19

图 19－20

图 19－21

图 19－22

(五) 手挥琵琶

右腿跟进半步，上体后坐，身体重心移至后腿上，左腿略提起稍向前移，变成左虚步，脚跟着地，膝部微屈，同时左手由左下向上举，高与鼻平，微屈臂，右手收回放在左臂肘部里侧，眼看左手食指。(如图 19－23 所示)

动作要领：身体要平稳自然，沉肩垂肘，胸部放松。左手上举时不要直向上挑，要由左向上向前微带弧形。右脚跟进时，脚掌先着地，再全脚踏实。身体重心后移和左手上举、右手收回要协调一致。

图 19－23

(六) 左右倒卷肱

1. 左倒卷肱

(1) 上体右转，右手翻掌，手心向上，经腹前由下向后上方划弧平举，臂微屈。左手随之翻掌向上，左脚尖落地。眼随右手，再转看左手。(如图 19－24 所示)

(2) 右臂微屈收回，右手由耳侧向前推出，手心向前，左手收回经左肋外侧向后上方划弧平举，手心向上，右手随之再翻掌向上。同时，左腿轻轻提起向左后侧退一步，脚尖先

着地，然后慢慢踏实，重心在左腿，成右虚步。眼随左手，再转看右手。（如图 19－25 所示）

图 19－24

图 19－25

2. 右倒卷肱

（1）上体微向左转，同时左手随转体向后上方划弧平举，手心向上，右手随即翻掌，掌心向上。眼随转体先向左看，再转向前方看右手。（如图 19－26 所示）

图 19－26

图 19－27

（2）动作同左倒卷肱动作第 2 步，但方向相反。（如图 19－27 所示）

动作要领：前推的手不要伸直，后撤的手也不可直向抽回，要随转体走弧线。前推时要松腰送胯，两手的速度要一致，勿僵硬。退步时脚掌先着地，再慢慢全脚踏实，同时前脚随转体以脚掌为轴扭正。退左脚略向左后斜，退右脚略向右后斜，忌两脚落在一条直线上。后退时，眼随转体动作先向左（右）看，然后再转看前手。最后退右脚时，脚尖外撇的角度略大一些，便于接做左揽雀尾动作。

（七）左右揽雀尾

1. 左揽雀尾

（1）上体微向右转，同时右手随转体向后上方划弧平举，手心向上，左手放松，手心向下，眼看左手。上体继续右转，左手自然下落逐渐翻掌经腹前划弧至右肋前，手心向上；右臂屈肘，手心转向下，收至右胸前，两手相对成抱球状，同时身体重心落在右脚上，左脚收到右脚内侧，脚尖点地，眼看右手。（如图 19－28 所示）

（2）上体微向左转，左脚向左前方迈出，上体继续左转，右腿自然蹬直，左腿屈膝成左弓步；同时左臂向左前方掤出（左臂平屈成弓形，用前臂外侧和手背向前方推出），高与肩平，手心向后，右手向右下落放于右胯旁，手心向下，指尖向前，眼看左前臂。（如图 19－29 所示）

动作要领：掤出时，两臂前后均保持弧形。分手、松腰、弓腿必须协调一致。弓步两脚横向距离不超过 10 厘米。

(3) 身体微向左转，左手随之前伸翻掌向下，右手翻掌向上向前伸至左腕下方，眼看左手。(如图 19－30 所示)

图 19－28

图 19－29

图 19－30

(4) 上体稍向右转，两手向下经腹前向右后上方划弧捋，直至右手心斜向上，高与肩平，左手心向后平屈于胸前，同时重心移至右腿，眼看左手。(如图 19－31 所示)

动作要领：下捋时，上体不可前倾，臀部不要突出。两臂下捋要随腰旋转，走弧线，全脚掌着地。

(5) 上体微向左转，右臂屈肘折回，右手附于左手腕里侧(相距约 5 厘米)，上体继续向左转，双手同时慢慢向前挤出，左手心向后，右手心向前，左前臂保持半圆形，同时身体重心前移成左弓步，眼看左手腕。(如图 19－32、图 19－33 所示)

动作要领：向前挤时，上体要正直。挤的动作要与松腰、弓腿相一致。

图 19－31

图 19－32

图 19－33

(6) 左手翻掌，手心向下，右手经左手腕上方向前向右伸出与左手齐，手心向下，左手翻掌向下，两手向左右分开，宽与肩同，然后右腿屈膝，上体后坐，身体重心移至右腿上，左脚尖翘起，两手屈肘收回至腹前，手心向前下方，眼向前平视。(如图 19－34、图 19－35 所示)

(7) 上动不停，身体中心慢慢前移，同时两手向前向上按出，掌心向前，手腕部高与肩平，同时左腿前弓成左弓步，眼平视前方。(如图 19－36 所示)

动作要领：向前按时，两手要走弧线，手腕高与肩平，两肘微屈。

图 19 - 34

图 19 - 35

图 19 - 36

2. 右揽雀尾

（1）右腿屈膝，身体重心移至右腿上，上体后坐并向右转，左脚尖里扣，右手向右平行划弧至体侧，手心向前，眼看右手。（如图 19 - 37 所示）

（2）右手由右下经腹前向左上划弧至左肋前，左手手心向下，左臂平屈于胸前，两手成抱球状，同时重心再移至左腿上，右脚向左脚靠拢，右脚尖点地，眼看左手。（如图 19 - 38 所示）

图 19 - 37

图 19 - 38

（3）后几步动作同左揽雀尾动作（2）—（7），但方向相反。（如图 19 - 39—图19 - 46 所示）

图 19 - 39

图 19 - 40

图 19 - 41

图 19 - 42

图 19 - 43

图 19 - 44

图 19 - 45

图 19 - 46

(八) 单鞭

(1) 重心后移,扣脚转身,两手打开平举体侧,眼看左手。(如图 19-47 所示)

(2) 身体重心再逐渐移至右腿上,左脚向右脚靠拢,脚尖点地,同时右手向右上方划弧至体侧时变勾手,臂与肩平。左手向下经腹前向右上方划弧停于右肩前,手心向上,眼看右手。(如图 19-48 所示)

(3) 身体微向左转,左脚向左前侧方迈出,右脚后蹬成左弓步。在重心移向左腿的同时,左掌随身体的左转慢慢翻转向前推出。手心向前,手指与眼平,臂微屈,眼看左手。(如图 19-49 所示)

动作要领:上体保持正直,松腰。完成式时,右臂肘部稍下垂,左肘与左膝上下相对,两肩下沉。左手向外翻掌前推时,要随转体边翻边推出,不要翻得太快或突然翻掌。全部动作要协调一致。如面向南起势,单鞭的方向(左脚尖和上体)应为东偏北(约 15 度)。

图 19-47

图 19-48

图 19-49

(九) 云手

(1) 身体重心移至右腿上,身体渐向右转,左脚尖里扣,左手经腹前向右上划弧至右肩前,手心斜向后,同时右手变掌,手心向右,眼看右手。(如图 19-50 所示)

(2) 上体慢慢左转,身体重心随之逐渐左移;左手由面前向左侧运转,手心渐转向左方。右手由右下经腹前向左上划弧至右肩前,手心斜向后,同时右脚靠近左脚,成小步开立(两脚相距 10—20 厘米),眼看左手。(如图 19-51 所示)

(3) 上体再向右转,左手经腹前向右上方划弧至右肩前,手心斜向后,右手向右侧运转,同时手心翻转向右,右脚向左侧横跨一步,眼看右手。(如图 19-52 所示)

图 19-50

图 19-51

图 19-52

(4) 同动作(2)。

(5) 同动作(3)。

(6) 同动作(2)。

动作要领:身体转动要以腰脊为轴,松腰、松胯,不可忽高忽低。两臂随腰的转动而运转,要自然圆活,速度要缓慢均匀。下肢移动时,身体重心要稳定,两脚掌先着地再踏实,脚尖向前,眼随左右手而移动。在第三个云手中,右脚最后跟步时,脚尖微向里扣,便于接做单鞭动作。

(十) 单鞭

(1) 上体向右转,右手随之向右运转,至右侧方时变勾手,右手经腹前向右上方划弧至右肩前,手心向内,身体重心落在右腿上,左脚尖点地,眼看右手。(如图 19 - 53 所示)

(2) 同动作(3)。(如图 19 - 54 所示)

动作要领:与(八)单鞭相同。

图 19 - 53

图 19 - 54

(十一) 高探马

(1) 右脚跟进半步,身体重心移至右腿上,右勾手变掌,两手心翻转向上,两肘微屈,同时身体微向右转,左脚跟离地成左虚步,眼看右手。(如图 19 - 55 所示)

(2) 上体微左转,右掌经耳旁向前推出,手心向前,手指与眼同高,左手收至左侧腰前,手心向上,同时左脚微前移,脚尖点地成左虚步,眼看右手。(如图 19 - 56 所示)

动作要领:上体自然正直,双肩要下沉,右肘微下垂。跟步移换重心时,身体勿起伏。

图 19 - 55

图 19 - 56

(十二) 右蹬脚

(1) 上体微向右转,左手手心向上,从右腕背面穿出,双手交叉,眼看双手中间。

(2) 上体微向左转,同时左脚提起向左前方进步成左弓步,两手与迈步同时向两侧分开,手心斜向下,眼看右前方。

(3) 两手由外侧向里圈划弧合抱于胸前，右手在外(手心均向后)，同时右脚向左侧靠拢，脚尖点地，眼平视右方。

(4) 右腿提膝，脚尖自然下垂，同时两手由胸前继续上抬。(如图 19 - 57 所示)

(5) 两臂左右划弧分开平举，肘部微屈，手心均向外，同时右脚提起向右前方慢慢蹬出，眼看右手。(如图 19 - 58 所示)

动作要领：身体要稳定，不可前俯后仰。两手分开时，腕部与肩齐平。蹬脚时，左腿微屈，右脚尖回勾，劲使在脚跟。分手和蹬脚要协调一致。右臂和右腿上下相对，如面向南起势，此时方向应为正东偏南(约 30 度)。

图 19 - 57

图 19 - 58

(十三) 双峰贯耳

(1) 右脚收回，膝盖提起，左手由后向上向前下落至体前，两手握拳翻转向上，两拳同时向下划弧分落于腰部两侧，拳心均向上。(如图 19 - 59 所示)

(2) 右脚向右前方落下成右弓步，同时两手下垂，慢慢变拳，分别从两侧向上向前划弧至脸前成钳形状，两拳相对，高与耳齐，拳眼都斜向后(两拳相距 10—20 厘米)，眼看右手。(如图 19 - 60 所示)

动作要领：完成时，头部正直，松腰松胯，两拳松握，沉肩垂肘，双峰贯耳式的弓步和身体方向与右蹬脚方向相同，弓步的两脚横向距离不超过 10 厘米。

图 19 - 59

图 19 - 60

(十四) 转身左蹬脚

(1) 左腿屈膝后坐，重心渐移至左腿上，上体向左转，右脚尖里扣，同时两拳变掌，由上向左右划弧分开平举，手心向前，眼看左手。

(2) 身体重心再移至右腿上，左脚靠近右脚内侧，脚尖点地，同时两手由外圈向里圈划弧合抱于胸前，左手在外，手心均向后，眼平视左方。

(3) 左腿提膝,脚尖自然下垂,同时两手由胸前继续上抬。(如图 19－61 所示)

(4) 双臂左右划弧分开平举,肘部微屈,手心均向外,同时左脚提起向左前方慢慢蹬出,眼看左手。(如图 19－62 所示)

动作要领:动作与右蹬脚相同,但方向相反。左蹬脚方向与右蹬脚成 180 度(正西偏北,约 30 度)。

图 19－61

图 19－62

(十五) 左右下势独立

1. 左下势独立

(1) 左脚收回平屈,上体右转,右掌变勾手,然后左掌向上向右划弧下落,立于右肩前,掌心斜向后,眼看右手。(如图 19－63 所示)

(2) 右脚慢慢屈膝下蹲,左脚由内向左侧(偏后)伸出,成左仆步,左手下落(掌心向外)向左下顺左腿内侧向前穿出,眼看左手。(如图 19－64 所示)

动作要领:右腿全蹲时,上体不要过于前倾。左腿伸直,脚尖里扣,两脚掌全部着地,左脚尖与右脚跟踏在中轴线上。

(3) 身体重心前移,以左脚跟为轴,脚尖向外撇,左腿前弓,右脚后蹬,右脚尖里扣,上体微向左转并向前起身,同时左臂继续向前伸出(立掌),掌心向右,右勾手下落,勾尖向后,眼看左手。

(4) 右腿慢慢提起成独立势,同时右勾手下落变掌由后下方顺右腿外侧向前弧形摆出,屈臂立于右腿上方,肘与膝相对,手心向左。左手落于左胯旁,手心向下,指尖向前,眼看右手。(如图 19－65 所示)

动作要领:上体要正直,独立的腿要微屈,右腿提起时脚尖自然下垂。

图 19－63

图 19－64

图 19－65

2. 右下势独立

(1) 右脚下落于左脚前,脚掌着地,然后以左脚掌为轴向左转体,左脚外撇,同时左手向后平举变勾手，右掌随转体向左侧划弧立于左肩前，眼看左手。

（2）后几步动作同左下势动作(2)—(4)，但方向相反。（如图 19－66—图 19－69 所示）

动作要领：右脚尖触地后需稍微提起，然后再向下仆腿。其他与上式相同，只是左右相反。

图 19－66

图 19－67

图 19－68

图 19－69

(十六) 左右穿梭

1. 左穿梭

（1）身体微向左转，左脚向前落地，脚尖外撇，右脚跟离地，两腿屈膝成半坐盘式，同时两手在左胸前成抱球状（左上右下），然后右脚向左脚内侧靠拢，脚尖点地，眼看左手。（如图 19－70 所示）

（2）身体右转，右脚向前迈出成右弓步，同时右手由面前向上举出，翻掌停在右额前，手心斜向上。左手先向左下再经体前向前推出，高与鼻平，手心向前，眼看左手。（如图 19－71 所示）

图 19－70

图 19－71

2. 右穿梭

(1) 身体重心略向后移，右脚尖略向外撇，随即重心再移至右脚上，左脚跟进附于右脚内侧，脚尖点地，同时两手在右胸前成抱球状，眼看右前臂。(如图 19－72 所示)

(2) 动作同左穿梭(2)，但方向相反。(如图 19－73 所示)

动作要领：完成姿势时面向斜前方(如面向南起势，即左右穿梭方向分别为正西偏北和正西偏南，均约 30 度)。手推出后，上体不可前俯。手向上举时，勿引肩上耸。一手上举，一手前推，要与弓腿松腰上下协调一致。

图 19－72

图 19－73

(十七) 海底针

1. 右脚向前跟进半步，前脚掌先着地，随后右脚全掌踏实，身体重心落在右脚上，同时上体微向右转，右手向上提抽至耳侧，手心仍向左，指尖斜向下，左手经体前下落，掌心向下，指尖斜向前，眼看前下方。(如图 19－74 所示)

2. 上体微向左转至面向前方，右手从耳侧斜向前下方插出，指尖向前下方，同时左手向前向下划弧落于左胯旁，手心向下，左脚稍前移，膝部微屈，脚尖点地，成左虚步，眼看前下方。(如图 19－75 所示)

动作要领：身体要先向右转，再向左转。上体不可太前倾，避免低头和臀部向外突，左腿微屈。

(十八) 闪通臂

上体稍右转，左脚向前迈出成左弓步；同时右手由体前上提，掌心上翻，右臂平屈于头上方，拇指朝下，左手上举向前平推，高与鼻平，手心向前，眼看左手。(如图 19－76 所示)

动作要领：上体自然正直，松腰松胯；左臂不要完全伸直，背部肌肉要伸展开。推掌举掌和弓腿动作要协调一致。

图 19－74

图 19－75

图 19－76

(十九) 转身搬拦锤

(1) 上体后坐,重心移至右腿,左脚尖里扣,身体向右后转,然后重心再移至左腿上,同时右手随转体而向右向下(变拳)经腹前划弧至左胯旁,拳心向下。左掌上举于头前方,掌心斜向上,眼看前方。(如图 19－77 所示)

(2) 继续向右转体,右脚收回后(不点地)向前迈出一步,脚尖外撇,右拳经胸前向前翻转撇出,拳心向上。左手落于左胯旁,眼看右拳。(如图 19－78 所示)

(3) 身体微右转,身体重心移至右腿上,左脚向前迈一步,左手上举经左侧向前平行划弧拦出,拳心向前下方,同时右拳收到右腰旁,拳心向上,眼看左手。左脚前弓变成左弓步,同时右拳向前打出,拳眼向上,高与胸平,左手附于右前臂里侧,眼看右拳。(如图 19－79、图 19－80 所示)

动作要领:右拳不要握得太紧。右拳收回时,前臂要慢慢内旋划弧后再外旋停于右腰旁,拳心向上。向前打拳时,右肩随拳略向前伸,沉肩垂肘,右臂微屈。弓步时两脚横向距离不超过 10 厘米。

图 19－77

图 19－78

图 19－79

图 19－80

(二十) 如封似闭

(1) 左手由右手腕下向前伸,右拳变掌,两手心向上慢慢收回,眼看前方。(如图 19－81 所示)

(2) 上体后坐,右腿屈膝,左脚尖翘起,身体重心移至右腿上,同时两臂屈肘,两手慢慢分开收回至胸前翻掌,落于两肋前,眼看前方。(如图 19－82 所示)

(3) 两手向下经腹前再向上向前推出,高与肩平,手心向前,同时左腿前弓变左弓步,眼看前方。(如图 19－83 所示)

动作要领:身体后坐时,避免后仰,臀部不可突出。两臂随身体收回时,肩、肘部略向外松开,不要直着抽回。两手推出宽度不要超过两肩。

图 19－81

图 19－82

图 19－83

(二十一) 十字手

(1) 向右转身,身体重心移至右腿,左脚尖里扣。右手随转体动作向右平摆划弧,右脚尖外撇,右腿屈膝,左腿自然蹬直,成右侧弓步,同时右手随转身继续向右平摆划弧,与左手成两臂侧平举,肘下垂,两手手心向前,眼看右手。(如图 19-84 所示)

(2) 身体重心慢慢移至左腿,右脚尖里扣,然后右脚向左收回,与左脚成开立步,两脚间距与肩同宽,同时两手向下经腹前向上划弧交叉于胸前,右手在外,手心均向后成十字手,眼看前方。(如图 19-85 所示)

动作要领:两手分开和合抱时,上体不要前俯。站起后,身体自然正直,头微向上顶,下颌稍后收,两臂环抱时要沉肩垂肘。

图 19-84

图 19-85

(二十二) 收势

两手外翻掌,手心向下,慢慢下落于两胯外侧,眼看前方。(如图 19-86、图 19-87、图 19-88 所示)

动作要领:两手左右分开下落时,全身注意放松,同时呼气徐徐下沉,待呼吸平稳后将左脚收到右脚旁,再走动休息。

图 19-86

图 19-87

图 19-88

第二十章　跆拳道

第一节　概　述

一、跆拳道的发展

跆拳道是现代奥运会正式比赛项目之一，是一项运用手足技术（重在足技）进行搏击、格斗的体育运动。主要内容包括品势、竞技对抗、特技三部分。跆拳道的“跆”字，寓意像台风一样猛烈，通过高难度动作进行攻击；“拳”字意为用拳头击打和防御；“道”是指道仪，是一种艺术方法，亦泛指人生的正确道路。

跆拳道古称跆跟、花郎道、唐手道，是起源于古代朝鲜的民间武艺，后来这些技艺融合发展，逐渐形成了现代跆拳道运动的基础体系。

当今跆拳道已经集力学、兵学哲学、医学、伦理学为一体，进入了体育化、制度化、科学化、规范化、具体化的发展阶段。跆拳道动作简单、直接、实用，是一项拳脚并用的必须活动全身肌肉、关节、神经的综合性体育运动。跆拳道运动作为一项全身性运动，可以帮助达到锻炼身体，刺激脑细胞的发育，强化人的体力和脑力，开发人的智力，提高人的分析力、观察力、判断力的目的。

跆拳道于 1988 年奥运会时成为示范项目，于 1992 年的巴塞罗那奥运会上成为试验比赛项目，到 2000 年的悉尼奥运会成为正式比赛项目。目前，跆拳道在全世界的组织主要分为两个体系，分别为国际跆拳道联盟（ITF）和世界跆拳道联盟（WTF）。奥运会采用的是 WTF 体系。

二、跆拳道的礼仪

跆拳道中的礼仪又称礼节，是跆拳道运动中不可缺少的组成部分，也是跆拳道练习过程中必须具备的行为规范。它是跆拳道基本精神的具体体现。跆拳道运动始终倡导“以礼始，以礼终”的精神。因此，在跆拳道练习或比赛前后都要向对方行礼，练习者在练习过程中需衣着端正，头发整洁，对教练、同伴时刻都要表现出恭敬、服从、谦虚、互助互学的态度。

跆拳道的行礼，一般是面向国旗及面向教练、长辈等敬礼。在运动过程中，道服腰带松开时，应停止运动转身背向国旗、教练及同伴整理道服腰带，整理好后再转回原来方向。常见行礼方式如下。

1. 面向国旗敬礼

适用于一切场合。（如图 20－1、图 20－2 所示）

图 20－1

图 20－2

2. 面向教练、长辈等敬礼

适用于一切场合。(如图 20－3、图 20－4 所示)

图 20－3

图 20－4

3. 坐的姿势

适用于一切场合。(如图 20－5、图 20－6 所示)

图 20－5

图 20－6

4. 跪坐的姿势

适用于一切场合。(如图 20－7、图 20－8 所示)

图 20－7

图 20－8

三、跆拳道的基本站位及步法

练习跆拳道的站立姿势，目的就是提高每位学员对自身重心的控制与调节能力，通过灵活运用重心的转移和调整来提高自身的稳定性，同时增强攻击力度和打击效果。基本的站立姿势有以下几种。

1. 跨立

双腿开立，与肩同宽，双足平行，挺胸立腰，眼平视前方，重心在双脚之间，右手握拳在内，左手握拳在外，交叉置于后腰部。（如图 20－9、图 20－10 所示）

图 20－9

图 20－10

2. 平行步

双脚并拢，挺胸立腰，双手自然下垂，手掌分别贴于大腿两侧，眼平视前方。（如图 20－11 所示）

3. 弓步

双脚前后分开，前脚脚尖朝向正前方，小腿垂直于地面，后脚向后侧斜 30—45 度，膝盖完全伸直。（如图 20－12 所示）

图 20－11

图 20－12

4. 虎步

前脚掌向正前方向，脚后跟踮起，后脚与前脚成 30—45 度，两脚膝盖微弯曲，两脚大拇指侧在同一直线上，前后脚的距离为当前脚放下时前脚跟刚好能碰到后脚脚尖。（如图 20－13 所示）

5. 马步

两脚平行向前，两脚之间的距离为四倍脚长，膝盖朝正前方弯曲，膝盖不能超过脚尖平面。（如图 20－14 所示）

图 20－13

图 20－14

6. 实战姿势

实战时的站立姿势，主要分为左战势和右战势。左战势即左脚向前，两脚相距一步的距离，双膝微屈，使身体侧对对方，左手握拳置于腰间，右手置于下颌附近，含胸收腹，脖颈内收。右战势动作则方向相反。（如图 20－15、图 20－16 所示）

图 20－15

图 20－16

第二节　跆拳道防御技术

1. 下格挡

两脚平行站立，手臂外腕由上向下防御，手臂与左肩成一条直线，拳心距离大腿约 20 厘米（左右手依次交换训练）。如用手刀则叫手刀下防。（如图 20－17、图 20－18 所示）

图 20－17

图 20－18

2. 上格挡

两脚平行站立，手臂外腕由下向上防御，高度超过自身的头部，手臂成 45 度上举，手臂离前额有一个拳的距离（左右手依次交换训练）。如用手刀则叫手刀上防。（如图 20－19 所示）

3. 中格挡

两脚平行站立，右手内格挡，右臂弯曲，拳心向外，腕部伸直，拳与颈部同高，辅助手手臂伸直，拳心向下，拳与胸口同高。（如图 20－20 所示）

图 20－19

图 20－20

4. 中外格挡

以左战势为例。手腕由内向外防御，拳心朝前，拳背对着自己，高度与前额同，停于左肩正前方（右腕则停于右肩正前方，左右手依次交换训练）。如用手刀则叫手刀外防。（如图 20－21、图 20－22 所示）

图 20－21

图 20－22

第三节　跆拳道腿法

一、跆拳道进攻性腿法

1. 前踢

动作要领（如图 20－23—图 20－27 所示）：

（1）提起右腿时，两大腿内侧的距离应尽量小，右腿直线弹出。

图 20－23

图 20－24

图 20－25

图 20－26

图 20－27

(2) 为保持重心,躯干可稍向后倾,尽量将髋部向前送出。若是高前踢,髋部则要尽量向上向前送。

(3) 小腿向上弹出后,踢击腿的脚面用力绷直。

2. 横踢

动作要领(如图 20－28—图 20－33 所示):

(1) 右脚蹬地,重心在左脚,右脚屈膝上提,两大腿内侧之间的距离应尽量小。

(2) 左脚前脚掌碾地脚跟内旋,旋转约 180 度,髋关节左转,同时右脚膝关节向前抬置水平状态,保持肩、胯、膝在一条线上。

(3) 小腿快速向右前横踢出,踢击时右脚面稍绷直。

图 20－28

图 20－29

图 20－30

图 20－31

图 20－32

图 20－33

3. 后踢

动作要领(如图 20－34—图 20－38 所示):

(1) 以左脚掌为轴,脚跟外旋,向身体右后转体,同时快速提起右膝。

(2) 在提起右膝时,两大腿内侧之间的距离应尽量小,脚尖勾起,即右腿紧贴左腿起腿。

(3) 身体转动时,头部配合往同一方向转动,眼睛通过右肩看目标。

(4) 送胯,右腿顺势向后方踢出,踢击时脚后跟发力。

图 20－34

图 20－35

图 20－36

图 20－37

图 20－38

4. 下劈

动作要领(如图 20－39—图 20－43 所示)：

(1) 右脚蹬地，重心前移，同时右腿以髋关节为轴屈膝上提。

(2) 随即充分送髋，上提膝关节至胸部，右腿以膝关节为轴向上伸直，将右腿直举于体前，右脚过头。

(3) 右脚向下以右脚后跟(或脚掌)为发力点踢击。

图 20－39

图 20－40

图 20－41

图 20－42

图 20－43

5. 推踢

动作要领(如图 20－44—图 20－48 所示)：

(1) 右脚蹬地，重心前移，右脚以髋关节为轴提膝前蹬。

(2) 用右脚脚掌向前蹬推,发力点在脚掌,推力向正前方。
(3) 踢击目标后右腿迅速放松弹回落地,再收回原处。

图 20 - 44

图 20 - 45

图 20 - 46

图 20 - 47

图 20 - 48

6. 旋风踢

动作要领(如图 20 - 49—图 20 - 52 所示):
(1) 以右脚为轴,向后体旋转 180 度,左腿沿右腿转动,空中转髋换腿支撑。
(2) 转体时,起动腿紧贴支撑腿转动,重心往前移,用右脚踢击目标。
(3) 踢击目标后右腿迅速放松弹回落地,再收回原处。

图 20 - 49

图 20 - 50

图 20 - 51

图 20 - 52

7. 后旋踢

动作要领(如图 20 - 53—图 20 - 57 所示):

(1) 两脚以脚掌为轴向内旋 180 度，上体向右转约 90 度，与双腿拧成一定角度。

(2) 右脚蹬地将蹬地力量与上体拧转的力量合在一起，将右腿向后上方以髋关节为轴直腿摆起，身体转动时，头部配合同向转动。

(3) 右腿继续向后旋摆鞭打，同时小腿在开始时要自然放松，在接触对方头部前再瞬间绷紧脚面，用脚掌成水平弧线鞭打。

(4) 踢击目标后右腿屈膝迅速放松收回，右脚落至原地。

图 20－53

图 20－54

图 20－55

图 20－56

图 20－57

二、跆拳道组合技术

(一) 进攻技术 ＋ 防守技术

此种组合在跆拳道比赛中被运动员广泛使用。它要求使用者在进攻时速度要快，尽量使自己的第一次进攻(也称第一回合或打第一点)能够有效击中目标而得点。一般来说，若是第一个进攻动作直接得分，则应上前贴住对方或立即回撤；若是没有得点，在对方反攻的一刹那，使用防守技术阻击对方。

1. *左横踢＋右后踢*(如图 20－58—图 20－61 所示)

图 20－58

图 20－59

图 20 - 60

图 20 - 61

2. 左前横踢+右后横踢(如图 20 - 62—图 20 - 65 所示)

图 20 - 62

图 20 - 63

图 20 - 64

图 20 - 65

3. 左横踢+右劈腿(如图 20 - 66—图 20 - 69 所示)

图 20 - 66

图 20 - 67

图 20 - 68

图 20 - 69

4. 右横踢＋推踢(如图 20－70—图 20－73 所示)

图 20－70

图 20－71

图 20－72

图 20－73

(二) 进攻技术 ＋ 进攻技术

此种组合的特点是连续主动进攻，如果第一点没有得点，则立即使用第二个进攻动作来攻击对方。一般来说，当运动员使用第一点攻击时，防守者的防守情况大致有：第一，防守者主动后撤的速度比较快，进攻者第一点落空，进攻者使用第二次攻击时速度要更快，否则很容易被反击。第二，防守者因后撤速度慢而失点，此时他往往会立即转入进攻，争取得点。而进攻者的第二次进攻就起到了防守作用，如果使用劈腿等击头动作，有可能使对方来不及躲闪而再次失点或被击头，此时进攻者的第二次进攻要防备对方的击头动作。第三，若进攻者进攻第一点时，防守者立即反击而使进攻者失点，此时进攻者的第二次进攻则起到了争取得点的作用。

1. 左横踢＋右横踢(如图 20－74—图 20－77 所示)

图 20－74

图 20－75

图 20 - 76

图 20 - 77

2. 左横踢＋右劈腿(如图 20 - 78—图 20 - 81 所示)

图 20 - 78

图 20 - 79

图 20 - 80

图 20 - 81

3. 右横踢＋旋风踢(如图 20 - 82—图 20 - 86 所示)

图 20 - 82

图 20 - 83

图 20 - 84

图 20 - 85

图 20 - 86

(三) 进攻技术 + 防守技术 + 进攻技术

此种组合在跆拳道比赛中被运动员广泛应用。特点是自己主动进攻没有得点,采用防守技术而被对方进攻得点时,则立即转入进攻状态,追击进攻。此时,进攻者的第二次进攻就起到了防守或再次得点的作用。

1. 左横踢十右劈腿十左横踢(如图 20－87—图 20－91 所示)

图 20－87

图 20－88

图 20－89

图 20－90

图 20－91

2. 左横踢十右后踢十左横踢(如图 20－92—图 20－96 所示)

图 20－92

图 20－93

图 20－94

图 20－95

图 20－96

3. 右横踢＋左横踢＋旋风踢(如图 20－97—图 20－102 所示)

图 20－97

图 20－98

图 20－99

图 20－100

图 20－101

图 20－102

4. 左横踢＋右后踢＋旋风踢(如图 20－103—图 20－108 所示)

图 20－103

图 20－104

图 20－105

图 20－106

图 20－107

图 20－108

(四) 进攻技术 ＋ 进攻技术 ＋ 防守技术

在跆拳道比赛中，如果观察到对方常用连续后撤的方法进行防守时，则可使用这种组合，特点是连续主动进攻。要求两个连续进攻动作一定要快，同时进攻者连续进攻后，要快速调整身体重心，否则会被对方乱中取胜。

1. 右劈腿＋左横踢＋右后踢(如图 20－109—图 20－113 所示)

图 20－109

图 20－110

图 20－111

图 20－112

图 20－113

2. 右横踢＋左横踢＋右后踢(如图 20－114—图 20－118 所示)

图 20－114

图 20－115

图 20－116

图 20－117

图 20－118

3. 左横踢+右劈腿+左推踢(如图 20-119—图 20-123 所示)

图 20-119

图 20-120

图 20-121

图 20-122

图 20-123

4. 右横踢+左劈腿+右后踢(如图 20-124—图 20-128 所示)

图 20-124

图 20-125

图 20-126

图 20-127

图 20-128

第四节　跆拳道力量性训练技术

力量素质是人体运动的最基本素质,力量素质在一定程度上影响着其他素质的发展。力量素质可分为最大力量、快速力量和耐力三种。在跆拳道训练中,三种力量素质互相促进、互相影响，而快速力量是主要的练习内容。进行力量训练，能够使支配肌肉的神经中枢功能得到改善，提高神经过程的强度，增强神经冲动的传递，从而改善神经系统的调节机能。发展力量素质的练习有克服外部阻力和克服自身重量两种，这两种练习的方式又都包括动力性练习和静力性练习。跆拳道运动中的大部分动作均要求快速反应、爆发式完成，还要求高度的机动性和灵活性，因此更多应采用动力性练习方式。

一、力量练习的种类

1. 以发展下肢力量为主的练习

跆拳道主要采用腿法进攻，因此下肢力量的训练尤为重要。一般在训练中采用以下练习手段来发展下肢各肌肉群的力量或伸展性。

（1）单脚或双脚向各个方向连续跳（前后、左右、上下等方向）：按照一定的规律，如按前后、左右、上下的方向各跳一次为一回合，5—7 个回合为一组，尽全力跳 6—8 组；另外还有收腹跳、后踢腿跳等。

（2）仰卧左右分并腿：坐在凳子上或台子上，两腿伸直，两腿向两侧最大限度地分开再并拢，分并为一次，30 次为一组，组间间歇 1—2 分钟，练习 5—7 组。

（3）跳绳（单脚连跳或双脚连跳）：规定次数或时间，如一组要求连续跳 400—600 次，练习 6—8 组；或是连续跳 3—5 分钟为一组，练习 6—8 组。

（4）负重连续跳或跳障碍物：双腿负重如缚沙袋、身穿沙衣、肩扛杠铃或手持重物进行连续跳和跳台阶等障碍物，规定时间或次数，练习 6—8 组。

（5）肩负杠铃深蹲或半蹲：杠铃负在肩上，腰背挺直，抬头收腹，膝盖方向朝前，平稳屈膝下蹲，向上扛起时要求快速站起。练习组数为 4—6 组，次数为 4—6 次。半蹲则要求屈膝下蹲至大腿接近水平时，随即伸腿起立。

（6）负重连续提踵：杠铃负在肩上，腰背挺直，抬头收腹，膝盖方向朝前，提踵练习或前脚掌垫高提踵。练习组数为 4—6 组，次数为 6—8 次。

（7）腿部缚沙袋或橡皮条进行技术练习：腿部缚沙袋进行横踢、后踢、劈腿等技术练习，然后再去掉沙袋，用以提高动作速度。

（8）腿部负重做各个方向的直腿摆动：腿部缚沙袋或缚拉力带（或橡皮条），进行直腿前摆、直腿后摆、俯卧直腿后摆、直腿侧摆、侧卧直腿上摆、直腿侧下压等练习。

（9）负重蹬板凳或台阶：肩负杠铃或重物，两脚轮流踏上板凳或台阶；负重为最大重量的 40％—60％，次数为 8—10 次，练习 5—7 组。

（10）各种方式的蹲跳：负重（肩负重物如杠铃、壶铃、哑铃等或身穿沙衣）或不负重做纵跳、立定跳远、跳高、空中交叉跳、各个方向的分腿跳、单足跳等。

（11）负重提腿：将重物（如杠铃片等）放在大腿上，做快速提腿的动作；次数为 8—10 次，练习 5—7 组。

（12）腿屈伸：坐在凳子上或台子上，脚上勾住壶铃或挂上重物或从后面缚橡皮条，做腿屈伸动作。

（13）屈小腿：身体直立，小腿缚上沙袋，做屈小腿的动作，也可让运动员俯卧在长凳上，做缚橡皮条或双人对抗的屈小腿练习；次数为 8—10 次，练习 5—7 组。

2. 以发展躯干各肌群为主的练习

以下练习手段主要用来发展髂腰肌、腹直肌、腹外斜肌等，练习时可以使用辅助器械如长板凳、斜板、垫子、单杠、肋木、杠铃(片)、壶铃、哑铃、沙袋、沙衣等。根据个人的身体条件和具体情况安排，组数一般为 5—7 组，而每组次数各有不同。

(1) 负重或不负重的仰卧起坐(两头起)，30 次左右。

(2) 固定腿的仰卧起身(腿部可垫高、两手可持重物、可左右转体、可大小腿折叠)，每组 30 次左右。

(3) 站立负重左右转体或体前屈，每组 20 次左右。

(4) 俯卧挺身(背上可负重)，每组 20 次左右。

(5) 立卧撑跳，每组 30 次左右。

(6) 负重仰卧举腿(直腿或屈腿)，每组 30 次左右。

(7) 负重或不负重的体侧屈、体回环，每组 20 次左右。

(8) 倒挂收腹(双脚固定、身体倒挂、双手抱头、向上收腹)，每组 20 次左右。

3. 以发展上肢力量为主的练习

(1) 持重物(如哑铃、杠铃片)前后左右摆臂，每组 30 次左右，做 4—6 组。

(2) 俯卧撑，每组 30 次左右，做 4—6 组。

(3) 卧推杠铃，每组 5 次左右，做 4—6 组。

(4) 颈后臂屈伸，用杠铃(片)、壶铃、哑铃等，每组 15 次左右，做 4—6 组。

(5) 爬绳或爬杆。

(6) 拉橡皮筋。

二、进行力量练习的基本要点

在跆拳道力量训练中，运动员要根据自身的实际力量基础进行练习。发展耐力，多采用负荷强度小、重复次数多的练习。发展绝对力量，则需要采用负荷强度大、重复次数少的练习。练习的方法手段应与专项动作特点紧密结合，着重从动作结构、动作速度、肌肉收缩形式、肌肉发力顺序等方面来进行。同时，注意大小肌肉群的平衡发展，将不同性质的力量练习交叉安排，避免局部负荷过大。并注意考虑身体特点、性别、年龄和训练程度等，做到有针对性的合理安排。一般在每周安排 2—3 次的集中力量练习，也可以将局部的力量练习分散在每天进行，如周一练腿部力量，周二练腰腹肌力量，周三练腿部力量等。力量训练后注意放松调整，以消除肌肉疲劳，防止肌肉僵硬。

课程资源

动作示范　　跆拳道品势演练

第二十一章　健身球

第一节　概　述

一、健身球的起源与发展

健身球是瑞士球于20世纪90年代引进中国后的名称。最初健身球作为一种康复医疗设备,用来帮助那些运动神经受损的人恢复平衡和运动能力。随着它在协调、康复腰、背、颈、髋膝盖等功能作用的发挥,逐渐被延伸推广为一种流行的健康运动,并传至世界各地,广泛流行,经久不衰。同时健身球也是用于孕妇活动的首选产品。由健身球还产生了一项颇为有趣优美的运动,那就是健身球操。

二、健身球的锻炼价值

健身球可以训练胸、腹、背、臀、腿等处的肌肉群,这些肌肉群在保持身体平衡、改善体态以及预防运动损伤等方面发挥着重要作用,具体有以下几点。

(1) 健身球可以提高人的柔韧、力量、平衡、姿态和心肺功能。

(2) 长期使用,可改善身姿,纠正驼背,促进身体曲线的完美。

(3) 适合小腹过胖、手部及腿部过粗的人使用。

此外,健身球的健身效果良好,特别对脊柱和骨盆的锻炼很有作用。健身球在锻炼时也比较安全,不容易出现损伤,因此几乎适合所有的人。

三、健身球的材质、规格及选择

健身球一般采用对人体无害的PVC材料制成,直径在55—85厘米之间,内部为空心结构,需充气使用,如图21-1所示。通根据使用者的身高来选择正确尺寸的球。一般来讲,身高1.60米以下的选择65厘米的球或者55厘米的球;身高1.60米至1.70米选择65厘米的球或者75厘米的球;身高1.70米以上的选择75厘米的球或者85厘米的球。除了根据身高来选择球的大小外,还可以根据做部分动作时手能抱、脚能夹来进行选择。健身球的承受力最高可达到400公斤,手按下去感觉球体非常有弹性且柔软舒适说明球的质量合格。

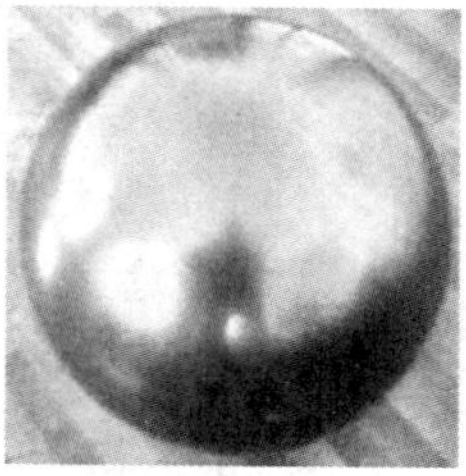

图21-1

第二节　健身球运动

一、身体各部位练习图解

(一) 身体基本姿势

目的:加固骨盆和腰部深层肌群,提高髋部和大腿前后肌群的控制能力。

1. 坐立球体

动作要领(如图 21－2 所示):

(1) 坐球时要轻而稳,走到球体前,转身后轻稳地坐下。

(2) 双肩平正放松,两臂自然垂直或放在腰上。

(3) 立腰,挺胸,上体自然挺直。

2. 单脚坐立球体

动作要领(如图 21－3 所示):

(1) 坐球时要轻而稳,走到球体前,转身后轻稳地坐下,抬起一条腿,另一条腿支撑。

(2) 双肩平正放松,两臂自然垂直或放在膝上。

(3) 立腰,挺胸,上体自然挺直。

图 21－2

图 21－3

3. 双腿夹球坐姿

动作要领(如图 21－4 所示):

(1) 坐球时要轻而稳,球置于两腿间,轻稳坐下,两小腿向后折叠离地。

(2) 注意保持平衡。

(3) 立腰,挺胸,上体自然挺直。

4. 单膝跪立球体

动作要领(如图 21－5 所示):

(1) 抬头目视前方,挺胸直腰、肩平、双臂自然下垂、收腹,一条腿站立,另一条腿跪于球体上方。

(2) 保持平衡,并体会小腿压球的感觉。

图 21－4

图 21－5

5. 后腿撑球站立

动作要领(如图 21－6 所示)：

(1) 抬头目视前方，挺胸直腰、肩平、双臂自然下垂、收腹，一条腿站立，另一条腿的小腿向后跪于球体上方。

(2) 保持平衡，并体会小腿压球的感觉。

6. 前脚踏球站立

动作要领(如图 21－7 所示)：

(1) 抬头目视前方，挺胸直腰、肩平、双臂自然下垂、收腹，一条腿站立，另一条腿的脚跟置于球体上方。

(2) 保持平衡，并体会脚跟压球的感觉。

图 21－6

图 21－7

7. 双膝跪立球体

动作要领(如图 21－8 所示)：

(1) 面对球站立，两手分开约与肩宽，先按压在球体上；调整好姿势后，先用一条腿跪压于球体上方，待相对稳定后，再快速把另一条腿也跪压在球体上方。

(2) 慢慢抬起上体，中途可两手左右侧平举辅助平衡。

(3) 要求双腿并拢，大小腿后侧夹角接近 90 度，躯干竖直，两臂自然下垂。

8. 前脚踏球弓步

动作要领(如图 21－9 所示)：

(1) 前腿屈膝前弓，大腿接近水平(或斜向地面)，膝盖不超过脚尖；后腿自然蹬直，脚跟外展，脚尖斜向前方约 45 度。两脚横向距离约为 10—30 厘米。

（2）开始时重心可以在蹬地腿，随着能力提高慢慢向弓步腿前移，注意保持平衡。

图 21－8

图 21－9

9. 双足站立球体

动作要领（如图 21－10 所示）：

（1）面对球站立，两手分开约与肩宽，手先按压在球体上；调整好姿势后，先用一只脚踩在球体上，待相对稳定后，再快速把另一只脚也踩在球体上。

（2）稳定后，慢慢抬起上体，两手左右或前后平举辅助平衡。

（3）做此动作时一定要注意安全。

10. 仰卧球体

动作要领（如图 21－11 所示）：

两脚左右开立，深蹲，用肩背部靠在球体上方，挺髋。

图 21－10

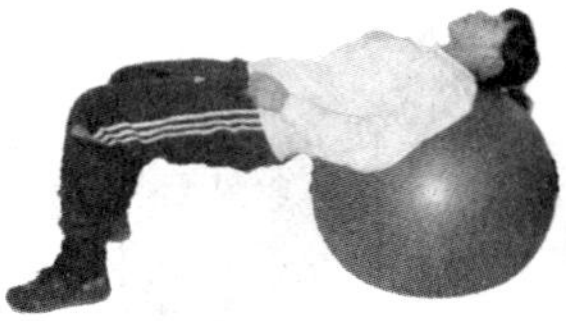

图 21－11

11. 单腿支撑仰卧球体

动作要领（如图 21－12 所示）：

（1）两脚左右开立，深蹲，用肩背部靠在球体上方，挺髋，慢慢抬起一条腿。

（2）注意保持平衡。

12. 斜卧球体

动作要领（如图 21－13 所示）：

两脚左右开立，深蹲，用肩背部靠在球体上方，蹬腿收腹。

图 21-12

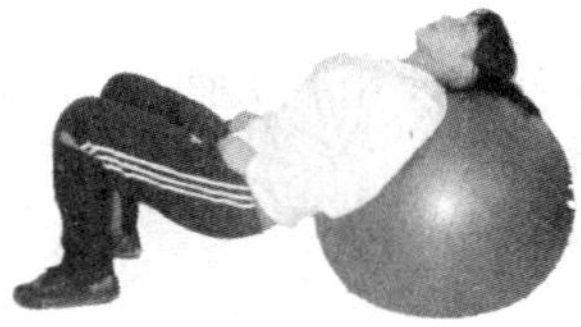

图 21-13

13. 单腿支撑斜卧球体

动作要领(如图 21-14 所示)：

(1) 两脚左右开立，深蹲，用肩背部靠在球体上方，蹬腿收腹，慢慢抬起一条腿。

(2) 注意保持平衡。

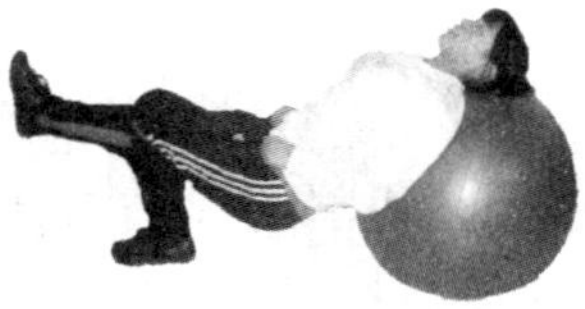

图 21-14

(二) 上肢肌群练习

目的：加固骨盆和腰部深层肌群，提高背部和肩部肌群的控制能力。

1. 大腿撑球俯卧撑

动作要领(如图 21-15 所示)：

(1) 双手分开比肩略宽，双脚并拢，双手撑于地面，两小腿撑于球体上方，从头至脚形成一条直线。双肘伸直，手臂与地面保持垂直。臀部和腹部核心区域保持收缩，全身紧绷。

(2) 躯干缓慢下沉，大臂与躯干呈 45 度，小臂与大臂的夹角小于 90 度。躯干下沉时吸气。

(3) 撑起时呼气，用胸大肌发力，借助手臂力量将躯干推起至肘关节完全伸直。

a　　b

图 21-15

2. 手撑球俯卧撑

动作要领(如图 21-16 所示)：

(1) 双手分开比肩略宽，双脚并拢，双手撑于球体上方，两小腿撑于地面，从头至脚形成一条直线。双肘伸直，手臂与地面保持垂直。臀部和腹部核心区域保持收缩，全身紧绷。

(2) 躯干缓慢下沉，大臂与躯干呈 45 度，小臂与大臂的夹角小于 90 度。躯干下沉时吸气。

(3) 撑起时呼气,用胸大肌发力,借助手臂力量将躯干推起至肘关节完全伸直。

a　　　　　　b

图 21-16

3. 双手撑地俯卧球体爬行

动作要领(如图 21-17 所示):

(1) 双手分开比肩略宽,双脚并拢,双手撑于地面,两小腿撑于球体上方,从头至脚形成一条直线。双肘伸直,手臂与地面保持垂直。臀部和腹部核心区域保持收缩,全身紧绷。

(2) 躯干保持平直,向前爬行,直至脚背到达球体上方。

(3) 到达前方后,继续保持躯干挺直,然后原路退回开始位置。

a　　　　　　b　　　　　　c

图 21-17

4. 双手撑球静力

动作要领(如图 21-18 所示):

双手双脚分开比肩略宽,双手撑于球体上方,双脚撑于地面,从头至脚形成一条直线。双肘伸直。臀部和腹部核心区域保持收缩,全身紧绷。

图 21-18

5. 足撑球俯卧撑

动作要领(如图 21-19 所示):

(1) 双手分开比肩略宽,撑于地面,双脚并拢撑于球体上方,从头至脚形成一条直线。双肘伸直,手臂与地面保持垂直。臀部和腹部核心区域保持收缩,全身紧绷。

(2) 躯干缓慢下沉,大臂与躯干呈 45 度,小臂与大臂的夹角小于 90 度。躯干下沉时吸气。

(3) 撑起时呼气,用胸大肌发力,借助手臂力量将躯干推起至肘关节完全伸直。

a　　　　b

图 21－19

(三) 颈部肌群练习

目的：加固骨盆和腰部深层肌群，提高颈部、背部和肩部肌群的控制能力。

1. 头撑球"背桥"

动作要领(如图 21－20 所示)：

背对球蹲下，头颈肩部靠在球体上，然后蹬腿顶髋成"背桥"。

2. 跪撑头压球

动作要领(如图 21－21 所示)：

跪姿，双手分开约与肩宽撑地，以前额压在球体上。

图 21－20

图 21－21

3. 跪撑头压球旋转

动作要领(如图 21－22 所示)：

(1) 跪姿，双手分开约与肩宽撑地，以前额压在球体上。

(2) 头部压球左右转动。

4. 头撑球"拱桥"

动作要领(如图 21－23 所示)：

两脚左右分开约与肩宽，双手扶球用前额靠在球体上，然后双手收起，形成头撑球"拱桥"。

图 21－22

图 21－23

5. 头撑球仰卧

动作要领(如图 21－24 所示)：

两脚左右分开约与肩宽，头、颈、肩部靠在球体上，然后蹬腿顶髋成仰卧。

6. 头压球侧斜站立

动作要领（如图 21－25 所示）：

站立，球体紧靠于支撑物上，以头侧压球，身体微向球侧倾斜。

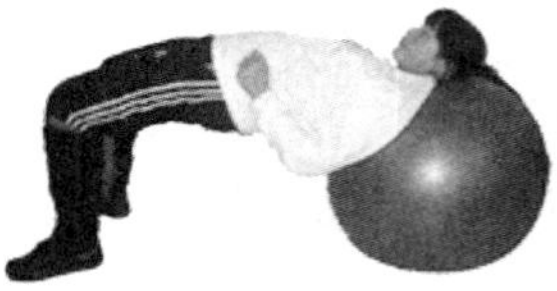

图 21－24

图 21－25

7. 头压球单腿后仰站立

动作要领（如图 21－26 所示）：

站立，球体紧靠于支撑物上，以头后侧压球，身体微向球侧倾斜，一只脚轻微抬起。

8. 头压球单腿前倾站立

动作要领（如图 21－27 所示）：

站立，球体紧靠于支撑物上，以前额压球，身体微向球侧倾斜，一只脚轻微抬起。

图 21－26

图 21－27

9. 头压球后仰站立

动作要领（如图 21－28 所示）：

站立，球体紧靠于支撑物上，以头后侧压球，身体微向球侧倾斜。

10. 头压球后仰站立转头

动作要领（如图 21－29 所示）：

（1）站立，球体紧靠于支撑物上，以头后侧压球，身体微向球侧倾斜。

（2）头左右转动。

图 21－28

图 21－29

11. 头压球前倾站立

动作要领(如图 21－30 所示)：

站立，球体紧靠于支撑物上，以前额压球，身体微向球侧倾斜。

12. 头压球前倾站立转头

动作要领(如图 21－31 所示)：

(1) 站立，球体紧靠于支撑物上，以前额压球，身体微向球侧倾斜。

(2) 头左右转动。

图 21－30

图 21－31

13. 仰卧球体头屈伸

动作要领(如图 21－32 所示)：

(1) 两脚左右分开约与肩宽，头、颈、肩部靠在球体上，然后蹬腿顶髋成仰卧。

(2) 头颈部做屈伸动作。

图 21－32

(四) 肩带肌群练习

目的：加固肩部深层肌群，提高背部和肩部肌群的控制能力。

1. 侧立单臂滚压球

动作要领(如图 21－33 所示)：

(1) 站立,球体紧靠于支撑物上,以手压球,身体微向球侧倾斜。

(2) 手压球上下移动。

a　　　　b

图 21－33

2. 侧立单臂外展压球

动作要领(如图 21－34 所示)：

站立,球体紧靠于支撑物上,以手肘压球,身体微向球侧倾斜。

3. 前倾站立单臂撑球

动作要领(如图 21－35 所示)：

站立,球体紧靠于支撑物上,以手掌压球,身体微向球侧倾斜。

图 21－34

图 21－35

4. 斜侧立单臂撑球

动作要领(如图 21－36 所示)：

站立,球体紧靠于支撑物上,以手掌压球,身体斜侧立单臂撑球。

5. 站立单臂屈肘向内压球

动作要领(如图 21－37 所示)：

站立,球体紧靠于支撑物上,单臂屈肘向内压球。

图 21-36

图 21-37

6. 站立单臂屈肘向外压球

动作要领(如图 21-38 所示)：

站立，球体紧靠于支撑物上，单臂屈肘向外压球。

7. 站立单臂向后压球

动作要领(如图 21-39 所示)：

站立，背对球，球体紧靠于支撑物上，单臂向后压球。

图 21-38

图 21-39

8. 站立单臂上下滚压球

动作要领(如图 21-40 所示)：

(1) 站立，面对球，球体紧靠于支撑物上，以手压球，身体微向球侧倾斜。

(2) 手压球上下移动。

a　　　　b

图 21-40

9. 站立单臂向前压球

动作要领(如图 21－41 所示)：

站立，面对球，球体紧靠于支撑物上，单臂向前压球。

图 21－41

(五) 胸部肌群练习

目的：加固骨盆和腰部深层肌群，提高胸部、背部和肩部肌群的控制能力。

1. 大腿撑球俯卧撑

动作要领(如图 21－42 所示)：

(1) 双手分开比肩略宽，双脚并拢，双手撑于地面，两条腿撑于球体上方，从头至脚形成一条直线。双肘伸直，手臂与地面保持垂直。臀部和腹部核心区域保持收缩，全身紧绷。

(2) 躯干缓慢下沉，大臂与躯干呈 45 度，小臂与大臂的夹角小于 90 度。躯干下沉时吸气。

(3) 撑起时呼气，用胸大肌发力，借助手臂力量将躯干推起至肘关节完全伸直。

图 21－42

2. 双手撑球静力

动作要领(如图 21－43 所示)：

双手双脚分开比肩略宽，双手撑于球体上方，两脚撑于地面，从头至脚形成一条直线。双肘伸直，手臂与地面保持垂直。臀部和腹部核心区域保持收缩，全身紧绷。

3. 双手撑球单脚支撑静力

动作要领(如图 21－44 所示)：

双手双脚分开比肩略宽，双手撑于球面，一只脚撑于地面，另一只脚抬起，从头至脚形成一条直线。双肘伸直，手臂与地面保持垂直。臀部和腹部核心区域保持收缩，全身紧绷。

图 21－43

图 21－44

4. 跪撑球体俯卧撑

动作要领(如图 21－45 所示)：

(1) 双手分开比肩略宽，撑于物体上，双脚并拢，双膝撑于球体上方，从头至脚形成一条直线。双肘伸直，手臂与地面保持垂直。臀部和腹部核心区域保持收缩，全身紧绷。

(2) 躯干缓慢下沉，大臂与躯干呈 45 度，小臂与大臂的夹角小于 90 度。躯干下沉时吸气。

(3) 撑起时呼气，用胸大肌发力，借助手臂力量将躯干推起至肘关节完全伸直。

a　　　　b

图 21－45

5. 跪姿俯卧撑球

动作要领(如图 21－46 所示)：

(1) 双手分开比肩略宽，撑于球体上方，双脚并拢，双膝跪于地面，从头至膝盖形成一条直线。双肘伸直，手臂与球体保持垂直。臀部和腹部核心区域保持收缩，全身紧绷。

(2) 躯干缓慢下沉，躯干下沉时吸气。

(3) 撑起时呼气，用胸大肌发力，借助手臂力量将躯干推起至肘关节完全伸直。

a　　　　b

图 21－46

6. 前倾站立屈肘压球伸臂

动作要领(如图 21－47 所示)：

（1）持球置于固定物体表面，面对球站立，两手两脚左右分开约与肩宽，前倾直臂压球。

（2）屈肘压球伸臂。

a　　　　　　b

图 21－47

7. 手撑球俯卧撑

动作要领（如图 21－48 所示）：

（1）双手分开比肩略宽，双脚并拢，双手撑于球体上方，两小腿撑于地面，从头至脚形成一条直线。双肘伸直，手臂与地面保持垂直。臀部和腹部核心区域保持收缩，全身紧绷。

（2）躯干缓慢下沉，大臂与躯干呈 45 度，小臂与大臂的夹角小于 90 度。躯干下沉时吸气。

（3）撑起时呼气，用胸大肌发力，借助手臂力量将躯干推起至肘关节完全伸直。

a　　　　　　b

图 21－48

8. 足撑球俯卧撑

动作要领（如图 21－49 所示）：

（1）双手分开比肩略宽，撑于地面，双脚并拢撑于球体上方，从头至脚形成一条直线。双肘伸直，手臂与地面保持垂直。臀部和腹部核心区域保持收缩，全身紧绷。

（2）躯干缓慢下沉，大臂与躯干呈 45 度，小臂与大臂的夹角小于 90 度。躯干下沉时吸气。

（3）撑起时呼气，用胸大肌发力，借助手臂力量将躯干推起至肘关节完全伸直。

a　　　　　　　　　　b

图 21 - 49

(六) 腹部肌群练习

目的:加固骨盆和腰部深层肌群,提高腹部、背部和肩部肌群的控制能力。

1. 半仰卧球体交替臂屈伸

动作要领(如图 21 - 50 所示):

(1) 坐于球体,两脚左右分开约与肩宽,上体微向后倒成半仰卧。

(2) 交替臂屈伸。

图 21 - 50

2. 侧卧球体体侧屈

动作要领(如图 21 - 51 所示):

(1) 双手抱于脑后,侧卧于球体上方,两腿并拢伸直。

(2) 上体上下做体侧屈。

a　　　　　　　　　　b

图 21 - 51

3. 单手撑地俯卧球体单臂上抬

动作要领(如图 21 - 52 所示):

(1) 双手分开比肩略宽,双脚并拢,双手撑于地面,两小腿撑于球体上方,从头至脚形成一条直线。双肘伸直,手臂与地面保持垂直。臀部和腹部核心区域保持收缩,全身紧绷。

(2) 稳定后,慢慢抬起一只手臂至水平静力,注意保持平衡。

4. 俯卧单直臂撑球

动作要领(如图 21－53 所示)：

(1) 双手双脚分开比肩略宽，双手撑于球体上方，两脚撑于地面，从头至脚形成一条直线。双肘伸直，手臂与地面保持垂直。臀部和腹部核心区域保持收缩，全身紧绷。

(2) 稳定后，慢慢抬起一只手臂至水平静力，注意保持平衡。

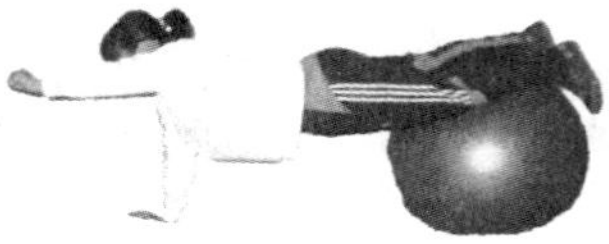

图 21－52

图 21－53

5. 单腿支撑单臂撑球

动作要领(如图 21－54 所示)：

(1) 双手双脚分开比肩略宽，双手撑于球体上方，两脚撑于地面，从头至脚形成一条直线。双肘伸直，手臂与地面保持垂直。臀部和腹部核心区域保持收缩，全身紧绷。

(2) 稳定后，慢慢抬起一条腿与另一侧一只手臂至水平静力，注意保持平衡。

6. 俯卧球体

动作要领(如图 21－55 所示)：

俯卧于球体上方，双手分开约与肩宽，撑于地面，双脚离地。

7. 俯卧球体四肢屈伸

动作要领(如图 21－56 所示)：

(1) 俯卧于球体上方，四肢伸展。

(2) 在控制好平衡的基础上，做四肢屈伸。

图 21－54

图 21－55

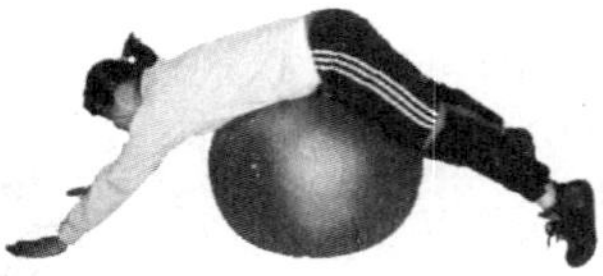

图 21－56

8. 俯卧双臂撑球转髋摆腿

动作要领(如图 21－57 所示)：

(1) 双手双脚分开比肩略宽，双手撑于球体上方，两小腿撑于地面，从头至脚形成一条直线。双肘伸直，手臂与地面保持垂直。臀部和腹部核心区域保持收缩，全身紧绷。

(2) 抬起一条腿，转髋摆腿。

a　　　　b

图 21－57

9. 跪姿屈肘撑球伸屈髋

动作要领(如图 21－58 所示)：

(1) 双膝跪于地面，双臂左右分开约与肩宽，双手置于球体斜面。

(2) 向前推球至屈肘 90 度左右，撑在球体斜面上。

a　　　　b

图 21－58

10. 屈臂撑球转髋腿内收

动作要领(如图 21－59 所示)：

(1) 双手双脚分开比肩略宽，双肘撑于球体上方，两脚撑于地面，从头至脚形成一条直线。臀部和腹部核心区域保持收缩，全身紧绷。

(2) 抬起一条腿做转髋腿内收。

a　　　　b

图 21－59

11. 手撑俯卧球体提臀拉球

动作要领(如图 21－60 所示)：

(1) 双手分开比肩略宽，双脚并拢，双手撑于地面，两小腿撑于球体上方，从头至脚形成一条直线。双肘伸直，手臂与地面保持垂直。臀部和腹部核心区域保持收缩，全身紧绷。

(2) 提臀拉球至脚到球体上方。

a　　b

图 21－60

12. 双手撑地单脚踏球内收外展

动作要领(如图 21－61 所示)：

(1) 双手分开比肩略宽,双脚并拢,双手撑于地面,两小腿撑于球体上方,从头至脚形成一条直线。双肘伸直,手臂与地面保持垂直。臀部和腹部核心区域保持收缩,全身紧绷。

(2) 抬起一条腿做内收外展。

a　　b

图 21－61

13. 双手撑地单脚踏球腿外展

动作要领(如图 21－62 所示)：

(1) 双手分开比肩略宽,双脚并拢,双手撑于地面,两小腿撑于球体上方,从头至脚形成一条直线。双肘伸直,手臂与地面保持垂直。臀部和腹部核心区域保持收缩,全身紧绷。

(2) 抬起一条腿左右分开至水平静力。

图 21－62

14. 双手撑地单腿屈髋拉球

动作要领(如图 21－63 所示)：

(1) 双手分开比肩略宽,双脚并拢,双手撑于地面,两小腿撑于球体上方,从头至脚形成一条直线。双肘伸直,手臂与地面保持垂直。臀部和腹部核心区域保持收缩,全身紧绷。

(2) 抬起一条腿左右分开,做单腿屈髋拉球。

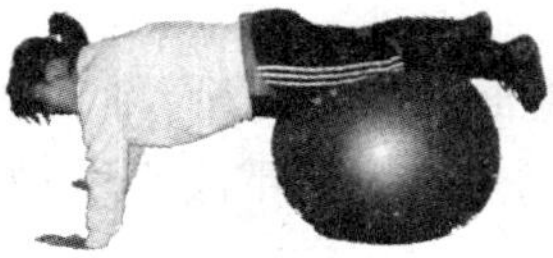

a

b

图 21－63

15. 双手撑地俯卧球体单腿上抬

动作要领(如图 21－64 所示)：

(1) 双手分开比肩略宽，双脚并拢，双手撑于地面，两小腿撑于球体上方，从头至脚形成一条直线。双肘伸直，手臂与地面保持垂直。臀部和腹部核心区域保持收缩，全身紧绷。

(2) 向上抬起一条腿至水平静力。

16. 双手撑地双脚撑球

动作要领(如图 21－65 所示)：

双手分开比肩略宽，双脚并拢，双手撑于地面，两脚撑于球体上方，从头至脚形成一条直线。双肘伸直，手臂与地面保持垂直。臀部和腹部核心区域保持收缩，全身紧绷，水平静力。

图 21－64

图 21－65

17. 双手撑地俯卧球体爬行

动作要领(如图 21－66 所示)：

(1) 双手分开比肩略宽，双脚并拢，双手撑于地面，两条腿撑于球体上方，从头至脚形成一条直线。双肘伸直，手臂与地面保持垂直。臀部和腹部核心区域保持收缩，全身紧绷。

(2) 双手交替向前爬行，臀部和腹部核心区域保持收缩。

(3) 爬行至双脚撑于球体上方后原路返回。

a

b

c

图 21－66

18. 双手撑地俯卧球体转髋屈腿

动作要领(如图 21 - 67 所示)：

(1) 双手分开比肩略宽,双脚并拢,双手撑于地面,两小腿撑于球体上方,从头至脚形成一条直线。双肘伸直,手臂与地面保持垂直。臀部和腹部核心区域保持收缩,全身紧绷。

(2) 转髋屈腿,左右交替。

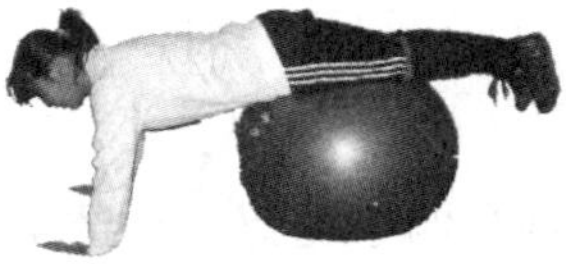
a

b

图 21 - 67

19. 双手撑地双腿屈髋拉球

动作要领(如图 21 - 68 所示)：

(1) 双手分开比肩略宽,双脚并拢,双手撑于地面,两小腿撑于球体上方,从头至脚形成一条直线。双肘伸直,手臂与地面保持垂直。臀部和腹部核心区域保持收缩,全身紧绷。

(2) 双腿屈髋拉球。

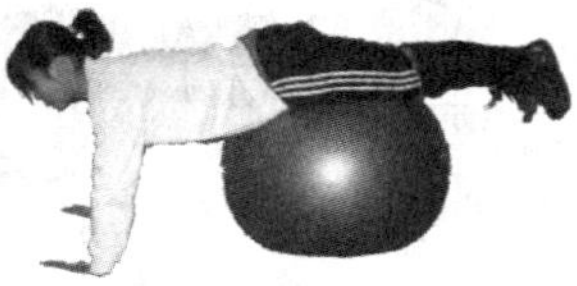
a

b

图 21 - 68

20. 胸部压球倒立腿外展

动作要领(如图 21 - 69 所示)：

(1) 双手分开宽于肩,五指张开撑于地面,前额撑于地面与两手呈三角支撑,球置于胸腹部。

(2) 压球倒立腿外展。

21. 胸部压球手倒立

动作要领(如图 21 - 70 所示)：

(1) 双手分开宽于肩,五指张开撑于地面,球置于胸腹部。

(2) 胸部压球手倒立。

图 21－69

图 21－70

22. 仰卧起坐向上推球

动作要领(如图 21－71 所示)：

(1) 屈腿仰卧，球置于腹部，双手置于球体斜下方。

(2) 坐起向上推球。

图 21－71

23. 仰卧球体抱头屈体

动作要领(如图 21－72 所示)：

(1) 坐于球体上方，双手抱头，两腿左右分开约与肩宽。

(2) 上体后倒屈体。

a　　b

图 21－72

24. 仰卧球体臂前伸起坐

动作要领(如图 21－73 所示)：

(1) 坐于球体上方，双臂前伸与躯干垂直，两腿左右分开约与肩宽。

(2) 上体后倒再坐起。

a

b

图 21 - 73

25. 仰卧球体臂前伸转体

动作要领(如图 21 - 74 所示):

(1) 仰卧于球体,头、颈、肩部靠于球体上方,双臂前伸与躯干垂直,两腿左右分开约与肩宽。

(2) 左右转体。

a

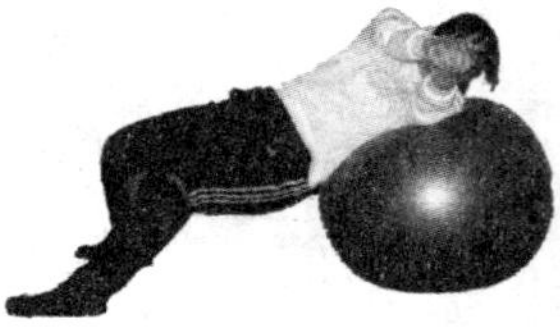

b

图 21 - 74

26. 仰卧球体臂上举起坐

动作要领(如图 21 - 75 所示):

(1) 坐于球体上方,两腿左右分开约与肩宽。

(2) 手臂上举、后倒,再坐起。

a

b

图 21 - 75

27. 仰卧球体单腿抬两头起

动作要领(如图 21 - 76 所示):

(1) 躺于球体上方,两腿左右分开约与肩宽。

(2) 在上体抬起的同时,一腿支撑,另一腿抬起。

a　　　　b

图 21－76

28. 仰卧球体单腿抬转体起

动作要领(如图 21－77 所示)：

(1) 躺于球体上方，双手抱头，两腿左右分开约与肩宽。

(2) 一腿支撑，另一腿抬起的同时躯干转体起。

a　　　　b

图 21－77

29. 仰卧球体左右绕球

动作要领(如图 21－78 所示)：

(1) 仰卧躺于地面，脚放于球体上方。

(2) 腿左右绕球。

a　　　　b

图 21－78

30. 仰卧球体屈髋收腹

动作要领(如图 21－79 所示)：

(1) 躺于球体上方，两腿左右分开约与肩宽。

(2) 屈髋收腹。

图 21－79

31. 仰卧双脚夹球收腹举腿

动作要领(如图 21－80 所示)：

(1) 仰卧躺于地面，双腿分开，用脚踝夹球。

(2) 收腹抬腿，腿夹球上举。

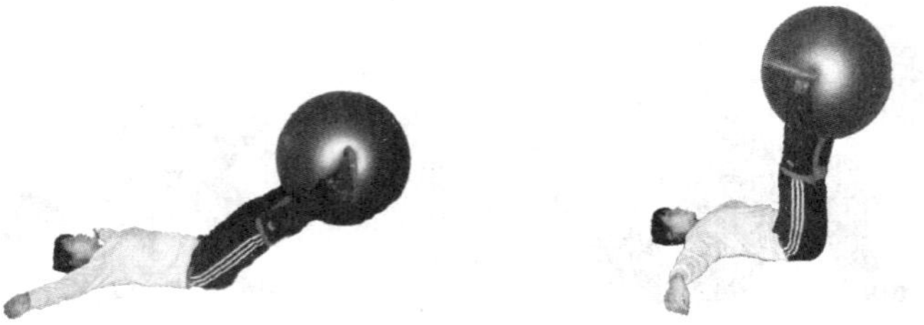

a　　b

图 21－80

32. 仰卧腿夹球上举旋转

动作要领(如图 21－81 所示):

(1) 仰卧躺于地面,双腿分开,用脚踝夹球上举。

(2) 腿夹球左右旋转。

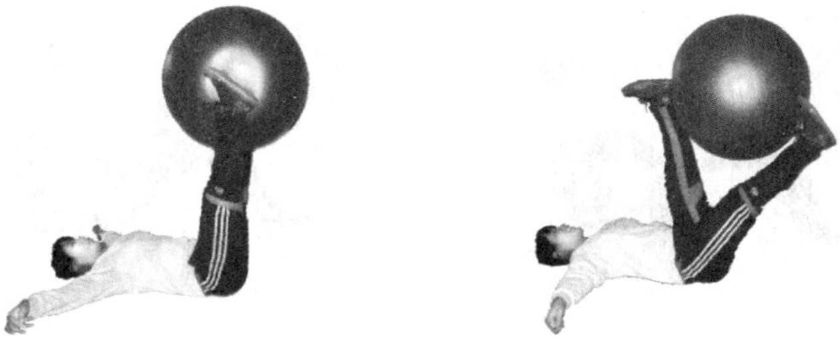

a　　b

图 21－81

33. 站立双手举球体侧摆

动作要领(如图 21－82 所示):

(1) 站立,两脚分开略大于肩,双手持球上举。

(2) 双手举球左右体侧摆。

a　　b　　c

图 21－82

34. 站姿屈肘撑球伸屈髋

动作要领(如图 21－83 所示):

(1) 站立,两手两脚分开约与肩宽,手臂伸直,两手触球。

（2）推球滚动至两肘关节撑于球体上后，屈髋回到原位。

a　　　　b

图 21－83

35. 足高位臂前举仰卧起坐

动作要领（如图 21－84 所示）：

（1）仰卧，手臂前举与躯干约呈 90 度，两腿伸直，脚置于球体上方。

（2）臂前举仰卧起坐。

a　　　　b

图 21－84

36. 足高位仰卧起坐

动作要领（如图 21－85 所示）：

仰卧，双手抱头，脚置于球体上方后坐起。

a　　　　b

图 21－85

（七）腰背肌群练习

目的：加固骨盆和腰部深层肌群，提高背部和腰部肌群的控制能力。

1. 半仰卧球体侧平举左右滚动

动作要领（如图 21－86 所示）：

（1）两腿左右开立，半仰卧，肩部靠于球体上方，手臂侧平举，挺髋，大小腿夹角约为 90 度。

（2）上体左右滚动。

a　　b　　c

图 21－86

2. 单腿撑地仰卧球体

动作要领(如图 21－87 所示)：

(1) 两腿左右开立，半仰卧，肩背部靠于球体上方，挺髋，大小腿夹角约为 90 度。

(2) 抬起一条腿约平于躯干。

图 21－87

3. 俯卧球体前后滚动

动作要领(如图 21－88 所示)：

(1) 俯卧于球体，两腿伸直撑于地面。

(2) 向前滚动，两手分开约与肩宽撑于地面，两脚向上抬起，高于头部。

a　　b

图 21－88

4. 俯卧球体双手抱胸背起

动作要领(如图 21－89 所示)：

(1) 俯卧于球体上方，双手抱胸，两腿分开约与肩宽，伸直撑于地面。

(2) 抱胸背起。

a　　b

图 21－89

5. 俯卧球体双手抱胸背起转体

动作要领(如图 21－90 所示)：

(1) 俯卧于球体上方，双手抱胸，两腿分开约与肩宽，伸直撑于地面。

(2) 抱胸背起转体。

a　　b

图 21－90

6. 俯卧球体异侧腿臂上抬

动作要领(如图 21－91 所示)：

(1) 俯卧于球体上方，双手双脚分开约与肩宽并撑于地面。

(2) 异侧腿臂上抬。

图 21－91

7. 跪撑球体单臂前平举

动作要领(如图 21－92 所示)：

(1) 双手双膝撑于球体上方。

(2) 待稳定后，单臂前平举。

a　　b

图 21－92

8. 跪撑球体单腿上举

动作要领(如图 21－93 所示)：

(1) 双手双膝撑于球体上方。

(2) 待稳定后，单腿上举。

a　　　　　　　　b

图 21－93

9. 跪撑球体异侧腿臂上举

动作要领(如图 21－94 所示)：

(1) 双手双膝撑于球体上方。

(2) 待稳定后,异侧腿臂上举。

a　　　　　　　　b

图 21－94

10. 跪撑卧球抱头背起

动作要领(如图 21－95 所示)：

(1) 双腿跪地,双手抱头俯卧于球体上方。

(2) 抱头背起。

a　　　　　　　　b

图 21－95

11. 跪撑卧球抱头转体

动作要领(如图 21－96 所示)：

(1) 双腿跪地,双手抱头俯卧于球体上方。

(2) 抱头转体。

a　　b

图 21－96

12. 双手撑地仰卧球体伸髋

动作要领(如图 21－97 所示)：

(1) 双手撑地，双脚置于球体上方。

(2) 伸髋挺身。

a　　b

图 21－97

13. 双手撑地仰卧球体伸髋摆腿

动作要领(如图 21－98 所示)：

(1) 双手撑地，双脚置于球体上方。

(2) 伸髋挺身摆腿。

a　　b

图 21－98

14. 双手双膝跪撑球体静力

动作要领(如图 21－99 所示)：

(1) 双手双膝跪撑于球体上方。

(2) 控制好平衡静力。

图 21－99

15. 手倒立前倾

动作要领(如图 21－100 所示)：

(1) 俯卧于球体上方，双手分开约与肩宽，撑于地面。

(2) 腿上举，上体前倾倒立。

a　　b

图 21－100

16. 坐立球体交叉振臂

动作要领(如图 21－101 所示)：

(1) 坐球时要轻而稳,走到球体前,转身后轻稳地坐下。

(2) 双肩平正放松,两臂自然垂直或放在膝上。

(3) 立腰、挺胸,上体自然挺直。

(4) 交叉振臂。

a　　b

图 21－101

17. 坐立球体腿臂同时上抬

动作要领(如图 21－102 所示)：

(1) 坐球时要轻而稳,走到球体前,转身后轻稳地坐下。

(2) 双肩平正放松,两臂自然垂直或放在膝上。

(3) 立腰、挺胸,上体自然挺直。

(4) 腿臂同时上抬,注意控制好平衡。

a　　b

图 21－102

18. 坐立球体异侧腿臂上抬

动作要领(如图 21 - 103 所示):

(1) 坐于球体上方,双肩平正放松,两臂自然垂直或放在膝上,立腰、挺胸,上体自然挺直。

(2) 异侧腿臂上抬。

图 21 - 103

19. 坐立球体直臂前后屈伸

动作要领(如图 21 - 104 所示):

(1) 坐于球体上方,双肩平正放松,两臂自然垂直或放在膝上,立腰、挺胸,上体自然挺直。

(2) 直臂前后屈伸。

a　　　　**b**　　　　c

图 21 - 104

(八) 臀部肌群练习

目的:加固骨盆和腰部深层肌群,提高髋部和大腿前后部肌群的控制能力。

1. 单腿撑球仰卧挺髋

动作要领(如图 21 - 105 所示):

(1) 仰卧于地面,单腿置于球体上方,另一条腿悬空。

(2) 挺髋。

a　　　　b

图 21 - 105

2. 单脚撑球举腿仰卧挺髋

动作要领(如图 21 - 106 所示):

(1) 仰卧于地面,双腿置于球体上方。

(2) 挺髋举腿,单脚撑球。

图 21－106

3. 俯卧球体交替上下打腿

动作要领(如图 21－107 所示)：

(1) 双手分开比肩略宽，双脚并拢，双手撑于地面，腹部撑于球体上方，从头至脚形成一条直线。双肘伸直，手臂与地面保持垂直。臀部和腹部核心区域保持收缩，全身紧绷。

(2) 交替上下打腿。

a　　b

图 21－107

4. 俯卧球体伸髋腿后举

动作要领(如图 21－108 所示)：

(1) 双手分开宽于肩，五指张开撑于地面，球置于腹部。

(2) 伸髋腿后举，上体前倾倒立。

a　　b

图 21－108

5. 俯卧球体伸髋腿后抬

动作要领(如图 21－109 所示)：

(1) 双手分开宽于肩，五指张开撑于地面，球置于腹部。

(2) 伸髋腿后抬。

图 21－109

6. 双脚撑球仰卧挺髋背弓

动作要领(如图 21－110 所示)：

(1) 仰卧于地面,双手放在体侧,双腿置于球体上方。

(2) 双脚撑球,挺髋背弓。

a　　　　b

图 21－110

7. 双腿撑球仰卧挺髋

动作要领(如图 21－111 所示)：

(1) 仰卧于地面,双手放在体侧,双腿置于球体上方。

(2) 双脚撑球挺髋。

a　　　　b

图 21－111

8. 斜卧球体挺髋

动作要领(如图 21－112 所示)：

(1) 两脚分开约与肩宽坐于地面,后背斜靠于球体。

(2) 挺髋。

a　　　　b

图 21－112

(九) 下肢肌群练习

1. 背靠球体蹲起

动作要领(如图 21－113 所示):

(1) 两脚分开约与肩宽半蹲,球体靠墙置于后背。

(2) 背靠球体蹲起。

a　　b

图 21－113

2. 背靠球体肩倒立前后分腿

动作要领(如图 21－114 所示):

(1) 肩倒立,臀部置于球体上方,双手置于体侧撑于地面,维持平衡。

(2) 前后分腿。

a　　b

图 21－114

3. 背靠球体静蹲

动作要领(如图 21－115 所示):

(1) 两脚分开约与肩宽,半蹲,球体靠墙置于后背。

(2) 半蹲,水平静力。

图 21－115

4. 单脚蹬球仰卧上下推拉

动作要领(如图 21－116 所示)：

(1) 仰卧于地面，球体靠墙，屈腿单脚蹬球。

(2) 上下推拉。

a　　　　b

图 21－116

5. 单脚踏球俯卧伸膝压球

动作要领(如图 21－117 所示)：

(1) 俯卧于地面，双手屈肘撑于体侧，两脚脚面置于球体上方。

(2) 伸膝压球。

a　　　　b

图 21－117

6. 单脚踏球仰卧推拉球

动作要领(如图 21－118 所示)：

(1) 仰卧于地面，双手屈肘撑于体侧，单脚直腿置于球体上方。

(2) 屈腿推拉球。

a　　　　b

图 21－118

7. 后腿踏球弓步蹲起

动作要领(如图 21－119 所示)：

(1) 双手叉腰直立于球体前方，单腿支撑，另一条腿后抬屈膝压球。

(2) 弓步蹲起。

a　　　　　　　　b

图 21－119

8. 前脚踏球弓步静力

动作要领(如图 21－120 所示):

(1) 球体置于体前,弓步,一腿蹬一腿弓,弓步脚踏于球体。

(2) 保持好平衡,水平静力。

图 21－120

9. 双脚蹬球仰卧上下推拉

动作要领(如图 21－121 所示):

(1) 仰卧于地面,球体靠墙,屈腿双脚蹬球。

(2) 上下推拉。

a　　　　　　　　b

图 21－121

10. 双脚夹球俯卧伸屈膝

动作要领(如图 21－122 所示):

(1) 俯卧于地面,双手屈肘撑于地面,双腿分开,用两只脚踝夹球。

(2) 夹球屈膝。

a　　　　　　　　b

图 21－122

11. 斜卧球体单腿伸膝后仰

动作要领(如图 21－123 所示)：

(1) 两脚分开约与肩宽坐于地面，后背斜靠于球体。

(2) 一条腿抬起，另一条腿伸膝，上体后仰。

a　　　　b

图 21－123

12. 斜卧球体双腿伸膝后仰

动作要领(如图 21－124 所示)：

(1) 两脚分开约与肩宽坐于地面，后背斜靠于球体。

(2) 双腿伸膝，上体后仰。

a　　　　b

图 21－124

13. 斜卧球体伸膝压球

动作要领(如图 21－125 所示)：

(1) 两脚分开约与肩宽坐于地面，后背斜靠于球体。

(2) 双腿伸膝，上体后仰压球。

14. 仰卧球体单腿上抬

动作要领(如图 21－126 所示)：

(1) 仰卧于球体，肩背部靠于球体上方，两脚分开约与肩宽，大小腿夹角约为 90 度，挺髋。

(2) 单腿上抬。

图 21－125

图 21－126

15. 站立后腿踏球下压

动作要领(如图 21－127 所示)：

(1) 双手叉腰直立于球体前方，单腿支撑，另一条腿后抬屈膝压球。

(2) 踏球下压。

16. 仰卧球体异侧腿臂上抬

动作要领(如图 21－128 所示)：

(1) 仰卧于球体，肩背部靠于球体上方，两脚分开约与肩宽，两手置于体侧，大小腿夹角约为 90 度，挺髋。

(2) 异侧腿臂上抬。

图 21－127

图 21－128

17. 仰卧双膝夹球静力

动作要领(如图 21－129 所示)：

(1) 仰卧于地面，屈腿分膝，用两膝盖夹球。

(2) 静力。

18. 仰卧双膝夹球上抬静力

动作要领(如图 21－130 所示)：

(1) 仰卧于地面，收腹屈腿分膝，用两膝盖夹球。

(2) 上抬静力。

图 21－129

图 21－130

第二十二章　瑜　伽

第一节　概　述

瑜伽起源于印度。瑜伽一词源于梵文 Yoga 的音译，本意是自我的身心与原始动因的统一、结合，即中国人所说的“天人合一”。其中最著名的“哈达瑜伽”因其特点较符合现代人的需求而盛行于世界。练习瑜伽可以锻炼体形、放松身心、缓解压力、培养气质，有效促进身心的健康发展。

瑜伽被公认为是世界上最多样化的健康运动。与印度古典瑜伽相比，现代瑜伽的特征是强调在生活的当下用功夫，练习者不再以现实中的“本体解脱”为目的，更注重于把瑜伽作为一种生活观点或态度融入日常生活中。大约在公元 4 世纪，瑜伽随着佛教的传播传入中国。1985 年中央电视台播出的张蕙兰瑜伽术教学片，使很多人认识并逐渐喜爱上了瑜伽这项运动。

(一) 瑜伽的锻炼原则

1. 呼吸是调节身心的关键

呼吸是调节身心的关键。其中，腹式呼吸是瑜伽呼吸的根本。简单地说，腹式呼吸就是吸气时使腹部鼓起来，呼气时使腹部瘪下去，有意识地使胸部容量增大，深深地吸气、呼气。瑜伽呼吸中的腹式呼吸虽是基本，但更重要的是调动横膈膜、胸部、肩部、喉头的运动从而调节气体的整体流动。

人们通常一分钟呼吸 15—16 次，而瑜伽按照人们不同的需要，将呼吸灵活划分为一分钟 4—5 次的缓慢式呼吸和一分钟 60—120 次的快速式呼吸。缓慢式呼吸可使心脏轻松，让头脑安静；快速式呼吸可使心脏有活力，头脑清晰，加速身体的新陈代谢。通过鼻式呼吸，吸入的气体由鼻子除去空气中的污垢，也可以吸入带有适当湿度和温度的气体。除非特殊说明，呼吸一般是指从鼻子里吸气再呼气。而人们经常提到的自然呼吸就是指腹式呼吸。

2. 以“体”“呼吸”“意识”一体化为目标

瑜伽中一般在身体向前弯曲时呼气，向后挺直腰部时吸气，以此带动身体活动。如果能记住正确的动作要领，再渐渐地加上呼吸和意识，循序渐进、由易到难地练习，瑜伽的健身效果会大大提高。

3. 要温和地对待自己的身体

练习瑜伽时，从开始的准备动作到完成动作以及再返回开始动作的整个过程，都要缓慢温和地对待身体、缓慢地呼吸，不可带着一颗浮躁的心来锻炼。瑜伽主张与其快速地做多个动作，不如缓慢地做一个动作。瑜伽讲究的是心灵的修为，凝神静气才是瑜伽功法的要领,而且要有毅力。

4. 集中意识,清楚地了解来自身体的感受

在瑜伽练习时最重要的是要倾听自己"身体的声音"。练习时,应集中意识感觉身体的反应,如做哪个动作时自己心情会变好,自己能拉伸到哪个位置,并在此基础上试着慢慢加大难度练习。

5. 确认动作步骤

每一个完整的动作都有"准备—运动—完成—调整"四个步骤,每一个动作都有不同的作用,要按照正确的顺序练习。

(二) 练习瑜伽的注意事项

练习瑜伽有很多好处,但在练习时要注意以下几个方面。

(1) 了解自身的身体状况是否适宜练习瑜伽。

(2) 练习前的准备工作应当做充分:如场地、器材、练习时机(如练习前至少两个小时没有进食)、时间及热身运动等。

(3) 练习中切忌生拉硬拽、盲目攀比,防止伤害事故的发生。

(4) 练习的难度应从易到难,动作幅度由小渐大。

(5) 练习中集中注意力很重要,注意动作中呼吸的规律,避免练习中说笑,尽量把注意力集中在关键部位。

(6) 练习中,注意动作到位以后的停留时机与时间的把握。

(7) 注意练习时动作与动作之间的间歇与放松。

(8) 练习过程中如口渴,可以少量饮水,但不要喝饮料。

(9) 注意整个(套)动作结束后的放松方式与时间的把握等。

(10) 练习结束后不要立即进食,可以进行几分钟的沐浴,最好一个小时后进食。

第二节　瑜伽教学案例

一、阴瑜伽(部分动作)

1. 立式前屈式

(1) 站立式准备,两脚并拢(或平行开立,与肩同宽),两手自然下垂,将呼吸调整均匀。

(2) 吸气,同时双手缓缓经体侧上抬至上举,掌心向前,双肩尽量打开,暂停。

(3) 呼气,同时上体向前屈至极限,尽量保持背部平直,胸口尽量靠近腿部,手臂环抱腿后侧,保持3—5个呼吸。

(4) 吸气,同时上体和手臂还原至竖直状态。

(5) 呼气,双手缓缓经体侧落下,放松全身。

效果:按摩腹部内脏,舒展肩、背部肌肉,调节神经系统。

2. 擎天式

(1) 站立式准备(双脚并拢),将呼吸调整均匀。

(2) 吸气,同时双手经体侧缓缓上举至头上合十,手臂伸直,肩部打开。

(3) 再次吸气,同时上提脚后跟至立稳,身体直立,保持 3—5 个呼吸。

(4) 呼气,同时缓缓落下脚跟和手臂。

效果:增加脚踝及腿部力量,增强平衡能力,强健背部肌肉。

3. 鹰式

(1) 单腿站立式准备,另一腿经体前绕过支撑腿并将其缠绕,两手反向握住。

(2) 吸气,站稳不动。

(3) 呼气,缓缓下蹲,上体稍前倾,收肘至腹部稍停顿 4—6 秒。

(4) 吸气,两手解开,并分别五指相捏,手臂经下向后上方抬起,展胸抬头,形似老鹰,停顿保持 3—5 个呼吸。

(5) 呼气,落下手臂解开双腿,吸气抬上体直腿站立,放松全身。然后反方向做动作。

效果:缓解肩背部不适,提高身体的控制力和平衡力,能有效缓解精神紧张。

4. 王式

(1) 站立式准备,左小腿向后屈,左手握住左脚踝,右脚站稳。

(2) 右手缓缓向前上方举起,呼气的同时上体稍前倾,左腿向后上方抬起至极限,保持 3—5 个呼吸。

(3) 吸气,缓缓抬起上体,并落下手臂和腿,放松。然后反方向做动作。

效果:提升臀部,消除侧后腰的赘肉,加强平衡感,增强脚踝的力量。

5. 猫式

(1) 四角式准备。

(2) 吸气,缓缓抬头、塌腰、撅臀并保持 2—3 个呼吸。

(3) 呼气,同时低头、含胸、收腹部并保持 2—3 个呼吸。

(4) 如此重复 4—8 次为宜。

效果:缓解女性生理期不适,放松脊柱,调和神经系统,疏松颈部与肩部紧绷的肌肉,伸展背部,消除背痛,刺激消化系统,灵活髋部。

6. 云雀式

(1) 跪坐式准备。

(2) 双手扶在地面上,将左腿向后延伸,脚背向下。

(3) 慢慢地收紧腰腹部的肌肉,将上体立直,双手叉腰,臀部轻轻地坐在右脚跟上。

(4) 注意肩部要放松,尽量展胸,要用腰背部的肌肉进行平衡,保持 3—5 个呼吸。

(5) 轻轻地向侧上方抬起双臂,保持手臂伸直,肩部打开(根据自身肩部韧带及手臂肌肉的柔韧程度,将手臂抬平或抬高),保持 3—5 个呼吸。

(6) 慢慢地落下手臂,腰部的肌肉要尽量收紧保护,双手再次扶到地面上,将左腿慢慢收回,恢复到开始的姿势,做一次深呼吸。然后反方向做动作。

效果:通过收束腰腹部的肌肉,提高身体的平衡能力,纠正脊柱,梳理背部,舒展手臂及大腿肌肉,柔软髋关节肌肉和韧带,并可以改善不良体态。

7. 桥式

(1) 仰躺式准备,弯曲双膝,双脚分开约一个肩宽踩在垫上,双手托腰两侧。

(2) 吸气,同时顶髋向上,尽量将髋提高并收紧臀大肌,慢慢地将双手离开腰两侧,手指交叉,伸直双臂,尽量将手臂抵住地面,令臀大肌主动地收紧上提。

(3) 下巴紧贴胸脯,保持3—5个呼吸。

(4) 呼气,落下放松。

效果:对驼背、肩周炎、腰腿乏力有改善,可消除颈部、肩部紧张,美化臀部,强化腿部和脚踝的力量。

8. 虎式

(1) 四角式准备。

(2) 吸气,同时左腿向上抬举、抬头,保持3—5个呼吸。

(3) 呼气,屈左膝,低头并用额头去靠近左膝关节,保持3—5个呼吸。

(4) 重复(2)、(3)的动作。换腿练习。

效果:锻炼脊柱及坐骨神经,减少腰腹部多余的脂肪,梳理腿部线条等。

9. 三角伸展式

(1) 站立式准备,两脚分开两个肩宽。

(2) 吸气,同时手臂经体侧上抬至侧平举,掌心向下。

(3) 呼气,同时左脚左转90度,右脚左转约45度,左臂带动上体向左延伸并侧屈至左手掌心在左脚外侧着垫(如有困难则左手指尖着垫),右臂指向天花板,保持3—5个呼吸(其间两腿尽量伸直,眼睛看向右手)。

(4) 吸气,右手臂带动上体回至准备姿势,放松。左右交替练习。

效果:放松脊柱、背肌,增强身体的血液循环,滋养脊柱内部神经,缓解颈椎痛和腰痛,减少腰部多余脂肪。同时,对于髋部、腿部的肌肉和韧带也有很好的梳理作用。

10. 下犬式

(1) 四角式准备。

(2) 吸气,同时膝盖蹬离地面。

(3) 呼气,同时两手向前方用力推,使得肩部、背部打开呈一平面,臀部尽量向后方靠,使得腿部尽量伸直,可以尝试落下脚后跟,保持3—5个呼吸。

(4) 呼气,落下膝盖,放松。

效果:拉伸肩部、背部肌肉与韧带,有效缓解肩部疼痛,提高平衡能力,梳理腿部后侧肌肉韧带等。

二、流瑜伽

流瑜伽是在基本串联动作的基础上,根据练习者的需要增加一些跨立类动作,以达到强身健体的目的。基本串联动作以拜日式A为例,其中的跨立类动作以单腿下犬式、战士二式、战士二式变化式为例。

拜日式A动作包括:山式、立式前屈式、板式、眼镜蛇式、下犬式。

1. 山式(如图22-1所示)

两脚并拢,两手自然下垂,放于体侧,沉肩、收腹、立腰、收下颌,眼睛平视前方,均匀而深长地呼吸。

图22-1

2. 立式前屈式(如图 22-2 所示)

双脚开立,与肩同宽。吸气,从前方举起手臂,举过头顶,暂停。呼气,体前屈,让膝与肘部微屈,手臂和手指保持放松,暂停。吸气,保持膝盖微屈起身,引导手臂和胸部放松,暂停。呼气,手臂放回身体两侧。

图 22-2

3. 板式(如图 22-3 所示)

俯卧式准备,两手在胸口两侧扶地,指尖朝前两脚尖勾回,前脚掌蹬地,吸气同时两手臂用力推地,使身体离开地面,收紧腹部和大腿,身体保持平直状态。呼气,屈臂落下身体,还原放松。

图 22-3

4. 眼镜蛇式(如图 22-4 所示)

俯卧式准备,双腿并拢,脚背绷直放在地面上,两手置于胸口两侧,两手掌心向下,手掌张开压向地面,下颌置于垫上随着吸气将上身慢慢抬起,双臂伸直,上身抬高到接近垂直地面的程度,头部随着上身的抬起慢慢向上抬高,脖颈拉长,眼睛向上看,肩部下沉,不要耸肩,尾椎骨内收向下沉,不给腰部造成压迫感,在此位置上保持 6—8 个呼吸。呼气,同时慢慢弯曲手臂,先将腰部下落,然后依次是胸部、颈部慢慢着地,恢复到之前俯卧的体式。

图 22-4

5. 下犬式

四角式准备，吸气，手臂、腿部伸直，身体呈倒“V”字形。呼气，伸展脊柱、肩膀，脚跟尽量下压。

6. 单腿下犬式(左单腿下犬式即左腿在前，右腿方向相反，如图 22-5 所示)

在下犬式基础上吸气，抬起一条腿，勾脚尖，五根脚趾尽量撑开，十根手指的指根用力推向地面，脚跟尽量向高、远处用力蹬，控制并保持此姿势。呼气，落腿，吸气换另一条腿，动作同前。

图 22-5

7. 战士二式(左战士二式即左腿在前，右腿方向相反，如图 22-6 所示)

站立式准备，左脚向左转 90 度，右脚分开大约两个半肩宽，右脚脚心与左脚跟成一直线，吸气，同时两手臂上抬至侧平举，掌心向下，呼气，同时屈左腿，蹬直右腿，左大腿与地面呈水平，并保持吸气，还原放松。反方向动作相同。

图 22-6

8. 战士二式变化式(如图 22-7 所示)

在战士二式的基础上，下肢动作保持不变，吸气，同时前面的手臂上抬至头上(指尖朝上，掌心朝后)，后面的手臂下落至指尖轻触后侧大腿，抬头展胸，眼睛看上举的手臂并保持。

图 22-7

9. 流瑜伽串联动作

即山式＋立式前屈式＋板式＋眼镜蛇式＋下犬式＋左单腿下犬式＋左战士二式＋左战士二式变化式＋板式＋眼镜蛇式＋下犬式＋右单腿下犬式＋右战士二式＋右战士二式变化式＋板式＋眼镜蛇式＋下犬式＋立式前屈式＋山式。

三、舞韵瑜伽

以舞韵瑜伽《遥远的妈妈》为例，编配的音乐为哈琳的《遥远的妈妈》。动作分解如下。

1. 前奏(共5×8拍)

1×8拍　盘坐准备。第1—4拍：两手臂经体侧上抬至头上合十。第5—8拍：合十的手臂下拉至胸口，保持大小臂平直。

2×8拍　第1—4拍：手臂向右平推至极限。第5—8拍：手臂向左推回至胸口。

3×8拍　同2×8，动作相同，方向相反。

4×8拍　第1—4拍：两手向内绕环成花苞状。第5—8拍：手型不变，手臂向上伸直至上举。

5×8拍　第1—4拍：左手腕外翻绕动一圈并向侧打开至侧平举。第5—8拍：同第1—4拍动作，换右手上举做。

2. 第一段(共6×8拍)

1×8拍　第1—2拍：抬右臀向左收右腿，身体向左侧，两手胸前交叉。第3—4拍：右腿向右打开，同时上体前屈向右腿靠拢，手臂上举靠近两耳。第5—8拍：两手臂屈肘经腋下向后上方展开并伸直，掌心向下，保持不动。

2×8拍　第1—4拍：保持上体姿态不动，向左侧旋转180度。第5—8拍：身体抬起同时向左转，手臂做波浪(左臂由下至上，右臂由上至下)，眼睛看左手。

3×8拍　第1—4拍：左手手腕向右划一圈并下拉至体侧。第5—8拍：右手腕向右划一圈，做兰花指向上抬举至上举，眼睛随手。

4×8拍　第1—2拍：两手臂左侧胸前交叉。第3—4拍：两手臂向侧打开至侧平举。第5—8拍：右肘勾住左踝，右小臂外旋至朝上并保持，左小臂外旋至手朝上并保持，两手均做兰花指。

5×8拍　右手抓住右脚跟，同时上体连同右腿一起转到左侧，换左手抓住右脚跟并保持，低头含胸。

6×8拍　第1—4拍：左手抓住右脚向上抬举至右腿伸直并保持。第5—8拍：右手臂经体前向上向后划弧至侧平举，头部向右转，眼睛看右手，右手五指分开掌心向前。

3. 中间过渡

右腿上摆划弧向右落至左腿内侧，左右腿换位置。

4. 第二段

动作与第一段相同，方向相反。

5. 第三段(共4×8拍)

1×8拍　右腿右转跪立于地面，左腿随后并右腿，同时右手臂向后划弧至抓住右脚跟，左手随后划弧至后伸平行于地面并保持。

2×8拍　第1—4拍：左手臂向前划弧，接着右手臂向前划弧，同时抬上体。第5—6

拍:两手膝前扶垫,上体下压。第 7—8 拍:两手推垫,两脚尖勾起蹬地起身。

3×8 拍　第 1—4 拍:上体靠近腿部不动,两手抱住腿后侧,保持。第 5—8 拍:两手合十带动上体回至直立,两手上抬至上举,大臂尽量靠近耳朵。

4×8 拍　第 1—4 拍:呼气,同时手臂带动上体向后延伸至极限。第 5—8 拍:手臂带动上体回至直立,接着左转 90 度,两手经体侧落下。

6. 第四段(共 4×8 拍)

1×8 拍　第 1 拍:向上屈左腿至大腿水平,同时两手臂经体侧打开至侧平举。第 2—4 拍:左小腿屈至右大腿上,同时右手臂在体前、左手臂在体后同时做摆动一次,接着经体侧打开上抬至头上合十。第 5—8 拍:保持腿部不动,同时手臂下拉至胸口。

2×8 拍　第 1—4 拍:保持手型不变,掌心用力向右推至极限。第 5—8 拍:两手分开,左手绕至头后,右手臂向体侧打开至侧平举,两手均做兰花指,同时右腿微屈并保持。

3×8 拍动作同 1×8 拍,方向相反。

4×8 拍动作同 2×8 拍,方向相反。

7. 第五段(共 4×8 拍)

1×8 拍　第 1—4 拍:右脚向右落于垫子前端,同时右手臂向右水平划弧,与左手臂同时至侧平举,掌心向上,接着上抬至头上合十。第 5—8 拍:保持上体直立,屈右腿至右大腿水平,左腿同时蹬直并保持。

2×8 拍　上体向前下落至右肘搭在右大腿上,左手臂经前、下、后、上划弧至左大臂靠近耳朵,掌心向下,眼睛看掌心。

3×8 拍　左手沿身体的表面向后绕至身后,右手经胯下去抓左手,同时左肩尽量向左后方展开,保持身体呈一直线,头向左转,眼睛向上看。

4×8 拍　第 1—4 拍:两手松开并落至右脚两边,直臂撑在垫上,左腿成跪立,右腿收膝盖至胸口,低头含胸并保持。第 5—8 拍:右腿向后上方伸直,展胸抬头,并保持。

8. 结尾部分

1×8 拍　两手在右脚旁撑地,吸气,同时抬起右腿。

2×8 拍　第 1—4 拍:换抬左腿。第 5—8 拍:左腿前跨,右脚上步并左脚,呼气,同时完成立式前屈式,保持两拍。

结尾:两手胸前合十,吸气,同时上体伴随手臂向上伸展至极限,左转 90 度,呼气,同时手臂下拉至胸口,结束。

课程资源

动作示范

第二十三章　轮　滑

第一节　概　述

一、轮滑运动的起源及发展

轮滑运动又称“滑旱冰”或“滚轴溜冰”。轮滑运动包括九大类 36 种，即速度轮滑、花样轮滑、轮滑球、自由式轮滑、极限轮滑、滑板、速降轮滑、高山轮滑、休闲轮滑。

轮滑运动是从滑冰运动过渡而来。据有关资料记载，轮滑在 18 世纪由一个不知名的荷兰人发明。为了在不结冰的季节继续进行训练，他尝试将木线轴安在皮鞋下，试图在平坦的地面上滑行，从而创造了用轮子鞋滑冰的历史，由此轮滑运动在欧洲诞生。18 世纪初，英国人罗伯特创造发明了双排四轮结构的轮滑鞋。18 世纪中叶，美国人詹姆斯·普利姆普顿发明了一种带有转动装置的双排四轮轮滑鞋，它可以转弯，也可以向前或向后滑行，从而带来了轮滑运动的一场革命，并促成了历史上最早的轮滑运动热潮。这种双排四轮结构的轮滑鞋可称为正宗的轮滑鞋。18 世纪末，美国人理查森和雷蒙德发明了滚珠轴承，这对改进滚轴溜冰运动的器材和滑行技术起了极大的推动作用。当理查森制造出使用轴承的双排四轮轮滑鞋后，轮滑运动很快从美国、英国和荷兰迅速传入欧美各国，之后流传到世界各地。

我国轮滑运动开展较晚，19 世纪末才开始。直到 20 世纪 80 年代初期我国才有正式的轮滑比赛出现。目前，轮滑运动已成为我国国民日常休闲娱乐、学生体育学习、运动队训练，以及北京 2022 年冬奥会“北冰南展西扩东进”的重要组成部分。伴随着全民健身与全民健康的深度融合，我国冰雪运动大力发展，轮滑项目将会持续高质量快速发展。

二、轮滑器材及装备

(一) 轮滑器材

轮滑鞋是最重要的轮滑器材。建议初学者使用休闲轮滑鞋。这种鞋的设计理念强调支撑稳定和穿着舒适，具有固定的外壳和内衬，用鞋带和固定在外壳上的扣子将鞋扣紧，右脚鞋通常装有一个后跟制动器，用来减速和停止。

(二) 轮滑装备

1. 头盔

头盔是护具中最重要的装备。大多数头盔里都贴有泡沫塑料衬垫，并有两根可以调整的安全束带，一般用塑料插扣于颚下扣紧。头盔盖上的长孔眼有利于通风和摔倒时保护头部。注意头盔要符合安全标准，要牢固，头感好。切记，无论何时何地都要戴头盔学习轮滑。

2. 护腕

学轮滑跌倒时，手腕是最容易受伤的部位，护腕在手掌那面上有个凸起部分，这个凸起的坚固塑料插板可起到缓解撞击力的作用。护腕上的扣带可扣紧些，但以手感好为宜。任何时候都要戴护腕学轮滑。

3. 护肘

肘部是跌倒时容易受伤的部位，带有弹性的套筒式护肘或带护盖式的护肘，可以避免或减少肘部的伤害事故。护肘的松紧扣带要扣得适宜：太紧，滑行摆臂时受限制；太松，滑行摆臂时易脱位，所以带护肘的臂感也很重要。戴护肘时，要将护肘保护外壳有孔眼处朝下方，此外壳起主要的防护作用。

4. 护膝

学轮滑一定要戴护膝。护膝有两种，即有弹性的套筒式和护盖式，两者的前面都有一个坚实的塑料外壳罩着，内部有一个纤维垫，此垫能承受摔倒时的冲击。塑料外壳不仅能起缓冲作用，而且对皮肤和服装也能起保护作用。戴护膝的要求与戴护肘相同，要合适、舒适、不移位和确保安全。

5. 运动服装

学轮滑时，舒适的运动服装也是很必要的，要养成运动时就穿运动服装的良好习惯。

第二节　轮滑技术教学

一、初学者教学

(一) 基本站立

1. “V”字形站立

也叫外“八”字形。双脚呈“V”字形站立，当向前迈出一步时，以内轮刃支撑向前移动，双脚交替向前迈步，每一步都有瞬间静止站立的状态。练习时不可操之过急。（如图23－1所示）

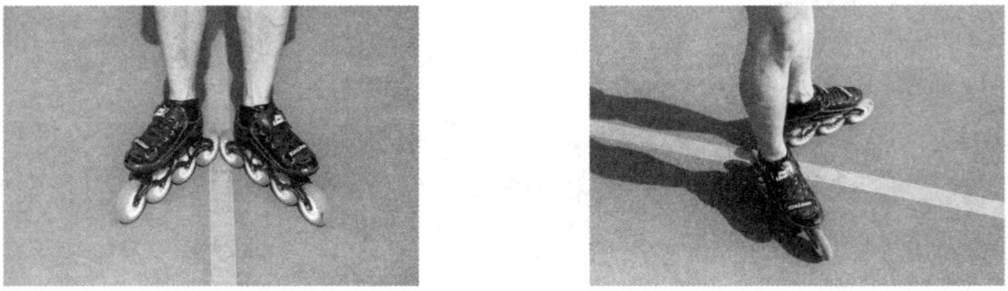

a　　　　b

图 23－1

2. “A”字形站立

也叫内“八”字形。双脚开立宽于肩，双脚尖所示方向的延长线相交叉，用双脚的内轮

刃支撑着地，有利于保持平衡。做向后滑的动作时，要以这种站立姿势启动。（如图 23－2 所示）

a　　　　b

图 23－2

3. 剪式站立

两脚间距 15 厘米左右，提起一只脚落到另一脚的前方，形成前后脚状态，并使前脚的后轮位于后脚的前轮旁。做滑行、急停和向后滑时都可以采用这种站立姿势。（如图 23－3 所示）

a　　　　b

图 23－3

（二）原地单腿支撑平衡动作

从基本站立姿势开始，双臂前伸（或叉腰），屈膝抬起一腿，双手抱膝，另一腿支撑站立，上体挺直，目视前方。观察自己单腿支撑维持平衡能站多长时间。

（三）原地平抬轮滑鞋踏步动作

从基本站立姿势开始，两臂自然前伸，做双腿交替的原地踏步，同时将身体重心移到支撑腿上，另一腿屈膝上抬，然后再落地，身体重心随之移动。两脚交替练习。

（四）原地蹲起动作

从基本站立姿势开始，身体重心位于两脚之间，做下蹲和再起立的动作。屈蹲程度可灵活掌握，要始终注意保持上体挺直和动作的平稳性。

（五）原地两脚交替前后滑动动作

从基本站立姿势开始，两脚平行，呈正轮刃支撑状态，身体重心位于两脚中间，一脚向前的同时，另一脚向后，使双脚下的轮子来回地滚动，形成有两脚交替前后“滑动”感觉的动作。在完成动作的过程中，双臂随腿部前后滑动自然协调地摆动，两脚在滑动中要始终保持前后平衡。前后的滑动步幅要适中。

(六) 向体侧做高抬腿移步动作

从基本站立姿势开始，高抬右腿（右脚轮平抬离地），向右跨出一小步，落地后与左脚距离同肩宽，双脚均用正轮刃支撑，然后将身体重心完全移向右腿，接着以同样的要领高抬左腿，再向右腿靠拢着地，呈开始姿势。这个动作可以向同一侧连续完成，也可以高抬左腿，换方向做。

二、基本技术教学

(一) 直道

1. 直道基本姿势

上体前倾与地面平行，髋、膝、踝三个关节呈微屈的状态，髋关节角度一般保持在35—50度之间，膝关节在110—120度之间，踝关节的角度在60—75度之间。身体呈半蹲姿势。上体放松，两手背后互握，头微抬起目视前进方向15—30米处。身体重心落在两脚中间位置。（如图23-4所示）

a

b

图 23-4

2. 直道滑行动作

(1) 直道单腿蹬地后双蹲惯性滑动作。

从基本站立姿势开始，双脚呈外“八”字形屈蹲，双臂放松屈肘于体前，抬头，目视前方。左肩转向左轮鞋所指方向，右脚用内轮刃向侧后方蹬地。与此同时，身体重心移到向前滑行的左腿上，右腿完成蹬地动作后迅速收回，并以膝领先与左腿并拢，两脚平行呈屈蹲姿势，借助于惯性向前滑行。接着左脚用内轮刃向侧后方蹬地，按上述动作要领继续做。

这个动作可以用以下三种方式进行练习。

① 单腿蹬地连续完成动作。

② 双腿交替蹬地完成动作。

③ 单腿蹬地或双腿交替蹬地，协调配合双摆臂动作。

具体要领：借助惯性滑行时双腿并拢，双臂于体侧自然下垂，在右（左）腿用内轮刃蹬地过程中，右（左）臂前摆，左（右）臂后摆，随着收回右（左）腿与左（右）腿并拢，双臂还原。

（2）直道双腿交替蹬地，单、双腿交替滑行动作。

从基本屈蹲姿势开始，双脚呈外“八”字形，肩与左轮所指方向相同，右腿内轮刃用力蹬地。与此同时，身体重心移至左腿，在右腿收回过程中，左腿支撑向前滑行，当双腿并拢时就变成借助惯性的双蹲滑行。接着左腿用力蹬地，按动作要领继续完成动作。双腿交替蹬地向前滑行时是截然不同的支撑，先是单腿支撑滑行，之后是双腿支撑惯性滑行。

完成这个动作时一腿蹬地的力度越大，另一单支撑腿的滑行越明显，双腿支撑惯性滑行的距离越长，体现滑动的特点也越明显。建议初学者多练这个动作，要用不同的蹬地力度、不同的动作频率和不同的方式全方位地体验滑动带来的乐趣。

（3）向前葫芦步滑法。

从基本微屈蹲姿势开始，双脚跟并拢站立，脚尖呈外“八”字形，双膝微屈并用双脚内轮刃支撑向外推出，使两腿宽开向前滑进，保持身体重心位于两脚之间。然后，双腿以膝领先向内并腿达到两膝紧贴，与此同时，双脚向内收拢，呈明显的内“八”字形直至双脚平行并拢，接着双脚尖向外分开又呈外“八”字形。这样反复做下去，在地面上留下的滑行轨迹就是一串葫芦形。

（4）横向移动重心动作。

首先，在原地做横向移动重心动作。动作要领是从基本站立姿势开始，将两腿分开比肩宽站好，将身体重心移向一侧腿，达到身体直立，支撑脚与地面垂直的状态，支撑脚是正轮刃着地或稍偏外轮刃支撑。然后，再横向将身体重心移向另一侧，要求重心到位为止，这样向左向右反复移动重心。随着熟练程度的提高，可以加宽两脚之间的距离，并可以适当下蹲，以上体稍前倾的姿态完成动作。

在原地移动重心的基础上可以练习在滑进中完成横向移动重心，动作要领是从滑进基本姿势开始，双脚距离稍宽于肩，身体重心位于两脚之间，双轮平行偏内轮刃或正轮刃支撑。在滑进中，将身体重心完全侧移到右（左）腿上，要达到鼻尖、膝盖、脚尖在一条垂直线上（三点一线）。无论向哪侧移动，都不要有起伏，并保持肩和臀部同步到位，都要达到三点一线的程度。需要特别注意，在移动过程中，双脚轮鞋不要离开地面，向右横向移动时，是左脚用内轮刃蹬地推送身体向右移动；向左横向移动时，是右脚用内轮刃蹬地推送身体向左移动。

（5）蹬动与滑步相协调的动作。

从基本屈蹲姿势开始，右腿做蹬地动作，左腿支撑向前滑进，这是在右腿蹬地过程中将身体重心推送到左腿的结果，在左腿借助惯性并维持平衡向前滑进中，右腿完成蹬地动作后就抬离地面，然后，再落地并与左脚尽量靠近呈双腿支撑向前滑进。当双腿能连贯交替自如地完成蹬地动作并与滑进相协调的滑步时，就掌握了滑直道的基本技术动作。

（二）弯道

1. 弯道基本姿势

上体前倾，支撑腿髋、膝、踝三个关节保持微屈的状态，身体始终向圆心倾斜，并保持鼻、支撑腿的膝关节与前轮都处在同一纵轴平面上。

2. 弯道滑行

(1) 转弯动作。

转弯动作是在滑行中改变运动方向的有效方法，也是学习弯道滑行动作的基础动作。沿圆周的形状来进行弯道动作的练习，可事半功倍。

① 走滑步转弯动作。走滑步过程中的转弯动作要领是每迈走一步或迈滑走一步，脚着地时脚尖都要指向要转弯的方向，着地的部位也要有意识地稍倾向于转弯的一侧。

在走滑步转弯动作的基础上，双脚呈内“八”字形，若想向右转弯，则由头部带领整个上体转向右侧；若向左转弯，则头部和上体都向左侧扭转，以利于完成转弯动作。

② 惯性转弯动作。在向前滑进中，首先将双脚平行靠近，向左转时，立即将左脚前送，形成右脚在后、身体重心由两脚中间跟着左腿前移并向左倾斜的姿态，这时双脚以向左的对应轮刃支撑，借助惯性完成向左转弯。若向右转弯，则前送右脚，向右倾斜。

(2) 站立向左交叉压步走。

从双腿正轮刃支撑站立姿势开始，首先将身体重心移压于左腿上，接着左脚向外倒踝，然后将右膝向着左肩方向抬离地面，当右脚越过左脚后，用正轮刃支撑靠左脚外侧着地，并承接身体重心，呈右腿在前、左腿在后的交叉压步站立姿势。然后，左腿以膝领先抬离地面，再在右脚内侧着地，身体重心位于两脚之间，双脚均呈正轮刃相平行的支撑站立姿势。

(3) 向左连续交叉压步走。

在动作(2)的基础上，右腿的向左交叉压步和左腿的向左还原动作要尽量连贯，产生了向左移动的惯性后，身体要自然地向左倾斜。此时双腿的支撑轮刃是右脚的内轮刃、左脚的外轮刃。

(4) 右腿连续单次蹬地动作。

从基本屈蹲姿势开始，右腿向右后方蹬出然后收回，双腿并拢向左倾倒，连续完成动作就形成了向左沿圆周滑进的状态。随着滑进速度的提高，右腿的蹬地方向要逐渐减少向后的程度变成向正右侧方蹬地。身体重心处理的方式是，右腿做向右侧方蹬地动作时始终都承担着体重，此时左腿附着于地面。在右腿结束蹬地动作瞬间，身体重心移压于左腿上，与此同时，右腿轮不离地面以向内的前轮指向做以膝领先向左腿靠拢的还原动作。在双腿并拢的瞬间，身体重心由左腿转移到右腿上。如此双脚轮均不抬离地面地沿圆周连续完成动作。

(5) 右腿连续两次蹬地后左腿单腿向左倾倒动作。

在动作(4)的基础上，右腿沿圆周完成连续两次蹬地动作后(简称右腿两次蹬地)收回时，用前轮指向左脚前轮，并模拟右腿交叉过左腿的动作。此时，左腿呈单腿向左倾倒支撑状态。应尽量保持左腿的支撑状态，直至左腿无法保持平衡，再还原成双腿并拢向左倾倒的初始姿势。

(6) 右腿两次置地后左腿向右蹬地动作。

在动作(5)的基础上，右腿收回指向左脚前轮时承接体重，下轮落在左腿左侧。此时，左腿迅速完成向右侧方的踏地动作，双腿呈鲜明的交叉压步姿势，然后收回左腿呈双腿并拢向左倾倒的初始姿势。

(7) 弯道连续交叉压步动作。

从半屈蹲姿势开始，沿圆周向左连续做交叉压步动作，动作要点是，右腿向右侧蹬地后抬离地面，以膝领先向左肩方向提拉，同时左腿做向右侧的蹬地动作。在右腿提拉和左腿蹬地过程中，自然形成右腿在前、左腿在后的交叉压步状态。然后，在右腿蹬地的同时左腿开始收回，并再次呈现两腿分开的状态。上述动作，循环完成。在滑进中完成动作时，要自然地使身体向左侧倾斜，右腿始终以内轮刃支撑，左腿始终以外轮刃支撑，并要严格控制双脚不出现倒踝现象。随着动作熟练程度和空间感觉的提高，应逐步降低屈蹲高度。

(8) 向左交叉压步的控制动作。

学会弯道交叉压步动作后，为了进一步提升滑弯道时腿部的支撑能力，可以做双腿呈交叉压步的控制动作，动作要点是在滑进中双腿形成交叉压步后，保持这个姿势，顺惯性向左前方滑进片刻，左腿要充分蹬直，并以全轮刃着地。在片刻控制过程中，应使左腿尽量前移，甚至可以达到左膝触碰到前方的右小腿后侧的程度。在此基础上，再以左膝领先收回呈双膝紧贴，左脚背紧贴右脚跟外侧，呈右腿支撑滑进的状态，保持这个姿势顺惯性向左前方滑进，并控制片刻。

三、停止法

(一) 轮滑鞋制动器停止法

在休闲型轮滑鞋的脚跟部位有一个制动器（一般在右脚），用它来减速或停止是最简单易行的方法。首先按个人习惯把后跟制动器调装在有力腿的轮鞋上。使用的方法是在慢速向前滑进中，将装有后跟制动器的脚向前移，另一脚呈后位，当抬起制动器脚的脚尖时，会产生制动器接触地面的摩擦感。与此同时，双臂前伸保持平衡、抬头目视前方、上体略向前倾，使身体重心投影点落在制动器上。在制动器发挥制动作用时，加大腰部的弯曲程度，臀部要向后坐，并给制动器以较大的控制。切不可突然急停，要随着滑进的速度逐渐地对制动器施加压力，从而逐渐减速至停止。如果在快速滑进中需要用此停止法，则要将制动器同侧的手臂迅速摆向身后并稍向制动器一侧扭转身体，以增加制动的扭压力，从而达到急停的目的。

(二) “T”字形停止法

在滑进中将双臂前伸，目视前方，做双鞋轮呈“T”字形的动作。用前脚轮支撑向前滑进，再拖拽后脚轮用内轮刃压磨地面达到减速或停止的目的。在制动过程中，要将身体重心保持在向前滑进的腿上，后脚尖外展，并用内轮刃压磨地面而制动。如需尽快停下来，前脚要保持用正轮刃或偏外轮刃支撑，而后脚则要朝着前脚的脚跟部用力紧靠并迅速形成“T”字形脚位。采用此法停止，后鞋用内轮刃向地面施加的压力越大，急停得越快，这也是另一种被初学者广泛采用的停止法。

(三) “A”字形点地停止法

在滑进中上体微微团起，身体稍后坐，双臂自然弯曲前抬以维持平衡。双脚均以内轮刃呈“A”字形在体前点地，左右脚交替，身体重心越靠后，轮子的落点越靠前，减速和停止的效果越好。

四、向前跪趴式摔倒法

学轮滑摔倒是常事，多数是因为失去平衡和鞋轮失控。初学者学会合理摔倒是非常重要的。合理摔倒的要领是当你感到即将摔倒时，要尽可能向前摔。首先身体要向前倾，手臂要放松，并迅速弯腰屈膝（将身体团起来）。在摔的过程中，因降低了身体重心，膝盖会先接触地面。当摔倒趴地时，应尽量控制身体使倒地后的冲击力先落在护膝上，然后是护肘上，最后是护腕上。当护腕最后接触地面时，手指要向上伸开，避免戳伤关节。摔倒后，要用护膝、护肘和护腕支撑身体，顺势向前趴。这时一定要抬头，避免头部受伤。切忌用双手直接撑地，以免造成手臂骨折。

初学者应注意，当感到要跌倒时，不要紧张害怕，一定要放松，越放松就越不会受伤。一定要信任自己佩戴的护具，镇静地面对摔倒，这样受伤的可能性会降到最低。

摔倒后再站起来时，首先要先由摔倒姿势变成双膝跪地姿势，然后变成单膝跪地姿势，最后双手扶住双膝站起来。注意，重新开始向前滑进之前，一定要找到稳定平衡的感觉，这样才能避免再摔倒而顺利地进入下一段滑行。

课程资源

动作示范

速度轮滑竞赛规则简介

主要参考文献

张蕴琨,金其贯.运动营养学[M].北京:高等教育出版社,2019.

曹建民.运动营养学[M].北京:北京体育大学出版社,2016.

王正珍,徐峻华.运动处方[M].2版.北京:高等教育出版社,2018.

陈佩杰,王人卫.健康体适能评定理论与方法[M].上海:上海教育出版社,2013.

王家宏.球类运动——篮球[M].3版.北京:高等教育出版社,2015.

中国篮球协会.篮球规则[M].北京:北京体育大学出版社,2017.

王崇喜.球类运动——足球[M].3版.北京:高等教育出版社,2014.

中国足球协会.足球竞赛规则2020—2021[M].北京:人民体育出版社,2021.

黄汉升.球类运动——排球[M].3版.北京:高等教育出版社,2015.

苏丕仁.乒乓球运动教程[M].北京:高等教育出版社,2004.

陶志翔.网球运动教程[M].北京:高等教育出版社,2003.

周建林.球类运动体育教程[M].南京:南京师范大学出版社,2005.

朱建国.羽毛球运动教学与训练教程[M].北京:清华大学出版社,2015.

乔培基.垒球:学校体育选项课教材[M].北京:北京体育大学出版社,2003.

马鸿韬.健美操运动教程[M].北京:北京体育大学出版社,2007.

冯志芳.健身交谊舞教程[M].太原:山西教育出版社,2009.

王克伟,陈文徕.当代流行拉丁舞[M].上海:上海音乐出版社,1991.

姜桂萍.体育舞蹈[M].北京:高等教育出版社,2008.

范素萍.体育与健康[M].北京:科学出版社,2004.

刘永祥.健康体育与养生保健[M].北京:北京体育大学出版社,2006.

武术馆(校)教材编写组.全国武术馆(校)教材(1—6册)[M].北京:北京体育大学出版社,1997.

全国体育学院教材委员会.武术(上、下)[M].北京:人民体育出版社,1991.

周争蔚.散打教学与训练[M].北京:人民体育出版社,2010.

叶伟,崔建功,曹云清.散打运动入门[M].北京:人民体育出版社,2009.

中华人民共和国国家体育运动委员会.简化太极拳[M].北京:人民体育出版社,1973.

王虎,孙强,刘永田,等.教你学跆拳道[M].南京:江苏科学技术出版社,2005.

杜七一.跆拳道实用教程[M].武汉:湖北科学技术出版社,2016.

王卫星,蔡有志.体能:力量训练指南[M].北京:北京体育大学出版社,2006.

张英波.现代体能训练方法[M].北京:北京体育大学出版社,2006.

艾扬格.瑜伽之光[M].王晋燕译.北京:世界图书出版公司北京公司,2005.
林晓海.天天瑜伽——瑜伽全书[M].2版.青岛:青岛出版社,2010.
孙显墀,孙一,蒙猛.速度轮滑运动技术与训练[M].北京:人民体育出版社,2015.
王尔.速度轮滑运动教学与训练[M].沈阳:辽海出版社,2011.
中国轮滑协会.轮滑规则[M].北京:北京体育大学出版社,2016.